现代财务与会计探索研究

唐宏斌　于丽丽　周柳君◎著

吉林出版集团股份有限公司
全国百佳图书出版单位

图书在版编目（CIP）数据

现代财务与会计探索研究 / 唐宏斌，于丽丽，周柳
君著 . -- 长春 : 吉林出版集团股份有限公司 , 2023.7
ISBN 978-7-5731-4049-4

Ⅰ . ①现… Ⅱ . ①唐… ②于… ③周… Ⅲ . ①财务会
计 - 研究 Ⅳ . ① F234.4

中国国家版本馆 CIP 数据核字 (2023) 第 164923 号

现代财务与会计探索研究
XIANDAI CAIWU YU KUAIJI TANSUO YANJIU

著　　者　唐宏斌　于丽丽　周柳君
出 版 人　吴　强
责任编辑　马　刚
助理编辑　李滨成
开　　本　787 mm × 1092 mm　1/16
印　　张　14.75
字　　数　335 千字
版　　次　2023 年 7 月第 1 版
印　　次　2023 年 9 月第 1 次印刷
出　　版　吉林出版集团股份有限公司
发　　行　吉林音像出版社有限责任公司
　　　　　（吉林省长春市南关区福祉大路 5788 号）
电　　话　0431-81629679
印　　刷　吉林省信诚印刷有限公司
ISBN 978-7-5731-4049-4
定　　价　48.00 元
如发现印装质量问题，影响阅读，请与出版社联系调换。

前　言

随着市场经济的不断发展，企业财务会计模式也需要不断地调整，其中，企业财务管理机制是重点。探索现代企业会计管理模式是为了适应改革开放以后，市场经济条件下我国企业制度的发展；也是为了充分体现企业政企分开、产权明晰、权责相依的现代企业特点。一个企业的管理再先进，经营再红火，如果没有一个科学的会计管理模式也会形成漏斗现象。因此，现代企业会计管理模式的构建和完善，是我国企业对外形成竞争力的有效保障。同时，企业间的竞争力也对现代企业会计管理模式的构建提出了非常高的要求。

财务会计作为传统的对外提供财务报告的会计，随着技术和经济环境的变化，其理论和实务也在发展变化。首先，信息技术的日新月异为财务会计工作的现代化带来了机遇，众多信息披露工具的出现也给财务会计带来了前所未有的竞争压力，传统的财务会计面临如何适应新技术环境的挑战，以求得生存和发展；其次，近年来资本市场的迅猛发展，业已成为我国财务会计改革和发展的主要动力，上市公司规模大，业务复杂，组织设计和业务创新层出不穷，不断给财务会计实务提出新的课题，当然也给财务会计理论的发展带来了动力。

财务会计是对现代企业已经完成的资金运动进行全面系统的核算与监督，以外部与企业有经济利害关系的投资人、债权人和政府有关部门提供企业的财务状况与盈利能力等经济信息为主要目标而进行的经济管理活动。

财务会计在会计学科体系中占有非常重要的地位，会计基本理论、核算程序和常用核算方法在其中都有充分的体现。因此，学习财务会计对立志于深入掌握会计知识的读者来说是非常重要的一个环节。

数字经济时代已经来到，以区块链等为代表的信息技术正颠覆性地改变着会计学科的发展。移动互联网技术和人工智能技术下的移动支付、移动办公、云会计和财务共享中心可以使证、账、表自动生成；大数据的环境易于业务与财务之间的对接，使得会计能更加实时、精准且全程地服务于业务；区块链技术的去中心化、分布式记账使得业务数据在各个节点自动相互验证，且任何记录都无法篡改。这些新技术的广泛使用，正在引发会计核算对象、成本核算方法、会计管理方式、会计报告要求、会计考核评价等发生颠覆性变化。

本书是现代财务与会计方向的著作，首先从介绍现代财务与会计概述入手，针对财务管理的价值观念、财务预算及控制、财务分析进行了分析研究；其次对财务审计、长期股权投资做了一定的介绍；再次介绍了企业合并，以及收入、费用和利润；最后对财务会计报告的认知与应用提出了一些建议。旨在摸索出一条适合现代财务与会计探索工作创新的科学道路，帮助其工作者在应用中少走弯路，运用科学方法，提高工作效率。

目　录

第一章 现代财务与会计概述

第一节 现代财务分析基础理论

一、财务分析的本质

（一）财务分析的定义

财务分析是指一定的财务分析主体采用科学的分析方法，通过对企业财务报告等相关经济信息资料进行审慎地搜集和加工，对照既定标准，全面、客观地评价、说明和预测企业财务状况和经营成果，以形成相关的分析性信息，并将分析性信息传递给决策者的系统化过程。

1. 财务分析主体包括企业的利益相关者

根据与企业的关系，企业的利益相关者可分为内部分析者和外部分析者。外部分析者包括资本市场上的投资者或潜在投资者，政府、公司债权人、业务关联单位、中介机构以及接管市场上的公司接管者等。这些外部利益相关者出于自身决策的有效性，需要对企业的财务状况和经营成果进行财务分析。内部分析人员包括企业管理者和员工，他们为了企业拥有更好的财务决策和财务机制需要对公司财务状况和经营成果进行分析。

财务分析师又称为金融分析师或证券分析师。其是受公司委托对财务报告进行分析，为决策者提供有用的分析性信息。根据职业侧重点的不同，财务分析师分为买方分析师、卖方分析师及第三方分析师。按财务分析师所属的学派可分为实用比率学派、财务失败预测学派和资本市场学派。由此可知，财务分析主体既可能是决策者，也可能是决策者的受托者。

2. 财务分析有科学的分析方法体系

财务分析的实践使财务分析的方法不断发展和完善，它既有财务分析的一般方法和步骤，又有财务分析的专门技术方法，如水平分析法、垂直分析法、趋势分析法、比率分析法等。

3. 财务分析对象

财务分析对象按分析的客体不同可分为形式上的对象和实质上的对象。形式上的对象即财务报告、会计、统计、市场等相关经济报告，实质上的对象即经济信息资料所反映的经济活动的风险、收益性的水平及其形成的过程和原因。

4. 财务分析的既定标准

财务分析标准是财务分析主体在分析过程中据以评价分析对象的基准。任何事物都必须有比较才能有鉴别，才能分出优劣。财务分析也不例外。财务分析是针对企业财务状况和经营成果"好"或"坏"进行判断的过程。该过程其实也就是采用特定的分析方法以进行比较的过程，这一比较的基准便是财务分析标准。财务分析标准通常有以下几种：

（1）目标标准

目标标准又可称为预计标准或理想标准，它是指企业内部或外部分析者按有关背景资料或企业预算、计划等所预计的最佳或理想标准。以实际数据及实际比率与目标标准相比较，可以对企业完成计划或实现目标的情况进行分析和判断，以目标标准为基准，对企业财务状况和经营成果作出判断，并对企业财务管理工作的效率和成果作出判断。目标标准一般在内部分析者进行内部考核时运用。

（2）行业标准

行业标准是指同行业的其他企业在相同时期内的平均水平。分析者可以根据同行业的有关资料通过统计方法测算出来。行业标准是最为常用的财务分析标准，通过实际数据与同行业比率标准的比较，能够直接作出企业财务状况和经营成果优劣的判断，因为行业标准代表的是行业平均水平，若某项目水平实际状况好于行业标准，则说明企业该项目水平在行业平均水平之上。

（3）历史标准

历史标准是以本企业历史上的最佳状况或最近一期的状况作为比较的基准。由于各企业的实际情况千差万别，企业财务状况和经营成果也必然受到各种因素的影响，因此财务分析者在对企业财务状况和经营成果作出判断的过程中，要剔除一些外部特殊因素对企业财务状况和经营成果的影响，这样做一方面可以反映企业的真实水平，另一方面也可以考核和评价企业各部门的业绩。进行这一工作的可行方法是采用内部标准，即以企业历史数据为比较标准，将企业间的环境差别因素剔除。

以上三种标准中，目标标准可根据企业预算或计划，通过预计财务报表等资料计算出来；历史标准和行业标准则可以通过算术平均法、中位数法和报表汇总法等确定。

5. 财务分析有明确的目的

财务分析的目的受财务分析主体和财务分析服务对象的制约，不同的财务分析主体进行财务分析的目的是不同的，不同的财务分析服务对象所关心的问题也是不同的。因此，各种财务分析主体的分析目的和财务分析服务对象所关心的问题也就构成了财务分析的目的或财务分析的研究目标。

6. 财务分析的职能和作用

一般地说，财务分析具有评价、解释和预测三项职能。所谓评价，旨在说明企业的财务状况、经营业绩是怎样的，它要回答企业的财务状况是好还是不好、企业的业绩是优异还是一般等问题，这是财务分析的第一层次。所谓解释，旨在说明企业的财务状况、经营业绩为什么会形成目前这种局面，它旨在回答这样的问题：如果企业的财务状况在日趋好转，为什么会这样？企业的经营业绩变动不大，这又是为什么？这是财务分析的第二层次。所谓预测，旨在说明企业的财务状况与经营业绩的未来变化会怎样，预测旨在寻找这些问题的答案：其财务状况会持续好转还是会逐渐恶化？企业的经营业绩增长的势头能否得到保持等。这是财务分析的第三层次。

关于财务分析的作用，一般而言，财务分析性信息可以降低决策者面临的不确定性，也是作为合同订立时的重要依据。

7. 分析性信息

分析性信息是指对财务报告和相关数据的搜集、加工后形成的新的信息。按层次可分为财务报告的解读信息、比率信息、结构信息、财务指标的线性组合与非线性组合信息。按内容可分为偿债能力信息、支付能力信息、盈利能力信息、管理效率信息、发展能力信息、财务失败预警信息以及企业价值估计信息等。按形式可分为文字信息、数字信息和图表信息等。还可分为初始分析性信息和再加工性分析性信息以及最终的分析师报告。

分析性信息还可表现为管理者分析性信息和财务分析师的分析性信息以及决策者自身的分析性信息。管理者分析性信息是管理当局利用财务报表数据和会计账簿、凭证等信息资料，按照管理者分析准则，通过分析性程序和方法，生产、加工形成的对外披露的信息。这类信息可由决策者直接使用进行决策，也可由 CPA 和财务分析师再利用，进而为决策者的决策服务。决策者也可以亲自根据财务报表进行分析和决策。

8. 报告

财务分析最后的程序是财务分析报告，并将分析结论告知信息使用者或决策者。根据分析主体的不同，财务分析报告可分为内部分析报告、外部分析报告和独立财务分析师报告。根据分析内容不同，分为投资价值分析报告、信用分析报告等。

（二）财务分析与相关学科关系

明确了财务分析的内涵，还应进一步理解财务分析与经济活动分析、财务会计、财务管理等学科的关系。

1. 财务分析与经济活动分析

财务分析与经济活动分析的相同点在于"分析"，它们有着相同或相近的分析程序、分析方法、分析形式等。财务分析与经济活动分析的区别在于分析对象、财务分析依据、主体不同。

2. 财务分析与财务会计

财务分析与财务会计二者的关系主要体现在以下两点：

第一，财务分析以财务会计核算的报表资料为依据进行，没有财务会计资料的正确性就没有财务分析的准确性。

第二，财务分析中的财务报表会计分析要以会计原则、会计政策选择等为依据进行，因此在某种程度上，会计分析也是财务会计的一部分。我国的会计学中包括会计分析部分，但是财务会计中的财务报表分析或会计分析，以及依据财务会计资料进行的分析并不是财务分析的全部含义。财务分析的内涵已说明，财务分析还包含对管理会计资料、其他业务核算资料和市场信息资料的分析。

3. 财务分析与财务管理

从财务分析与财务管理关系看，它们的相同点在于"财务"，即都将财务问题作为研究的对象，它们的区别主要表现在：

（1）职能与方法不同

财务分析着眼点在于分析，财务管理着眼点在于管理。

（2）研究财务问题的侧重点不同

财务分析侧重于对财务活动状况和结果的研究；财务管理侧重于对财务活动全过程的研究。

（3）结果的确定性不同

财务分析的结果具有确定性，因为它是以实际的财务报表等资料为基础进行分析的；财务管理的结果通常是不确定的，因为它的结果往往是根据预测值及概率估算的。

（4）服务对象不同

财务分析的服务对象是投资者、债权人、经营者等所有有关人员；财务管理的服务对象是企业内部的经营者和所有者。

（三）财务分析与会计中的会计分析和财务管理中的财务分析

根据上述对财务分析定义的理解，较为统一地认为财务分析的职能是评价、解释和预测。然而会计学中专章介绍的会计分析，其内容是根据会计报表进行阅读、简单的比较分析和比率分析，初步评价财务状况和经营成果，其多表现为计算、比较和评价等职能，较少体现解释职能。而一般财务管理学中专章介绍的财务分析或财务报表分析，从职能上看也仅仅体现了计算、评价和解释等职能，较少体现预测职能。财务分析从会计、财务管理学中分离出来形成独立的一门学科，是由于它有一套系统的理论体系，包括分析主体、分析依据、分析标准、分析目标、分析报告、分析原则和分析准则、分析方法、分析职能等。因此，相对于会计中的会计分析，我们称为初级财务分析；财务管理学中的财务分析我们称为中级财务分析。相对而言，能够发挥评价、解释、预测三种职能的单独成科的财务分析，我们称为高级财务分析，其内容包括了在会计分析、财务报表分析、预测前景分析及其在证券定价、价值评估、财务危机的预警、信用评级以及 CPA 审计等中的应用。

二、财务分析目标与作用

（一）财务分析目标

财务分析目标是指财务分析主体对企业进行财务分析所要达到的目的。由于财务分析的主体不同、财务分析的内容不同，财务分析的目的也会有所不同。

由于财务分析的目标受财务分析主体和财务分析服务对象的制约，不同的财务分析主体进行财务分析的目标是不同的，不同的财务分析服务对象所关心的问题也是不同的。财务分析从分析的主体看，包括投资者进行及其他相关经济组织或个人所进行的财务分析，即投资者进行的财务分析、经营者进行的财务分析、债权者进行的财务分析；其服务对象也是投资者、经营者、债权人等。因此，无论从分析主体看，还是从分析服务对象看，研究财务分析的目标可从财务分析的基本目标、一般目标和具体目标进行。

1. 财务分析的基本目标

一般而言，财务分析的基本目标是为了管理决策和监督评价，可分为两个方面：一方面是为投资决策、信贷决策、销售决策和宏观经济决策等提供依据，即为管理决策提供依据。在这方面，主要体现投资者、贷款提供者、供应厂商和政府宏观管理部门以及社会公众对企业进行财务分析的基本目标。另一方面是为企业经营管理业绩评价、监督和选择经营管理者提供依据，即为监督、评价提供依据。

2. 财务分析的一般目标

财务分析的一般目标因财务分析的主体、财务分析的内容不同而不尽相同，因此，需要根据财务分析的主体和内容而定。

（1）从企业投资者角度看财务分析的目标

为投资决策进行财务分析。例如，投资者为初始投资决策、追加投资决策和转让投资决策而进行企业获利能力和发展能力方面的财务分析。

（2）从企业债权者角度看财务分析的目标

对信贷决策进行财务分析。例如，企业的贷款提供者如银行为选择贷款企业，决定贷款规模、期限和利率而对企业的偿债能力、信用和风险情况进行的财务分析。

（3）从企业经营者角度看财务分析的目标

企业经营者主要是指企业的经理以及各分厂、部门、车间等的管理人员。他们进行财务分析的目的是综合的和多方面的。从对企业所有者负责的角度分析，他们首先关心盈利能力，这是他们的总体目标。但是，在财务分析中，他们关心的不仅是盈利的结果，还有盈利的原因及过程。如资产结构分析、营运状况与效率分析、经营风险与财务风险分析、支付能力与偿债能力分析等。通过这种分析，其目的是及时发现生产经营中存在的问题与不足，并采取有效措施解决这些问题，使企业不仅利用现有资源盈利更多，而且使企业盈利能力保持持续增长。

（4）为赊销决策进行财务分析

例如，企业的供应厂商为选择赊销企业，决定赊销规模、标准和条件而对企业的偿债能力、信用和风险情况进行的财务分析。

（5）为采购和消费决策进行财务分析

例如，企业的客户为选择供应厂商，社会公众作为消费者选购产品而对企业的发展能力和财务趋势等方面进行的财务分析。

（6）为管理评价进行财务分析

例如，投资者为任免企业经营管理者和评价企业经营管理业绩而进行的企业发展能力和财务趋势以及财务总体方面的财务分析。

（7）为监督评价进行财务分析

国家行政管理与监督部门主要指工商、物价、财政、税务以及审计等部门。它们进行财务分析的目的，一是监督、检查党和国家的各项经济政策、法规、制度在企业单位的执行情况；二是保证企业财务会计信息和财务分析报告的真实性、准确性，以为宏观决策提供可靠信息。

3.财务分析的具体目标

由于财务分析者的出发点和要求各不相同，因而在具体应用时也会有更多的具体目的。这些具体目的通常可以归纳为两大类：一是洞察企业的基本信息，二是进行深入的财务分析与评价。

（1）洞察企业的基本信息

企业财务报表编制的目的是为各报表使用者提供一个通用的资料。财务报表首先提供给使用者关于企业的基本信息，让各使用者对企业的财务状况、经营成果以及现金流量状况等有初步的了解，便于简单判断企业是否处于不正常的状态，为下一步深入的财务分析与评价打下基础。

企业的基本信息主要包括：

①企业的短期偿债能力，用来衡量企业短期债务的偿还能力及其风险，并显示企业对未来短期财务的负担能力。

②资产经营效率，反映企业利用经济资源的有效性，即对各类资产进行管理的效率的高低。

③收益能力，反映企业的获利水平、获利能力及综合管理效率，用以衡量公司的盈利能力，一般可以分为以销售为基础的获利能力和以总资产或净资产为基础的获利能力。

④资本结构或企业的长期偿债能力，反映企业长期偿债能力及其稳定性，以衡量企业对长期资金提供者的保障程度，同时也显示企业的资本结构及其合理性。此外，随着企业财务报表的发展以及资本市场的兴起，对现金流量的重视程度与日俱增，企业现金流量表的相关信息受到关注；随着资本市场的蓬勃发展，结合资本市场价值的相关信息开始受到投资者的广泛关注。这两类信息也成为现代企业的基本信息。

（2）进行深入的财务分析与评价

对于财务报表的特定使用者来说，仅仅对企业进行初步了解是远远不够的。报表使用者通常会根据其特定的要求，对财务报表进行更深入的分析与评价，它包括对企业进行：

①会计信息失真辨析。会计信息失真辨析是针对信息失真较严重的情况出现的。分辨信息真伪这一特殊目的，主要是为其他分析目的服务。财务报表分析用于分辨会计信息是否失真，能够提供一个关于企业的会计对其基本经营的控制和歪曲程度的信息，并且纠正会计信息失真。

②信贷分析。信贷分析是从企业现有债权人和潜在债权人的角度来分析企业，以便作出正确的信贷决策。对企业进行信贷分析的主要有银行等金融机构、供应商、资信评估机构及其他机构投资者。

③业绩评价。企业业绩评价是指运用数理统计和运筹学方法，按照一定的程序，对企业一定经营期间的经营效益和经营者业绩作出客观、公正和准确的综合评价。业绩评价主要由股东对企业管理者进行考核。业绩评价有许多方法，目前我国的企业经营业绩评价采用特定的指标体系，对照统一的评价标准，通过定量、定性对比分析，来评判企业经营的优劣。

④价值评估。企业价值评估涉及对企业的价值进行估量的问题。在资本市场中，经常需要进行股权投资分析，对公司未来收益和现金流量进行预测，据此采用一定的技术对企业价值进行评估，再对比评估价值与市场价格，以判断价格的合理性。

⑤企业财务预警。企业财务预警就是通过对企业财务报表及相关经营资料的分析，利用及时的财务数据和相应的数据化管理方式，将企业所面临的危险情况预先告知企业经营者和其他利益关系人，并分析企业发生财务危机的原因和企业财务运营体系隐藏的问题，以提早做好防范措施。财务预警对企业管理当局、股东及债权人等都有相当大的意义。

（二）财务分析的作用

财务分析的作用从不同角度看是不同的。从财务分析的服务对象看，财务分析不仅对企业内部生产经营管理有着重要作用，而且对企业外部投资决策、贷款决策、赊销决策等有着重要作用。从财务分析的职能作用看，它对于正确预测、决策、计划、控制、考核、评价都有着重要作用。这里主要从财务分析对评价企业过去、现在及未来的作用加以说明。

1. 财务分析可正确评价企业过去

正确评价过去，是说明现在和揭示未来的基础。财务分析通过对实际会计报表等资料的分析，能够准确地说明企业过去业绩主体的分析目的，采用不同的分析手段和方法，可以得出反映企业在该方面现状的指标，如反映企业资产结构的指标、企业支付能力和偿债能力的指标、企业营运状况的指标、企业盈利能力的指标等。通过这种分析，对于全面反映和评价企业的现状具有重要作用。

2. 财务分析可用于估价企业未来

财务分析不仅可用于评价过去和反映现状，更重要的是，它可以通过对过去与现状的分析与评价，来估价企业的未来发展状况与趋势。财务分析对企业未来的估价：①可为企业未来财务预测、财务决策和财务预算指明方向；②可准确评估企业的价值及价值创造，这对企业进行经营者绩效评价、资本经营和产权交易等都是十分有益的；③可为企业进行财务危机预测提供必要的信息。

财务报告分析的作用在很大程度上取决于人们对财务报表分析结果的不同看法。一种观点认为，财务报告分析的结果是一种信号，对这些信号需作进一步研究以确定其原因。这样，财务报告的作用就在于提出问题供进一步调查研究，而不是提供答案。另一种观点是，财务报告分析的结果是一种信息，分析所得的数据本身是有意义的，能够为信息使用者提供决策依据。实证会计的发展业已证实，财务报告分析的结果对确定企业的偿债能力，评价企业经营成果，预测企业财务成败、盈利增长、债券利率和风险溢价等都具有重要意义。

三、财务分析的程序与方法

在同行业的上市公司中，如何选择上市公司？比较分析方法可以帮助我们准确地选择上市公司。在同一行业中，不论是龙头企业还是落后企业，它们的财务数据和财务指标都不会明显地偏离同业平均值。如果一家企业的财务数据和财务指标明显偏离同行业平均值，我们就必须分析其原因。通过比较同行业企业的财务指标、主营产品结构、经营策略等，我们可以判断不同企业的竞争实力、盈利能力和发展空间。

（一）财务分析的基本程序与步骤

财务分析的基本程序亦称为财务分析的一般方法，是指进行财务分析所应遵循的一般规程。研究财务分析的程序是进行财务分析的基础与关键，它为开展财务分析工作、掌握财务分析技术指明了方向。

现有的多种财务分析程序在收集财务分析信息、分析财务信息、得出财务分析结论等步骤上基本是一致的，其区别主要体现在具体分析环节或细节上。本书根据其基本程序将财务分析分为以下四个步骤。

1. 明确分析目标，制订分析计划

进行财务分析，必须先要明确为什么进行财务分析，是要评价企业经营业绩，进行投资决策，还是要制定未来经营策略？只有明确了财务分析的目的，才能有效地收集整理信息，选择正确的分析方法，得出正确的分析结论。

财务分析目标从财务分析信息的需要者角度来说，可分为信用分析、经营决策分析、投资分析和税务分析等。信用分析的目标在于分析企业的偿债能力和支付能力；经营决策分析的目标是为企业产品、生产结构和发展战略方面的重大调整服务；投资分析的目标在于分析投资资金的安全性和获利性；税务分析的目标主要在于分析企业的收入与支出状况。企业应根据期间的分析目标，确定进行财务分析的范围和问题，制订财务分析计划，规定分析的目的要求、分析工作的组织分工，确定采取的分析形式与分析程序，安排分析工作的进度和确定分析资料的种类和来源等。财务分析工作应按计划进行，但在实际分析过程中也可以根据具体情况进行修改、补充。

2. 收集数据资料，确定分析对象

财务分析信息是财务分析的基础，信息收集整理的及时性、完整性、准确性，对财务分析的正确性有着直接的影响。财务分析的信息收集整理应根据分析的目的和计划进行。为了全面分析企业财务活动、正确评价企业的经营绩效，分析者应完整地收集、整理分析资料。财务分析的一般数据资料包括：宏观经济形势信息；行业情况信息；企业内部数据，如企业市场占有率、企业的销售政策与措施、产品的品种等。信息的收集可通过查找资料、专题调研、座谈会或有关会议等多种渠道来完成。收集、整理分析资料后，分析者还必须认真检查、核实分析资料，只有真实、可靠的分析资料才能保证分析工作的质量。分析者检查资料，应根据资料的来源和类别，采取适当的方法进行，重点在于检查、分析资料的真实性和合法性。在此基础上，分析者通过对资料数据的研究和比较，形成分析目标，确定分析对象。

3. 选定分析方法，测算因素影响

根据分析指标的性质及其指标之间的相互联系，财务分析的方法可分为比较分析法、比率分析法、因素分析法、现金流量分析法、图解分析法等。分析者选定合适的分析方法后，应寻找指标变动的因素，并测算各因素变动对财务指标变动的影响，以便根据计算结果分清主次、权衡利弊，这是财务分析工作的中心环节。

财务分析的综合评价是财务分析实施的继续。它具体又可分解为三个步骤：①根据财务分析目标和内容，评价收集的资料，寻找数据间的因果关系。②结合本企业的特点和历年状况解释形成现状的原因，揭示经营成绩的好坏，提出合理化建议。③形成财务分析报告，供财务分析信息需要者决策时参考，以保证财务分析的连续性。

（二）财务分析的基本方法

财务分析的基本方法是实现财务报告分析的一种手段。它是指在发挥财务分析的评价、预测、发展和协调功能时经常使用的具有普遍适用性的方法，由于分析的目的不同，

企业在实际进行财务分析时，必然要选择适应不同目标要求的方法，最常用的基本方法有比较分析法、比率分析法、因素分析法和图解分析法等，下面分别予以介绍。

1. 比较分析法

比较分析法是财务分析中最常用的一种基本分析方法。它是指将彼此联系的指标进行对照，从数量上确定它们之间的差异，并进行差异分析，以便用来评价财务活动好坏的方法。

（1）按比较对象分类

①与本企业历史比，即与同一企业不同时期指标相比。历史水平可以选择上年同期水平、历史最高水平、若干期的历史平均水平等。这种比较一方面可以揭示差异，进行差异分析，查明产生差异的原因，为改进企业经营管理提供依据；另一方面可以通过本期实际与若干期的历史资料比较，进行趋势分析，了解和掌握经营活动的表现趋势及其规律，为预测提供依据。

②与同类企业比，即与行业平均数或竞争对手比较。同行业可以选择国内外先进水平、竞争对手等，这种比较有利于找出本企业与同行业水平的差距，有利于明确今后的努力方向。

③与本企业预算比，即将实际执行结果与计划目标比较。这种比较可以揭示问题的原因，能够检测出是目标、计划或定额本身缺乏科学性，还是实际执行中存在问题。如果是前者，则有助于今后提供目标、计划或定额的预测工作；如果是后者，则有助于改进企业的经营管理工作。

④与评价标准值比较。评价标准是指企业所在行业的标准值，它是权威机构根据大量数据资料进行测算而得出的，具有客观、公正、科学的价值，是一个较为理想的评价标尺，如我国财政部评价年均不同企业的主要财务比率的评价标准值。

（2）按比较内容分类

①比较会计要素的总量。总量是指财务报表项目的总金额，如资产总额、净利润等。总量比较主要用于趋势分析，以分析发展趋势；有时也用于横向比较，分析企业的相对规模和竞争地位。

②比较结构百分比。把资产负债表、利润表、现金流量表转换成百分比报表。例如，以收入为100%看利润表各项目的比重。信息需求者通过分析结构百分比，有助于发现有显著问题的项目。

③比较财务比率。财务比率表现为相对数。排除了规模的影响，使不同对象间的比较变得切实可行。

（3）按比较方法分类

①水平分析法。水平分析法又称为水平分析或横向比较分析法，是指企业实际达到的结果同某一标准进行比较（包括某一期或数期财务报表中的相同项目），观察这些项目的变化情况，以用来揭示这些项目增减变化的原因与趋势的分析方法。水平分析法可以用绝对数作比较也可以用相对数作比较。

第一，绝对值增减变动，其计算公式为：

绝对值变动数值＝分析期某项指标实际数－基期同项指标实际数

第二，增减变动率，其计算公式为：

变动率＝绝对值变动数值÷基期实际数值×100%

第三，变动比率值，其计算公式为：

变动比率值＝分析期实际数值÷基期实际数值

如果能对数期报表的相同项目作比较，则可以观察到相同项目带有规律的发展趋势，有助于评价和预测。水平分析法的表现形式有两种：其一是定比。定比是以某一时期数额为基础，其他各期数额均与该期的基数进行比较。其二是环比。环比是分别以上一时期数额为基数，然后将下一期数额与上一期数额进行比较。

②垂直分析法。垂直分析法又称为结构分析法、纵向比较分析法，它用来计算财务报表中的各项目占总体的比重，反映财务报表中每一项目与其相关总值之间的百分比及其变动情况，以准确分析企业财务活动的发展趋势的分析方法。在这一方法下，每项数据都有一个相关的总量对应，并被表示为占这一总域的百分比形式。垂直分析法的一般步骤如下。

第一，确定报表中各项目占总额的比重或百分比。其计算公式为：

某项目的比重＝该项目金额÷各项目总金额×100%

第二，通过各项目的比重，分析各项目在企业经营中的重要性。一般而言，项目比重越大，说明其重要程度越高，对总体的影响也就越大。

第三，将分析期各项目的比重与前期同项目的比重进行对比，研究各项目的比重变动情况。

比较分析法无论采用哪种比较形式，都要注意对比指标的可比性。同类企业之间进行财务指标的对比，相对比的企业必须在产品种类、生产技术、生产规模和经营特点等方面大致相同。

2. 比率分析法

比率分析法是财务分析最基本、最重要的方法。有时人们会将财务分析与比率分析等同，认为财务分析就是比率分析。比率分析法实质上是将影响财务状况的两个相关因素联系起来，通过计算比率，反映它们之间的联系，以此来揭示企业财务状况的分析方法。

比率分析法的运用有两种情况：一种是通过计算两个相关指标的比值，即求出比率为分析结果；另一种是继续将不同时空条件下计算出来的同一种比率进行比较，即求出比率之间的差异作为分析结果。实际上，比率分析法在很大程度上都是与比较分析法结合进行的。比率分析法与比较分析法的共性在于，都是采用将两数进行对比的方式来揭示指标之间的差异程度。两者的区别在于：其一，比较分析法强调对比指标之间的可比性，即只有同质的指标才能进行比较；而比率分析法中的大部分比率是在不同质但相关的指标之间计算比值。因此，比率分析法运用的范围较比较分析法更为广泛。其二，比较分析法的分析结果主要强调绝对差异的大小（差异数），以表示同质指标变动的规律，而比率分析法的分析结果是以相对数表示，以说明两者的相互关系。

由于财务分析的目的与分析的角度不同，比率分析法的形式也就不同。从分析的角度来看，财务比率可表示为百分比，如资产负债率为60%；也可表示为分数，如负债为总资产的1/3；还可表示为比例，如流动比率为2：1。从分析目的来看，财务比率可分为趋势比率、构成比率和相关比率。因此，比率分析法的具体形式有趋势比率分析法、构成比率分析法和相关比率分析法。

（1）趋势比率分析法

趋势比率分析法是通过财务报表中各类相关数字资料，将两期或多期连续的相同指标或比率进行定基分析对比和环比分析对比，得出它们的增减变动方向、数额和幅度，以揭示企业财务状况、经营情况和现金流量变化趋势的一种分析方法。从一定意义上讲，它是将比较分析法和比率分析法结合起来运用的一种方法。定比分析是以某一时期为基数，其他各期的基数均与该期的基数进行比较的方法；环比分析是分别以上一时期为基数，把下一时期的基数与上一时期的基数进行比较的方法。

趋势比率分析法的计算指标包括差异数、差异率和趋势比率。其计算公式为：

差异数 = 报告期数 － 基期数

差异数是将不同的计算指标直接相减后的差数，它可以使人们获得明确的增减概念，由此能直观地判断财务指标的规律。

差异率是差异数与基期数的比值。它可以使人们获得相对变动的概念，由此来判明财务指标的变动水平，亦称增减幅度。其计算公式为：

差异率 = 差异数 ÷ 基期数 × 100%

趋势比率是将不同时期的财务信息换算为同一基期的百分比，以便提供一项简明的趋势概念，它不但能单独地表明该项财务指标的变动情况，而且能在一系列比率的横向联系中显示出未来的发展趋势。其计算公式为：

趋势比率 = 报告期数 ÷ 基期数 × 100%

在进行趋势分析时，确定好基期是至关重要的。在实务上一般有两种选择：一种是以某选定时期为基础，即固定基期，以后各期数均以该期数作为共同基期数，计算出趋势比例叫定期发展速度，也称定比；另一种是以上期为基数，即移动基数，各期数分别以前一期数作为基期数，基期数不固定，且顺次移动，计算出趋势比率叫环比发展速度，亦称环比。

①定基动态比率：即用某一时期的数值作为固定的基期指标数值，将其他各期数值与其对比来进行分析。其计算公式为：

定基动态比率 = 分析期数值 ÷ 固定基期数值

②环比动态比率：是以每一分析期的前期数值为基期数值而计算出来的动态比率。其计算公式为：

环比动态比率 = 分析期数值 ÷ 前期数值

值得指出的是，计算趋势比率应认真、谨慎地选择好基期，使之具有符合代表性或正常性的条件。在通常情况下，选择第一期为固定基期计算时比较方便，观察时也比较符合习惯，分析时也顺乎逻辑。而第一期不具备基期条件时，则应根据实际情况选择其他适合时期作为基期。此外，选择的基期数为零或基期数与报告期数符号相反时，均不应计算趋势比率。

（2）构成比率分析法

构成比率分析法又称为比重分析法或结构对比分析法。所谓构成比率，是指计算某项财务指标的各构成项目占总体指标的百分比，以反映部分与总体的关系。构成比率分析法是通过分析指标结构来反映该项指标的特征和变化规律的一种分析方法。其计算公式为：

构成比率 = 某个组成部分数额 ÷ 总体数额

利用构成比率，可以考察总体中某个部分的形成和安排是否合理，以便协调各项财务活动。

（3）相关比率分析法

从一定意义上来说，趋势比率分析法是把在不同时空条件下的同一指标相比，而构成比率分析法是各组成项目与同一总体指标相比，两种分析法均局限于对同一财务指标进行横向分析或纵向分析，如流动比率。而相关比率分析法中的比率主要是两个不同指标相比，扩大了分析范围。可见，相关比率分析法是将两个相互联系的指标，以其中某项指标为基数，求得两者数值的比率，用来反映一定财务关系的分析方法。

由于各种经营、财务指标分别反映不同的经济内容，它们又在同一财务活动进行过程中互为条件、彼此影响，因此将它们联系起来进行研究是十分必要的。相关比率分析法对指标的变动分析不是直接比较，而是通过将某一相关指标作为基数求得比值进行间接比较。例如，对企业的利润指标进行分析，除了可以用绝对额直接对比以外，还可以通过对形成利润有关的指标计算比率进行分析研究。

综上所述，比率分析法的优点是计算简便，计算结果容易判断，而且可以使某些指标在不同规模的企业之间进行比较，甚至也能在一定程度上超越行业间的差别进行比较。但采用这一方法时，对比率指标的使用应注意以下几点：

①对比项目的相关性。计算比率的子项和母项必须具有相关性，把不相关的项目进行对比是没有意义的。

②对比口径的一致性。计算比率的子项和母项必须在计算时间、范围等方面保持口径一致。

③衡量标准的科学性。运用比率分析时，需要选用一定的标准与之对比，以便对企业的财务状况作出评价；通常而言，科学合理的对比标准有预定目标、历史标准、行业标准和公认标准。

3. 因素分析法

因素分析法也是财务报告分析中常用的一种技术方法，是指按照一定的程序和方法，确定各因素对分析指标差异影响程度的一种技术方法。企业的活动是一个有机整体，因此每个指标的高低，都不止受一个因素的影响。从数量上测定各因素的影响程度，可以帮助人们抓住其主要矛盾，或者更有说服力地评价企业状况。因素分析法由连环替代法和差额计算法构成。

（1）连环替代法

所谓连环替代法是通过顺次逐个替代影响因素，计算各因素变动对指标变动影响程度的一种因素分析方法。

连环替代法具有以下特征：

第一，计算程序的连环性。所谓连环性，是指连环替代法在计算每个因素的影响时，都要以前一次计算指标为基础，采用连环比较差异的方法来确定因素变动对指标变动的影响程度。

第二，因素替换的顺序性。运用这一方法的一个重要问题，就是要正确确定各因素的替代顺序。所谓顺序性，是指连环替代法在替代置换各因素时，要按照一定的顺序逐个替代，不能随意改变各因素替代的先后顺序。若对同一指标的分析采用不同的替代顺序，则各个因素变动影响的总和虽然仍会等于指标变动的总差异，但是各因素变动的影响程度会随着不同的替代顺序而不同。

第三，计算条件的假设性。运用这一方法在测定某一因素的变动影响时，是以假定其他因素不变为条件的。

（2）差额计算法

差额计算法是连环替代法的一种简化形式，也是因素分析法的一种形式，其计算原理与连环替代法是相同的，区别在于其分析程序比连环替代法简单。它是利用各个因素的比较值与基准值之间的差额，来计算各因素对分析指标的影响。差额计算法在实际分析工作中被广泛运用。

运用因素分析法时要注意以下几个问题：

①构成财务指标的各个因素与财务指标之间客观上是否存在着因果关系。

②在实际工作中，确定正确的替代顺序 —— 一般是先替换数量指标，后替换质量指标；先替换实物指标，后替换价值指标；先替换主要指标，后替换次要指标。

③因素替换要按顺序依次进行，不能从中间隔地替换，替换过的指标要用实际指标，尚未替换过的指标要用计划指标或基期指标。

4. 图解分析法

图解分析法亦称图解法，是财务分析中经常应用的方法之一。严格地说，图解分析法并不是一种独立的财务分析方法，而是上述财务分析方法的直接表现形式。图解分析法是指将企业的相关财务指标用某一图形揭示出来，以说明经营、财务状况变化的一种分析方法。由于图形可将多项指标多形式地在图形上直观地显示出来，具有直观、形象的特征，所以此法已越来越引起人们的重视。例如，量本利分析中的盈亏平衡图、反映上市公司股票行情波动的 K 线图等图解分析法均得到了广泛应用。

（1）对比图解分析法

对比图解分析法是指用图形的形式，将某一指标的报告数值与基准数值进行比较，以揭示报告数值与基准数值之间差异的分析法。对比图解分析法是实践中广泛使用的图解分析法。

（2）结构图解分析法

结构图解分析法实际上是垂直分析法的图解形式，以图形的方式表示各部分在总体中所占的比重。结构分析图的形式有很多种，较为常见的为饼状图。

（3）趋势图解分析法

绘制趋势分析图解是将连续各期某指标数据在坐标图上描点连线，形象、直观地反映财务指标的变化趋势，既可以按固定基期计算出各期趋势比率进行比较，也可以按指标的绝对数值进行比较。

（4）因素图解分析法

因素图解分析法是运用因素分解图来反映某项经济指标的影响因素及其影响程度的一种图解分析方法。该方法有利于直观、清晰地反映分析指标与影响因素之间的关系。

（5）其他分析图解法

随着信息技术的普及与发展，图解分析法的应用范围得到了更进一步的发展，除上述图解分析法外，还有很多分析方法。例如，管理会计中的本量利图解分析法是通过绘制盈亏平衡分析图来确定保本销售额。

第二节　会计信息化基础知识

一、会计信息系统

会计信息系统是企业管理信息系统中的一个重要子系统，它是以提供会计信息为目的，采用现代信息处理技术，对会计信息进行采集、存储、处理及传送，以完成会计反映、控制等职能的系统。

在整个企业管理信息系统中，会计信息处于核心地位，从会计信息的收集、会计信息的处理到会计信息的输出，最终传递给决策者和使用者，都是一个信息流动的过程。而在这个过程中，伴随着对企业经营活动的管理与控制。

（一）会计信息的收集

会计数据是指在会计工作中，从不同来源、不同渠道获得的、记录在"单、证、账、表"上的各种原始会计资料。会计数据的来源广泛，既有企业内部生产经营活动产生的各种资料，也有企业外部与企业相关的各种经济活动产生的各种资料。会计数据的数量繁多，不光是指每个会计期间需要处理的数据量大，更重要的是会计数据是一种随着企业生产经营活动的持续进行，而源源不断产生并需要进行处理的数据。

会计信息是指会计数据经过加工处理后产生的，为会计管理和企业管理所需要的经济信息。它包括反映过去所发生的财务信息，即有关资金的取得、分配与使用的信息，如资产负债表等；管理所需要的定向信息，如各种财务分析报表，对未来具有预测作用的决策信息，如年度计划、年度规划等。会计通过信息的提供与使用来反映过去的经济活动，以控制目前的经济运行，预测未来的经济发展。

会计信息的收集，实际上是根据会计工作的目的汇集原始会计数据的过程。随着信息技术的发展，现代的会计信息收集已成为管理信息系统的一部分，会计信息收集不再局限于会计核算方面，而是更多地趋向于会计管理、经营决策等多方面。

（二）会计信息的处理

会计信息的处理从手工处理发展到利用计算机、网络等信息处理技术，是会计操作技术和信息处理方式的重大变革。这种变革对会计理论和会计实务提出了一系列的新课题，在推动会计自身发展和变革的同时，也促进了会计信息化的进一步发展。

现代会计信息处理是指应用信息技术对会计数据进行输入、处理和输出的过程，主要表现为用计算机代替人工记账、算账和报账，以及替代部分在手工环境下由人脑完成的对会计信息的分析、判断。现代会计信息处理不仅引起了会计系统内在的变化，强化了系统的能力，同时也提高了会计工作和会计信息的质量。现代会计信息处理的特点如下：

1. 以计算机为计算工具，数据处理代码化、速度快、精度高

通过计算机代替人工来记录和处理数据，对系统原始数据采用编码的方式，以压缩数据项的长度，减少数据占用的存储空间，从而提高了会计数据处理的速度和精度。

2. 数据处理人机结合，系统内部控制程序化、复杂化

现代会计信息处理虽然以计算机为计算工具，但整个信息处理过程仍为计算机与人工的结合。计算机对数据的处理是通过程序来进行的，系统内部控制方式均要求程序化，如采用密码控制程序对操作权限进行限制，采用校验程序验证借贷金额是否平衡等。同时，期末账项调整和结账均可自动进行，并在相应工作完成后自动生成各种转账凭证。

由于数据处理的人机结合和系统内部控制的程序化，使得系统控制复杂化。其控制点由对人的控制转到对人、机两方面的控制，控制的内容涉及人员分工、职能分离和计算机系统的维护，以及会计信息、会计档案的保存和管理。

3. 数据处理自动化，账务处理一体化

现代会计信息处理过程分为输入、处理和输出三个环节。首先将分散于各个核算岗位的会计数据收集后输入计算机，其次计算机对输入数据自动进行记账、转账和报表编制处理，最后查询打印输出各类账表。

4. 信息处理规范化，会计档案存储电子化

现代会计信息处理要求建立规范化的会计基础工作，会计数据处理应严格按程序规

范化进行。在会计信息系统中，各种会计数据以文件的形式组织并存储在计算机的存储器中，存储介质成为保存会计信息和会计档案的主要载体。

5. 增强系统的预测和辅助决策功能

充分利用计算机的处理功能，在系统分析、设计与开发中充分运用数学模型、运筹学、决策论等方法，可以极大地增强会计信息系统的预测和辅助决策功能。

（三）会计信息的输出

一个完整的会计处理系统，不仅需要有灵活、方便、正确的输入方式和功能齐全的数据处理功能，还必须拥有一个完善、方便的输出系统。

会计信息系统的输出方式包括显示输出、打印输出和文件输出。显示输出的特点是速度快、成本低，但输出会计数据的应用者局限在会计信息系统内部，不易交流。打印输出的特点是速度慢、成本高，适用于输出必须打印的情况。文件输出的特点是速度快，成本较低，易于转换，但不直观，且存储介质易受损坏，安全性较差。

随着声音、图像等多媒体技术的应用，会计数据的表现形式将越来越丰富，同时，随着对会计信息系统数据接口的标准化，文件输出将越来越重要。如记账凭证、会计账簿等，可以以文件的形式存储在存储介质中，需要时可通过调用会计软件的显示输出功能进行查询或者打印。

二、会计电算化与会计信息化

（一）会计电算化

会计电算化是指将电子计算机技术应用到会计业务处理工作中，用计算机来辅助会计核算和管理，通过会计软件指挥计算机替代手工完成或手工很难完成的会计工作，即电子计算机在会计中应用的代名词。与此相近或同义的还有计算机会计、EDP 会计、会计信息系统、计算机会计信息系统、会计电算化系统、会计信息化等。在这些概念的应用中，有时会有一定的特指，体现出一些差异。

会计电算化的概念，广义上是指与实现会计工作电算化有关的所有工作，包括会计电算化软件的开发和应用、会计电算化人才的培训、会计电算化的宏观规划、会计电算化的制度建设、会计电算化软件市场的培育与发展等。

会计电算化在我国从启蒙到现在，已经走过几十年的历程，取得了较大成效，包括企业实施会计电算化的数量逐步上升、商品化通用会计软件产业的形成以及政府管理机构宏观管理和调控作用的发挥等，无不体现了会计电算化带来的新思想、新方法、新作用，使会计工作的作用得到了很大的加强，其地位也得到了很大的提高。

（二）会计信息化

会计信息化是指采用现代信息技术，对传统的会计模型进行重构，并在重构的现代会计基础上，建立信息技术与会计学科高度融合的、充分开放的现代会计信息系统。这种会计信息系统将全面运用现代信息技术，通过网络系统，使业务处理高度自动化，信息高度共享，能够进行主动和实时报告会计信息。它不仅仅是信息技术运用于会计上的变革，更代表了一种与现代信息技术环境相适应的新兴会计思想。

（三）会计电算化与会计信息化的区别

1. 目标

会计电算化是实现会计核算业务进行的计算机处理。会计信息化是为实现会计业务全面信息化，充分发挥会计在企业管理中的核心作用，与企业管理和整个社会构成一个有机的信息系统。

2. 理论基础

会计电算化是以传统会计理论和计算机技术为基础的，而会计信息化的理论基础还包含信息技术、系统论和信息化论等现代技术手段和管理思想。

3. 技术手段

过去的电算化以计算机为主，而现在的信息化以计算机网络和通信等现代技术为主。20世纪80年代初的会计电算化，只有少数企业才建有局域网，而且不存在互联网，会计信息系统处于与外界隔离的状态。

4. 功能范围

会计电算化以实现业务核算为主，而会计信息化不仅可以进行业务核算，还可以进行会计信息管理和决策分析，并能够根据信息管理的原理和信息技术重组会计信息处理的流程。

5. 信息输入、输出方式

信息输入方面，会计电算化强调由会计部门人员输入，而在会计信息化下，大量的数据可以从企业内、外、其他系统中直接获取；信息输出方面，会计电算化强调由财务部门人员打印输出，并且报送其他机构，而在会计信息化下，企业内外的各个机构、部门都可以根据授权直接从系统中或从 Internet 上直接获取财务信息。

目前在实际应用过程中，往往把会计电算化和会计信息化混用，只是在特定情况下才予以区分。

三、会计信息化的基本目标

会计信息化的目标，就是通过实施会计信息化后应该达到的目的，即通过信息化的手段，达到提高工作效率，提供更全面、更准确的信息，为管理决策服务的目标，从而促进管理水平的提高，获取更高的经济效益。其基本目标主要有以下几个方面：

（一）减轻会计人员工作强度，提高工作效率

利用计算机技术，把繁杂的记账、算账、结账工作交给高速运转的计算机处理，从而减轻会计人员的工作强度，同时会计软件具有很高的精确性和逻辑判断能力，可以避

免手工操作产生的误差，以达到提高工作效率的目的。

（二）促进会计职能的转变

在手工情况下，会计人员长期处于繁重的手工核算工作中，没有时间和精力更多地参与企业的管理、决策。实施会计信息系统后，会计人员便从繁重的手工操作中解放了出来，有了时间和精力，也就有条件参与企业管理与决策，为提高企业现代化管理水平和提高经济效益服务。

（三）准确、及时地提供会计信息

在手工条件下，由于大量会计信息需要进行记录、加工、整理，导致会计信息的提供速度较慢，也难以全面提供管理所需要的信息，在一定程度上影响了经营决策工作。实施会计信息系统后，大量的信息都可以及时记录、汇总、分析，甚至可以实现实时跨地域传送，向企业管理者、股东等有关方面提供准确、及时的会计信息。

（四）提高人员素质，提升会计管理水平

会计工作的信息化给会计工作增添了新内容，从而要求会计人员提高自身素质，更新知识结构。第一，会计人员必须掌握会计信息化的有关知识。第二，为了参与企业管理，会计人员要更多地学习经营管理知识。第三，实现会计信息化后，会计工作便由会计软件系统和会计人员共同完成，这样强化了会计规范化工作，从而提升了会计工作的管理水平。

（五）实现企业管理信息化，提高企业经济效益

会计是价值管理的主要手段，不仅处理的信息量大，还要求快捷、准确。在手工记账下，会计人员将大量精力主要用于数据处理中，从而使参与管理工作受到了极大的限制。实施会计信息化的目的之一就是使广大会计人员从繁重的手工操作中解脱出来，减轻劳动强度。而实施会计信息化的根本目的则是通过核算手段和会计管理、决策手段的现代化，提高会计信息收集、整理、传输、反馈的及时性和准确度，提高会计的分析决策能力，能够更好地满足管理的需要，提供管理所需的会计信息，从而更好地发挥会计参与管理、参与决策的职能，为提高现代化管理水平和提高经济效益服务。由此，应认识到两点：①满足管理的需要、为管理服务、提高经济效益是一切实施会计信息化工作的出发点，是会计信息化的核心；②实施会计信息化不是单纯的数据搬家，而是按管理的需要对会计工作的改革与发展，是会计管理工作的一个飞跃。

会计信息化是企业管理信息化的重要组成部分。企业管理信息化的目标和任务，就是要以现代化的方法去管理企业，提高经济效益。因而，实施会计信息化不仅要使会计工作本身现代化，最终目标是要使企业管理信息化，以达到提高企业经济效益的目的。

四、现代信息技术对会计工作的影响

现代信息技术是扩展人类信息器官功能的技术统称。信息技术包括感测技术、通信

技术和计算机技术。感测技术扩展人类感觉器官的功能主要指信息的识别、检测、提取、变换，其目的是高精度、高效率地实时采集各种形式的信息。通信技术延伸了人类的信息传输系统的功能，主要指信息的发送、传输以及接收的技术，其目的是高效、全真传递和交换各种形式的信息。计算机技术扩展了人类思维器官的功能，主要用于信息的数字化输入、存储、处理、分析、检索和输出。

现代信息技术在会计领域的应用发展极其迅速，使得会计系统能够以全新的处理方式对会计数据进行收集、加工、处理和存储，这样一来，许多在手工程序中无法解决或者解决过程相当烦琐的会计问题在计算机环境中可以迎刃而解，同时信息技术也给会计学科带来深刻的影响，不仅表现在数据处理工具和信息载体的巨大变革上，还表现为对会计核算方法、会计理论等方面的巨大冲击与挑战。

（一）会计行业面临的重大挑战

随着社会的发展，市场竞争的加剧，信息技术在非会计领域的成功应用，以及企业数据库的不断完善，都使得会计行业面临着重大挑战。目前，会计工作的流程与数据处理是基于手工处理环境下的，会计数据单调、反映面窄，传统会计报表简单，详尽性、及时性差，会计系统所提供的信息质量远远不能满足管理的需要。会计系统如果不根据企业管理发展的需要重新整合，那么会计工作将不能满足管理的需要。

（二）会计职能的发展与变革

会计职能是会计目标的具体化，会计的基本职能是反映和控制。现代信息技术对会计的两大基本职能将产生重大的影响。

从会计反映职能上看，现代信息技术条件下，由于计算机处理环境的网络化和电子交易形式的出现，使得建立基于计算机网络的会计信息处理系统已成为现实。在这种会计信息处理系统中，企业发生的各项经济业务都能自动地从企业的内部和外部采集相关的会计核算资料，进行实时反映。

从会计控制的职能上看，由于会计信息化实现了实时自动处理，因此，会计的监督和参与经营决策职能将显得更为重要。会计监督职能主要是监督自动处理系统的过程和结果，监督国家财经法规和国家统一会计制度的执行情况，通过网络对企业经济活动进行远程和实时监控。会计参与经营决策的职能主要是通过建立一个完善的、功能强大的预测决策支持系统来实现。

（三）对会计理论体系的影响

现代信息技术的发展，使传统的企业组织形式、会计基础理论体系等都遭受了前所未有的冲击和挑战。信息技术对传统会计理论与实务的影响表现在以下几个方面。

1. 对会计理论基础的挑战

对会计核算的理论前提 —— 四个基本假设提出了质疑。

会计主体："虚拟企业"的出现，企业对会计信息的多元化需求，使传统会计主体的概念大大延伸。

持续经营：网络"虚拟公司"为了完成一个目标，可在短时间内组建起来，而在完成目标任务后便解体。

会计分期假设：会计信息的实时性可以及时产生所需的数据，不受会计期间的任何限制。

货币计量：经济社会的一体化、数字化、网络化，电子商务中电子货币的出现，会计职能由"核算型"向"管理型"的转变，使会计系统能够采集和提供货币与相关非货币形态的信息。

2. 收集会计信息的变化

收集信息方式：手工编制的凭证；其他业务子系统对业务处理后，自动编制的机制凭证；账务处理子系统定期对固定业务产生的机制凭证。

收集信息内容的不同：可以通过对各个部门的信息接口转换和接收信息，以及现代化工具（如扫描仪、电子笔、传感器、脉冲信号式数据采集装置）的应用，使系统收集信息的深度和广度成为可能，其内容包括货币形态的与非货币形态的信息、历史的或未来的信息。

3. 记账规则的变化

利用同一基础数据便可实现会计信息的多元重组，消除了信息处理过程中诸多分类与再分类的技术环节。在手工条件下的所谓日记账、总账、明细账、辅助账的配置已失去其存在的意义，与之采用的根据记账凭证汇总表登记总账、平行登记、错账更正（画线更正法、红字更正法）、结账、对账、试算平衡等记账规则（技术方法）的重要性也将逐渐降低或被新方法替代。

4. 会计核算形式的变化

会计系统可以根据需要从数据库中生成各种形式和内容的账簿，传统会计为减少登账工作量而建立的各种会计核算形式的作用将减弱，在会计信息化下多种模式均可实现。

5. 会计核算方法的变化

可以充分利用计算机的运算和存储能力，在执行主体认定的计算方法的同时，根据需要也可选用其他备选方法进行运算，从而可以比较和分析不同核算方法的差异。

6. 账簿体系的变化

账簿组织过程不同：账簿是根据记账凭证数据库按会计科目进行归类、统计的中间结果。账簿外观形式不同：突破了传统会计的分类界限，根据需要，任何一个会计科目均可以生成日记账、三栏账或多栏账、虚拟账、图表账。同时受打印限制，由于不能打印订本式账簿，因而所有账页均采用活页式。

7. 会计信息交换方式的变化

传统的会计信息交换方式主要以纸介质为主，而当前已呈现出与企业管理信息系统一体化、网络化、远程通信化的趋势。这种交换方式使会计信息的传递更加迅速、安全、准确、直观，传递通道更宽，为系统实施实时控制，也为实现由"核算型"向"管理型"的战略转移提供了先决条件。

8. 财务会计报告的变化

不同的报表使用者对会计信息的关注点不同，如投资人关注企业目前的财务状况和经营成果，潜在投资人更关心企业未来的投资收益，经营者侧重的是政府的有关政策和同行业其他企业的相关收入、成本等信息。这便对传统财务会计报告模式提出了挑战，使财务会计报告有了新的要求：①提供分部报告；②提供多元计价报告；③提供定期与实时相结合的报告。

9. 企业内部控制的变化

计算机信息处理的集中性、自动性，使传统职权分割的控制作用近乎消失，信息载体的改变及其共享程度的提高，也使手工系统以记账规则为核心的控制体系失效。

企业内部控制的主要方法有：

（1）制度控制

制度控制，包括组织控制、计划控制、硬件控制、软件维护控制、文档控制等。

（2）操作人员使用权限的控制

操作人员使用权限的控制，是指对进入系统的操作人员按其不同职能，通过设置相应密码，进行分级控制管理。

（3）程序控制

程序控制，包括会计信息处理过程中的输入控制、处理控制、输出控制、预留审计线索等。

10. 会计工作组织体制变化

在手工会计中，会计工作组织体制以会计事务的不同性质作为主要依据。一般在手工会计中划分以下专业组：材料组、成本组、工资组、资金组、综合组等，它们之间通过信息资料交换传递、建立联系，相互稽核牵制，使会计工作正常运行。操作方式是对数据进行分散收集、分散处理、重复记录。

会计信息化后，会计工作的组织体制以数据的不同形式作为主要依据。操作方式是集中收集、统一处理、数据共享，使会计信息的提取、应用更适应现代化管理的要求。

11. 会计职能的变化

会计工作由传统的事后核算向事前预测决策、事中控制的方向发展，会计职能由核算型向管理型转移。

12. 会计人员素质的变化

会计人员不仅要具有会计、管理和决策方面的知识，还应具有较强的计算机应用能力，能利用信息技术实现对信息系统及其资源的分析和评价。

（四）对会计实务的变革

现代信息技术的应用，改变了会计人员的处理工具和手段。由于大量的会计反映（核算）工作实现了自动化处理，使得会计人员的工作重点将从事中记账算账、事后报账转向事先预测、规划，事中监督控制，事后分析、决策的管理模式。

网络和数据库技术的发展和应用，使各级管理者和投资者可以实时地通过企业网站访问存储于会计信息系统中的共享信息。因此，代替凭证、账簿、报表的将是原始信息、操作信息、分析决策信息等；而信息的收集、存储、传递、处理、加工、打印等，将代替传统会计中制作凭证、记账、结账、出报表等环节。

会计实务的重点将由原来的编制凭证、记账、结账、编制报表等，转向收集信息、存储信息、加工信息、传递信息、查询信息等。

（五）会计观念需要不断创新和思考

面对现代信息技术的飞速发展，我们不应只是被动地接受或继承传统的思维方式和规则，而应积极主动地迎接未来的挑战。现在的社会经济环境、企业组织方式、企业规模等已经发生了重大变化。会计行业对如何提供信息需要有更加创新的视角。

（六）现代信息技术将推动会计信息化的不断发展

目前，国内建立的会计信息系统基本上都是用于处理已发生的会计业务，反映和提供已完成的经营活动的信息。然而，现代经济活动的复杂性、多样性和瞬时性对管理者提出了更高的要求。每一个管理者都需要依靠科学的预测来作出决策，而管理者的决策方式已从经验决策方式转向科学决策方式，因此应加强智能型会计决策支持系统的开发与应用。会计决策支持系统是综合应用运筹学、管理学、会计学、数据库技术、人工智能、系统论和决策理论等多门学科构建的。

随着现代信息技术的飞速发展，会计信息化将向模拟人的智能方向发展。系统将会有听觉、视觉、触觉等功能，具有能模拟人的思维推理能力，具有思考、推理和自动适应环境变化的功能。企业集团可以利用数据库与网络，建立跨会计主体和跨地域的集团会计信息化，实现"数据大集中、管理大集权"的目标，使之与会计工作方法的创新相适应。

五、对开展会计信息化工作的正确认识

（一）会计核算是信息化工作的基础

开展会计信息化工作的最终目的是为管理、决策服务，达到这个目标的手段无外乎以下几个方面：一是利用计算机计算准确、处理数据量大的特点处理会计业务，从而更全面、更准确地提供管理、决策所需的财务信息；二是利用计算机处理数据速度快的特点处理会计业务，从而更快捷地提供各种管理、决策所需的财务信息；三是利用计算机能快速分类整理数据的优势，按管理的需要，对会计核算数据进行各种加工、处理，从而筛选出管理所需的信息；四是使会计人员从繁杂的手工核算工作中解脱出来，利用他们懂财务、了解企业运营情况的优势使其参与分析、参与管理、参与决策。要达到这四方面的要求，就要实现会计核算工作的信息化，会计核算工作的信息化是实施会计信息化工作的基础。

（二）会计信息化是一项循序渐进的工作

会计信息化工作是一项系统工程。在开展这项工作之前，需要做好各种规划工作，考虑到问题的方方面面，做好各项安排，为会计信息化工作的全面开展、实现全面信息化打下基础。

（三）会计信息化是一项系统工程

实施会计信息化，涉及具体的会计管理工作、会计软件、计算机和操作使用人员，它是涉及方方面面的一项系统工程。

①实施会计信息化不仅包括建立会计信息系统的过程，还包括系统的使用、维护、管理以及其他有关的信息化工作，如计算机审计、会计信息化宏观管理等。

②会计信息化是企业整个管理系统信息化的组成部分。会计信息系统是整个管理信息系统的子系统。

③会计工作本身是一个相对独立的信息系统，各项会计业务之间是有机联系在一起的。

（四）实施会计信息化后，重要的是系统的应用工作

会计信息化的最终目的是利用计算机更好地完成会计工作的任务，提高会计信息收集、整理、反馈的灵敏度与准确度，更好地发挥会计参与管理的职能，为提高管理水平和经济效益服务。因此，会计信息系统的建立不仅仅是会计信息化工作的开始，更重要的是在系统建立后的组织管理、系统的运行和维护等工作。这些工作都是直接为达到会计信息化目标服务的，既是长期实现会计信息化目标的保证，也是实现会计信息化后会计的本职工作。

六、我国会计信息化的发展过程

会计是管理的重要组成部分，它以货币为计量单位，应用一套自身特有的方法，从价值方面对生产经营活动进行反映和监督。因此，在会计工作中，通过采集、传输和存储取得大量的数据，并对此分类、汇总，进行系统处理，为经营、管理提供有用的信息。在历史上，随着生产的发展和生产规模的逐步社会化，会计也随之发展变化。经人们长期实践，会计逐步由简单到复杂，至今已形成一套完整的体系。与此同时，会计数据处理的技术也在不断地发展变化，经历了手工操作、机械化和信息化几个阶段，逐步形成了一门独立的新兴科学，在会计工作中发挥着不可估量的作用。

我国会计信息化的发展主要分为以下几个阶段。

（一）探索发展阶段

20 世纪 80 年代，会计信息化从无到有，在中国开始生根发芽，行政部门包括的财政部、机械工业部、兵器工业部、中国工商银行等，纷纷在全国各地做探索性的试点，全国高等院校也加入研究的行列，这个阶段属于探索阶段。

（二）政府推动发展阶段

20 世纪 90 年代，会计软件逐步通用化、商品化，市场上成立了数百家财务软件公司。这个时期的中国会计信息化发展非常迅速，会计软件依托 DOS（磁盘操作系统）平台，功能上也基本属于核算型。

（三）市场化发展阶段

进入 21 世纪，财政部牵头成立了"会计信息化委员会"，成立该部门的原因是会计信息是各部门、各单位的决策基础；推进会计信息化工作对于贯彻落实会计审计准则和内部控制标准、提高企业管理水平、加强国家宏观调控都具有十分重要的意义。

七、我国会计信息化的发展趋势

我国的会计信息化事业经过了几十年的历程，已经基本普及。但由于受会计管理要求的提高、技术的进步、管理信息化的发展等因素的影响，会计信息化还在不断地向前推进。会计信息化有以下发展趋势。

（一）向"管理一体化"方向扩展

"管理一体化"是指从整个单位的角度开展计算机在管理中的应用工作。会计信息化工作只是整个管理信息化的一个有机组成部分，需要其他部门信息化的支持，同时也给其他部门提供支持和提出要求。如今许多单位的会计信息化工作已经有了一定的基础，具备了向其他部门扩展的条件。网络、数据库等计算机技术的发展也在技术上提供了向"管理一体化"发展的可能。从发展趋势来看，会计信息化工作将逐步与其他业务部门的信息化工作结合起来，由单纯的会计业务工作的信息化向建立财务、统计信息综合数据库、综合利用会计信息的方向发展。

（二）软件技术与管理组织措施日趋结合

会计信息化是一个人机系统，仅有一个良好的软件是不够的，还必须有一套与之紧密结合的组织措施，才能充分发挥其效用，并保证会计信息的安全与可靠。在会计信息化的初期，工作重点主要放在软件的开发与应用上。随着会计信息化工作的进一步深入，与会计信息化应用相适应的管理制度在实践中也得到了逐步的提高和完善。

（三）会计信息化的开展与管理将向规范化、标准化方向发展

相关标准的贯彻执行，将力图解决各种会计软件之间及其他相关软件之间的数据接口问题，以实现会计信息的相互规范传递、会计工作信息化后的审计，从而更充分和更

广泛地为会计信息服务。会计信息化的宏观管理将向规范化和标准化过渡。规范化的软件开发、验收，标准化的文档、管理制度、数据接口将逐步形成和完善。

（四）会计软件技术发展趋势

1. 支持跨平台运行

支持跨平台运行就是同一套程序编码可以在多种硬件平台和操作系统上运行，以便企业根据业务需要和投资能力选择最合适的平台，并且帮助企业顺利实现在不同应用水平阶段的平稳过渡。在企业建设管理系统初期，可以选择普通的PC网络，投资相对较低，但随着应用规模的扩大，需要更大的处理能力的硬件环境，如选择中小型机、服务器等。这样一来，跨平台的软件系统不仅能显示出很好的优势，也能充分保护用户的投资。

2. 支持多种应用系统数据交换

不少企业已经建立了各自的应用系统。在电子商务时代，企业将会要求新系统能与原有系统进行数据交换和集成，从而能够有效利用已有的投资数据。例如，已经采用会计软件的用户，希望整个销售和生产管理系统也能与目前的信息化会计系统进行数据共享。企业间的数据交换将帮助企业有效提升整个供应链的竞争力。

3. 系统高度集成

进入系统的数据要能根据事先的设定以及管理工作的内在规律和内在联系，传递到相关的功能模块中，达到数据高度共享和系统的高度集成。

4. 分布式应用

新一代的会计信息系统是超大规模的，它将不再是集中在同一局域网络服务器上的系统。因此云计算的分布式应用和分布式数据库是会计软件的一个重要特征。

5. 多语种支持及个性化用户界面

跨国企业的管理和企业的跨国交易必然会带来对会计软件多语种支持的需求。一套应用系统应当可以按照用户的设定，在不同的用户端显示不同语种的应用界面。由此还可以引申出另一种功能，即可以由用户来自行设定应用系统输出界面上使用的术语和界面格局，形成个性化的用户界面，从而使不同行业的用户也可以面对专业性很强的界面。

6. 提高可靠性和安全性

大规模的系统、分布式应用、广泛的网络连接需要系统具有更高的可靠性和更强的安全控制。远程通信线路故障、多用户操作冲突、共享数据的大量分发与传递，需要会计信息系统具有超强的稳定性，并能够对出现的各种意外情况做出正确处理。黑客入侵、越权操作等现象需要会计信息系统有健全的安全防线。对系统内部数据记录的存取及修改权限的管理，系统操作日志的建立等，都是必不可少的安全措施。

7. 面向电子商务应用

随着电子商务技术的发展，企业各种对外的业务活动已经延伸到了 Internet 上，实现了网络经营。所以，新的系统要能从企业的实际出发来设计电子商务工作模式，以实现财务、电子商务一体化。

（五）计算机审计将由绕过计算机审计向穿透计算机审计发展

随着信息化管理体系的逐步形成、复合型会计信息化人才的不断涌现、计算机审计技术的不断发展，我国的计算机审计工作将由绕过计算机审计向穿透计算机审计发展，从而能够更充分地保证会计信息的真实可靠，保护单位和国家的经济利益。

第二章 财务管理的价值观念

第一节 资金的时间价值观念

一、资金时间价值的概念

为什么人们不愿意把现金积压在手里反而愿意存入银行或进行投资？购买物品时，如果分期付款与一次付现金是同一价格，那么人们为什么更愿意选择分期付款？这是因为资金具有时间价值（Time Value of Money）。所谓资金的时间价值，是指资金在使用过程中随着时间的推移而发生的增值。

资金时间价值的核心思想是"现在的钱比将来的钱更值钱"。即使不考虑通货膨胀，现在的1元钱也比将来的1元钱更值钱。

资金时间价值有两种表现形式：一种是绝对数，即利息；一种是相对数，即利率。为了便于比较，通常用相对数（利率）表示。资金时间价值与金融市场中的利率是有差异的，利率是市场供求双方交易的结果，利率中不仅包括资金时间价值，还包含着风险价值和通货膨胀补偿因素，而资金时间价值则不包含风险和通货膨胀因素，只要商品生产存在，资金就具有时间价值，它是利润平均作用的结果。通常情况下，资金时间价值相当于没有风险也没有通货膨胀情况下的社会平均利润率，是企业资金利润率的最低限度，也是使用资金的最低成本率。实务中，在通货膨胀率很低的情况下，通常将一年期国债的利率视作资金的时间价值。

二、复利的终值和现值

在财务决策中，我们首先要估算或确定一项投资或筹资机会的现金流量，而后再根据相应的利率（或折现率）将不同时点的现金流量调整为同一时点的现金流量。因此，资金时间价值计算的对象是现金流量。

现金流量可分为单笔现金流量和系列现金流量两种。不同时点的现金流量既可以调整为现值，也可以调整为终值。现金流量的现值就是该现金流量现在的价值，用 P 来表示。与现值相对应的是终值，用 F 来表示，是指现在的现金流量相当于未来时刻的价值，可以计算该现金流量 1 年后的终值、1 个季度后的终值……未来任意时点的终值。

在资金时间价值计算中有两种利息计算方式：单利和复利。单利计息是只有本金计算利息，利息不再计算利息。复利计息是指不仅要对本金计息，而且对本金所产生的利息也要计息，俗称"利滚利"。在复利计算利息时，隐含着这样的假设：每次计算利息时，都要将计算的利息转入下次计算利息时的本金，再重新计算利息，这是因为债权人每次收到利息，都不会让其闲置，而是重新借出，从而扩大自己的资金时间价值。

（一）复利终值

复利终值计算公式为：

$$F = P(1+i)^n \qquad (2\text{-}1)$$

公式（2-1）中的 $(1+i)^n$ 是现值为 1 元、利率为 i、期限为 n 的复利终值，通常称为"复利终值系数"，用符号表示为 $(F/P, i, n)$，可以通过直接查阅"复利终值系数表"获得。公式（2-1）也可写作：

$$F = P(F/P, i, n)$$

（二）复利现值

复利现值是复利终值的逆运算，计算公式为：

$$P = F/(1+i)^n = F(1+i)^{-n} \qquad (2\text{-}2)$$

公式（2-2）中的 $(1+i)^{-n}$ 是终值为 1 元、利率为 i、期限为 n 的复利现值，通常称为"复利现值系数"，用符号表示为 $(P/F, i, n)$，与复利终值系数互为倒数，可以通过直接查阅"复利现值系数表"获得。公式（2-2）也可写作：

$$P = F(P/F, i, n)$$

三、年金的终值和现值

与单笔现金流量相比，系列现金流量是指在一定时期内会产生的多笔现金流量，根据每次现金流量是否相等，可以分为等额系列现金流量与非等额系列现金流量。等额系列现金流量又称为年金，其特点是，在一定时期内每隔相同的时间（可以不是一年）连续发生相等的现金流量。

按照现金流量发生的时点不同，年金可分为普通年金、预付年金、递延年金和永续年金等形式。

（一）普通年金

普通年金是指从第一期起，每期期末发生等额现金流量的现金流系列。每一固定间隔期，有期初和期末两个时点，由于普通年金是在期末发生现金流入或流出，故又称后付年金。以后凡涉及年金问题，如不作特殊说明，均指普通年金。

1. 普通年金终值的计算

n 期普通年金，每期期末现金流量 A 的复利终值之和，即为普通年金的终值，计算公式为：

$$F = A + A(1+i)^1 + \cdots + A(1+i)^{n-3} + A(1+i)^{n-2} + A(1+i)^{n-1}$$

将上式整理可得：

$$F = A \times \frac{(1+i)^n - 1}{i} = A \times (F/A, i, n) \tag{2-3}$$

公式（2-3）中，$\frac{(1+i)^n - 1}{i}$ 是年金 A 为 1 元、利率为 i、期限为 n 的普通年金的终值，称为"年金终值系数"，用符号表示为 $(F/A, i, n)$，可通过直接查阅"年金终值系数表"获得。

2. 普通年金现值的计算

每期期末现金流量 A 的复利现值之和，即为普通年金的现值，计算公式为：

$$P = A(1+i)^{-1} + A(1+i)^{-2} + A(1+i)^{-3} + \cdots + A(1+i)^{-(n-1)} + A \times (1+i)^{-n}$$

将上式整理可得：

$$P = A \times \frac{1-(1+i)^{-n}}{i} = A \times (P/A, i, n) \tag{2-4}$$

公式（2-4）中，$\dfrac{1-(1+i)^{-n}}{i}$ 是年金 A 为 1 元、利率为 i、期限为 n 的普通年金的现值，

称为"年金现值系数"，用符号表示为 $(P/A, i, n)$，可通过直接查阅"年金现值系数表"
获得。

（二）预付年金

预付年金是指从第一期起，每期期初发生等额现金流量的现金流系列。由于预付年
金是在期初发生现金流入或流出，故又称先付年金、即付年金。

1. 预付年金终值的计算

每期期初现金流量 A 的复利终值之和，即为预付年金的终值，计算公式为：

$$F = A(1+i)^1 + \cdots + A(1+i)^{n-3} + A(1+i)^{n-2} + A(1+i)^{n-1} + A(1+i)^n$$

上式中各项为等比数列，整理可得出两个计算公式：

$$F = A \times \dfrac{(1+i)^n - 1}{i} \times (1+i) = A(F/A, i, n) \times (1+i) \qquad （2\text{-}5）$$

或：

$$F = A \times \left[\dfrac{(1+i)^{n+1} - 1}{i} - 1 \right] = A[(F/A, i, n+1) - 1] \qquad （2\text{-}6）$$

公式（2-5）与公式（2-6）均可计算预付年金的终值。公式（2-6）中的 $\left[\dfrac{(1+i)^{n+1}-1}{i} - 1 \right]$

是预付年金终值系数，同普通年金终值系数 $\left[\dfrac{(1+i)^n - 1}{i} - 1 \right]$ 相比，期数加 1，而系数减 1，

可记作 $[(F/A, i, n+1)-1]$，并可利用"年金终值系数表"查得 $(n+1)$ 期的系数值，减去 1 后，
得出预付年金的终值系数。也可以采用公式（2-6），直接利用 n 期普通年金终值计算
公式乘以 $(1+i)$，即可计算 n 期预付年金的终值。

2. 预付年金现值的计算

每期期初现金流量 A 的复利现值之和，即为预付年金的现值，计算公式为：

$$P = A + A(1+i)^{-1} + A(1+i)^{-2} + A(1+i)^{-3} + \cdots + A(1+i)^{-(n-1)}$$

对上式稍作推导，可得出下面两个计算公式：

$$P = A \times \frac{1-(1+i)^{-n}}{i} \times (1+i) = A(P/A,i,n) \times (1+i) \qquad (2\text{-}7)$$

或

$$P = A\left[\frac{1-(1+i)^{-(n-1)}}{i} + 1\right] = A[(P/A,i,n-1)+1] \qquad (2\text{-}8)$$

公式（2-8）中的 $\left[\frac{1-(1+i)^{-(n-1)}}{i} + 1\right]$ 是预付年金现值系数，同普通年金现值系数

$\left[\frac{1-(1+i)^{-n}}{i}\right]$ $\left[\frac{1-(1+i)^{-n}}{i}\right]$ 相比，期数减 1，而系数加 1，可记作 $[(P/A, i, n-1)+1]$，

并可利用"年金现值系数表"查得 $(n-1)$ 期的系数值，加上 1 后，可得出预付年金的现值系数。也可采用公式（2-7），直接利用 n 期普通年金现值计算公式乘以 $(1+i)$，即可计算 n 期预付年金的现值。

（三）递延年金

普通年金和预付年金是年金的基本形式，都是从第一期开始发生等额现金流量，而递延年金是派生出来的年金，是指从第二期或第二期以后才发生等额现金流量的年金。

递延年金终值的大小与递延期无关，只与年金共支付了多少期有关，它的计算方法与普通年金相同。直接利用普通年金终值的计算公式 $F=A \times (F/A, i, n)$ 进行计算，在此式中，n 表示 A 的个数。

（四）永续年金

永续年金可以看成 n 趋向于无穷大时的普通年金，是普通年金的一种特殊形式。永续年金没有终止的时间，即没有终值。永续年金的现值可以通过普通年金现值的计算公式推导出。

普通年金现值计算公式 $P = A \times \frac{1-(1+i)^{-n}}{i}$，当公式中 n 趋向于无穷大时，由于 A、i 都是有界量，$(1+i)^{-n}$ 趋近于 0，因此永续年金现值 P 趋向于 A/i。永续年金现值计算公式为：

$$P = A/i \qquad (2\text{-}9)$$

由公式（2-9）可知，当利率发生变化时，永续年金现值将变化很大。

四、贴现率和期数的计算

在资金时间价值的计算公式中含有四个要素，只要知道其中三个，就可以推导出第四个。在单笔现金流量终值和现值的计算中，已知 P, F 和 n，就可以推导出利率 i，或已知 P、F 和 i，可以推导出期数 n。同样，在年金终值和现值的计算中，已知 $P(F)$，A 和 n，就可以推导利率 i，或已知 $P(F)$，A 和 i 可以推导出期数 n。

第二节　投资的风险价值观念

一、风险的含义与类型

（一）风险的含义

某投资者投资购买股票时，满怀希望获取高额收益，但结果却可能血本无归。但是如果该投资者去投资购买国库券，由于政府到期不能还本付息的可能性几乎为零，所以投资者能够获得确定的收益，可以说是一项无风险投资。因此，风险意味着有可能出现与人们取得收益的愿望相背离的结果，从财务管理的角度来说，风险是指资产实际收益相对预期收益变动的可能性和变动幅度。这种可能性和变动幅度越大，风险就越大；反之亦然。

一提到风险，就很容易让人联想到不确定性、损失等字眼，它们与风险之间既有联系又有区别。

1. 风险与不确定性

风险是可测定的不确定性，而不可测定的才是真正意义上的不确定性。风险是决策者面临的一种状态，即能够事先知道事件最终呈现的可能状态，并且可以根据经验知识或历史数据比较准确地预知每种可能状态出现的可能性的大小，即知道整个事件发生的概率分布。但在实践中，风险与不确定性很难区分，因为风险的概率往往只能估计和测算，不能准确确定，而对不确定性也可以估算一个概率。因此，一般情况下不对两者加以严格区分。

2. 风险与损失

损失是事件发生最终结果不利状态的代表。无论我们对风险怎样进行定义，都离不开损失这一因素，否则，如果未来结果不会造成任何损失或不会出现不利状态，无论事件的不确定性有多大，该事件都不会构成风险事件。但是，风险只是损失的可能，或是潜在的损失，并不等于损失本身；风险不仅可能带来预期的损失，而且也可能带来预期的收益。可以说，损失是一个事后概念，而风险是一个事前概念。在事件发生以前，风险就已经存在了，而损失并没有发生，只有潜在的可能性。一旦损失实际发生，事件的不确定性转化为确定性，风险也就不复存在了。

（二）风险类型

在风险管理中，一般是根据风险的不同特征进行分类的。按风险能否分散，把风险分为系统风险与非系统风险；按风险形成的来源，把风险分为经营风险与财务风险。

1. 系统风险与非系统风险

（1）系统风险

系统风险，又称市场风险、不可分散风险，是指由于政治、经济及社会环境等公司外部某些因素的不确定性给市场上所有企业带来经济损失的可能性，如战争、通货膨胀、国家宏观经济政策变化、利率和汇率波动等。

系统风险的特点是由综合因素导致的，大部分公司均会受到影响，无法通过投资组合的多样化来分散掉。

（2）非系统风险

非系统风险，又称公司特有风险、可分散风险，是指由于诉讼、研发失败、经营失误、消费者偏好改变、罢工、高层领导离职等因素对个别企业造成经济损失的可能性。

这类风险只发生在个别公司中，由单个的、随机的特殊因素引起。通常情况下，某一公司的不幸事件可以被其他公司的幸运事件所抵消，因此这类风险可以通过资产组合多样化来分散。

2. 经营风险与财务风险

（1）经营风险

经营风险是指由于经营上的原因给公司收益带来的不确定性。经营风险因具体行业、具体企业以及具体时期而异。影响经营风险的不确定性因素很多，如市场需求、销售价格、成本水平、对价格的调整能力、研发能力等。

（2）财务风险

财务风险，有广义和狭义之分。狭义的财务风险一般是指举债经营给公司收益带来的不确定性。其风险程度的高低取决于企业负债资金的比重。如果公司的经营收入不足以偿付到期利息和本金，就会使公司陷入财务危机，甚至导致公司破产。广义的财务风险是指企业在筹资、资金营运、投资和收益分配中客观存在的各种因素给企业收益带来的不确定性。

二、收益的含义与类型

（一）收益的含义

收益是指资产的价值在一定时期内的增值。一般情况下，表述资产收益的方式有两种。

1. 以绝对收益额表示

通常反映资产价值在一定期限内的增值量。虽然以绝对数额描述收益很简单，但会导致两个问题：

①不便于不同规模下资产收益的比较和分析。例如，投资100元获取80元的绝对收益是相当可观的收益，而投资10000元获取80元则很糟糕。

②无法反映获取收益额的时间。例如，投资100元1年内获取收益1元并不理想，而投资100元每个月获取收益1元，则收益还不错。

2. 以资产收益率（或报酬率）表示

是资产增值量与期初资产价格的比值。例如，投资100元1年内获取收益80元，可表示为年收益率为80%，远远大于同期投资10000元获取80元的0.8%的收益率；投资100元1年内获取收益1元，则年收益率仅为1%，小于每个月获取1元的12%的年收益率。

收益率作为一个相对指标，解决了上述两个问题，因此，通常我们用收益率来表示资产的收益。为了便于比较和分析，对于计算期短于或长于1年的资产，在计算收益率时一般要将不同期限的收益率转化成年收益率。如果没有特殊说明，资产的收益率指的就是年收益率。

（二）收益率的类型

①实际收益率，表示投资者已经实现的或者确定可以实现的收益率。
②名义收益率，仅指资产合约上表明的收益率。例如，借款协议上的借款利率。
③预期收益率，也称为期望收益率，是投资者预测在未来时期可能实现的收益率。
④必要收益率，表示投资者对某项资产合理要求的最低收益率。

三、单项资产预期收益与风险的衡量

（一）预期收益率

预期收益率，也称为期望值，就是各种可能情况下收益率的加权平均数，权数为各种可能结果出现的概率。计算公式为：

$$E(r) = r_1P_1 + r_2P_2 + \cdots + r_nP_n = \sum_{i=1}^{n} r_iP_i \qquad (2\text{-}10)$$

相比公式（2-10），有一种计算预期收益率的简便方法：首先收集代表预期收益率分布的历史收益率数据样本，假定所有历史收益率的观察值出现的概率相等，那么预期收益率就是所有样本数据的简单算术平均值。

（二）标准差与方差

通过分析东盛和金丰两家公司股票收益率分布图的紧密程度，我们判定投资金丰公司股票的风险更低。而投资两只股票风险的确切值，通常使用标准差 σ（又称标准离差）和方差 σ^2（标准差的平方）来衡量。标准差和方差是反映收益率的各种可能结果对其预期收益率的偏离程度的指标。标准差或方差越大，说明各种可能结果偏离预期值的程度越大，因而风险越大；反之亦然。

方差的计算公式为：

$$\sigma^2 = \sum_{i=1}^{n} \left[r_i - E(r) \right]^2 P_i \qquad (2-11)$$

标准差的计算公式为：

$$\sigma = \sqrt{\sum_{i=1}^{n} \left[r_i - E(r) \right]^2 P_i} \qquad (2-12)$$

公式（2-11）、（2-12）中，$E(r)$ 为某项资产的预期收益率；r_i 为第 i 种可能结果的收益率；P_i 为第 i 种可能结果发生的概率；n 为可能发生结果的个数；$r_i - E(r)$ 为第 i 种情况下资产收益率偏离预期收益率的离差。

（三）标准离差率

标准离差率是标准差与预期收益率之比，其计算公式为：

$$CV = \frac{\sigma}{E(r)} \qquad (2-13)$$

标准离差率（2-13）是一个相对指标，它表示某项资产每单位预期收益中所包含的风险的大小。一般情况下，标准离差率越大，资产的相对风险越大；标准离差率越小，资产的相对风险越小。

（四）单项资产的风险收益率

1. 风险收益率的含义

标准离差率虽然能正确评价投资风险程度的大小，但还无法将风险与收益结合起来进行分析。假设人们面临的决策不是评价与比较两个投资项目的风险水平，而是要决定是否对某一个投资项目进行投资，此时就需要计算出该项目的风险收益率，这样才能比较不同风险水平下的投资项目的好坏。因此，人们还需要一个指标来将风险评价转化为收益率指标，即将风险与收益联系起来，这个指标便是风险收益系数。风险收益率、风险收益系数和标准离差率之间的关系可用如下公式表示：

$$R_r = b \times CV \qquad (2\text{-}14)$$

公式（2-14）中，R_r 为风险收益率；b 为风险收益系数；CV 为标准离差率。

资产总的投资收益率包括无风险收益率和风险收益率两部分。投资收益率与标准离差率之间存在一种线性关系。如下式所示：

$$R = R_f + R_r = R_f + b \times CV \qquad (2\text{-}15)$$

（2-15）仅表示一种线性关系。

2. 确定风险收益系数的方法

风险收益系数的大小由投资者根据经验并结合其他因素加以确定。通常有以下几种方法：

（1）根据以往同类项目的有关数据确定

根据以往同类投资项目的投资收益率、无风险收益率和标准离差率等历史资料可以求得风险收益系数。

（2）由企业领导或有关专家确定

如果现在进行的投资项目缺乏同类项目的历史资料，不能采用上述方法计算，则可根据主观经验加以确定。可以由企业领导，如总经理、财务副总经理、财务主任等研究确定，也可由企业组织有关专家确定。这时，风险收益系数的确定在很大程度上取决于企业对风险的态度。比较敢于冒风险的企业，往往把风险收益系数定得低些；而比较稳健的企业，则往往定得高些。

（3）由国家有关部门组织专家确定

国家财政、银行、证券等管理部门可组织有关方面的专家，根据各行业的条件和有关因素确定各行业的风险收益系数。这种风险收益系数的国家参数由有关部门定期颁布，仅供投资者参考。

四、资产组合预期收益与风险的衡量

资产组合是指由一种以上资产构成的集合。如果资产组合中的资产均为有价证券，则该资产组合称为证券组合。证券组合是木章重点讨论的资产组合类型。

（一）资产组合的预期收益率

资产组合的预期收益率是指组成资产组合的各种资产的预期收益率的加权平均数，其权数是各种资产在整个资产组合总额中所占的价值比例。计算公式为：

$$E(r_p) = W_1 E(r_1) + W_2 E(r_2) + \cdots + W_n E(r_n) = \sum_{i=1}^{n} W_i E(r_i) \qquad (2\text{-}16)$$

公式（2-16）中，$E(r_p)$ 表示资产组合的预期收益率；$E(r_i)$ 表示第 i 项资产的预期收益率；W_i 表示第 i 项资产在整个资产组合中所占的比例。

（二）两项资产组合的风险度量

资产组合的预期收益率是资产组合中单项资产预期收益率的简单加权平均。但是，与预期收益率不同，资产组合的风险，即标准差 σ_p，通常不是组合中单项资产标准差 σ 的加权平均，而是通常小于单项资产标准差的加权平均。前面已经分析过，方差和标准差两个指标可以度量单项资产收益的变动性，而两项资产或多项资产收益之间的相互关系，通常用协方差和相关系数这两个统计指标来描述。

1. 协方差

协方差 (Cov) 度量的是，当一项资产的收益率上升或下降时，另外一项资产的收益率是上升还是下降，其上升与下降的幅度有多大。协方差的计算公式是：

$$Cov\left(r_1, r_2\right) = \sum_{i=1}^{n}\left[r_{1i} - E\left(r_{1i}\right)\right] \times \left[r_{2i} - E\left(r_{2i}\right)\right] \times P_i \qquad （2-17）$$

公式（2-17）中，$Cov(r_1, r_2)$ 表示 1 和 2 两项资产之间的协方差；$r_{1i}-E(r_{1i})$ 为第 i 种情况下第 1 项资产收益率偏离其预期收益率的离差；$r_{2i}-E(r_{2i})$ 为第 i 种情况下第 2 项资产收益率偏离其预期收益率的离差；P_i 为第 i 种情况出现的概率。公式（2-17）中 1 和 2 两项资产的前后顺序并不重要，也就是说 $Cov(r_1, r_2)$ 等价于 $Cov(r_2, r_1)$。

在协方差的分析中，协方差的正负显示了两项资产之间收益率的变动关系。

①协方差为正，表示两项资产的收益率呈相同方向变动，即在任何一种可能情况下都同时上升或同时下降。

②协方差为负，表示两项资产的收益率呈相反方向变化，即在任何一种可能情况下都一升一降或一降一升。

③协方差为零，则有两种可能：两项风险资产的收益率之间没有任何关系，因为在这种情况下，两项风险资产收益率离差的乘积有正有负，相互抵消，所以协方差为零；两项资产中至少有一项为无风险资产，因为无风险资产的离差始终为 0，所以，两个离差与概率的乘积肯定为 0。

2. 相关系数

尽管协方差的正负很好地反映了两项资产收益变动的关系，但是协方差数值的大小似乎还是难以理解。

为了使相关系数的概念更易于理解，可将协方差标准化。将协方差除以两项资产标准差之积，人们称之为相关系数，可以使得资产之间相互变动的程度在一个相同的基础上比较。相关系数 ρ 的计算公式为：

$$\rho_{1,2} = \frac{Cov(r_1, r_2)}{\sigma_1 \sigma_2}$$ （2-18）

公式（2-18）中，σ_1，σ_2 分别为两项资产各自预期收益率的标准差；$\rho_{1,2}$ 表示 1、2 两项资产收益率的相关程度。

在理论上，相关系数 $\rho_{1,2}$ 介于区间 [-1, 1]。因为标准差总是正值，所以相关系数的符号就取决于协方差的符号。前面已经提到，协方差为正，表示两项资产的收益率呈相同方向变动，此时相关系数也为正，表明两项资产正相关；反之，相关系数若为负，表明两项资产负相关；两项资产的相关性越强，则它们的相关系数越趋于两个极值 − 1.0 和 + 1.0；如果相关系数为 0，表明两项资产的收益率没有任何关系，它们没有一起变动的趋势。

3. 两项资产组合的方差和标准差

资产组合的总风险由资产组合收益率的方差和标准差来衡量。如资产组合中只包含两项资产 1 和 2，那么这两项资产形成的资产组合的方差 σ_p^2 满足下列关系：

$$\sigma_p^2 = W_1^2 \sigma_1^2 + W_2^2 \sigma_2^2 + 2W_1 W_2 \, Cov(r_1, r_2)$$ （2-19）

或

$$\sigma_p^2 = W_1^2 \sigma_1^2 + W_2^2 \sigma_2^2 + 2W_1 W_2 \rho_{1,2} \sigma_1 \sigma_2$$ （2-20）

公式（2-19）和公式（2-20）都表示两项资产与方差的关系。

4. 多项资产组合的风险度量

（1）多项资产组合的方差

当更多的资产包括在资产组合中时，计算组合方差的公式就会变得越来越复杂，因为必须考虑每项新加入的资产同原来每项资产之间的协方差。在有 n 项资产的情况下，我们用 W_1、W_2、$W_3 \cdots W_n$ 表示每一项资产的比例，σ_1^2、σ_2^2、$\sigma_3^2 \cdots \sigma_n^2$ 表示每一种资产的方差，$Cov(i, j)$ 表示任意两种资产之间的协方差。当投资组合中包含的资产数目达到非常大时，单个资产的方差对投资组合总体方差形成的影响几乎可以忽略不计。对于 n 项资产投资组合的方差可用如下公式表示：

$$\sigma_p^2 = \sum_{i=1}^{n} W_i^2 \sigma_i^2 + \sum_{i=1}^{n} \sum_{j=1}^{n} W_i W_j \, Cov(r_i, r_j) \quad (i \neq j)$$ （2-21）

公式（2-21）中的第一项为各项资产的方差，即矩阵的对角线上的 n 项方差，反映了每项资产各自的风险状况；第二项为各项资产之间的协方差，即矩阵对角线两侧的协方差，反映了两项资产之间的相互关系和共同风险。在矩阵中，对角线两侧对称的两项协方差是完全相等的，因为在计算协方差时与资产的先后顺序是无关的，所以不必对每一项都进行计算。当资产个数增加时，公式（2-21）中的第一项将逐渐消失；而协方差在资产个数增加时却不会完全消失，而是趋于平均值。这个平均值是所有投资活动的共同运动趋势，反映了系统存在的风险。

（2）证券组合的收益

无论证券之间的相关系数如何，证券组合的收益都不会低于单个证券的最低收益，同时，证券组合的风险却不高于单个证券的最高风险。在一个资产组合中减少风险的办法就是加入另一种新的资产，扩大组合规模，但这种风险分散效应也会随着加入资产数目的增多，呈递减趋势。这表明，多项资产的组合虽然可在一定程度上降低风险，但却不能将风险完全消除。这使得人们要能够明确区分不可分散风险和可分散风险。

（3）市场组合与市场收益率

市场组合是指由市场上所有资产组成的组合，组合中每种资产均是以其在全部资产总市场价值中所占比重参与组合。市场组合所有资产的加权平均收益率就是市场收益率。但在实务中，不可能找到一个包含所有资产的投资组合，就证券投资而言，通常是以一些具有代表性的证券指数作为市场投资组合，再根据证券指数中个别证券的收益率来估计市场收益率。由于市场组合包含了所有的资产，因此市场组合中的非系统风险已经被消除，所以市场组合的风险就是系统风险。

（4）系统风险的度量

①β系数的含义。尽管绝大部分企业和资产都不可避免地受到系统风险的影响，但这并不意味着系统风险对所有资产或所有企业有相同的影响。有些资产受系统风险的影响大一些，而有些资产受系统风险的影响则较小。单项资产或资产组合受系统风险影响的程度，可以通过系统风险系数（β系数）来度量。β系数是度量一种证券对于市场组合变动的反映程度的指标。与市场收益水平同步波动的股票，可定义为平均风险股票，此类股票的β系数为1。如果市场收益上升了10%，通常此类股票也将上升10%；如果市场收益下跌了10%，此类股票也将下跌10%。据此，如果某种股票β系数大于1，说明其风险程度大于整个市场风险；如果某种股票β系数小于1，说明其风险程度小于整个市场风险。绝大多数股票的β系数介于0.5和2之间，它们的收益率变化与市场平均收益率的变化方向一致，只是变化幅度不同而导致β系数的不同。只有极个别的资产β系数小于零。

②β系数的计算。相对于市场组合的平均风险，β系数可以反映某种证券或证券组合所含的系统风险的大小。第i项资产β系数的计算公式如下：

$$\beta_i = \frac{Cov(r_i,\ r_m)}{\sigma_m^2} \qquad (2-22)$$

公式（2-22）中，r_m表示市场收益率；$Cov(r_i,\ r_m)$表示第i种证券的收益率与市场收益率之间的协方差；σ_m^2 表示市场组合的方差。

资产组合的系统风险系数 β_p，是所有单项资产 β 系数的加权平均数，权数为各种资产在资产组合中所占的价值比例。其计算公式为：

$$\beta_p = \sum_{i=1}^{n} W_i \times \beta_i$$

（2-23）

公式（2-23）中，W_i 为第 i 项资产在组合中所占的比重；β_i 表示第 i 项资产的 β 系数。由于单项资产的 β 系数不尽相同，因此通过替换资产组合中的资产或改变资产在组合中的比例，可以改变资产组合的风险特性。

（5）多项资产组合的有效边界

在两项资产组合的情况下，投资的可行集是一条直线或一条曲线，而当资产数量增多时，投资的可行集变为一个平面区域。资产的可行区域反映了投资者所有可能的投资组合，该区域的任何一点都代表一种特定的投资组合。在给定的投资组合可行区域里，有效资产组合应该是在同一风险程度下获得最高可能的预期收益，或在同一预期收益下承担最低风险的一种投资组合。

有效边界上包括无数个可能的投资组合，其范围从最小风险、最小预期收益率的投资组合到最大风险、最大预期收益的投资组合。每个投资组合都代表一种不同的风险与收益的选择，预期收益率越高，必须承担的风险也越大。最佳投资组合的选择对于每个投资者都不一样，取决于投资者对待风险的态度。激进的投资者追求投资收益最大，愿意承担更多风险；保守的投资者厌恶风险，追求投资风险最小。

（6）无风险资产和风险资产的组合

投资有效边界将所有有效率的风险投资组合包含在内，供投资者选择适合自己的最优投资组合。除此之外，还有一种全新的组合类型：将一些无风险资产加入组合中，形成新的资产组合有效边界。

无风险资产是指未来收益完全确定的资产，其标准差为 0，如 1 年期国库券。如果风险资产的投资比例为 W，而其余的 $(1-W)$ 投资为无风险资产，那么风险资产和无风险资产组成的资产组合的预期收益率为：

$$E\left(r_{fp}\right) = (1-W) \times R_f + W \times E\left(r_p\right)$$

$$E\left(r_{fp}\right) = R_f + W \times \left[E\left(r_p\right) - R_f\right]$$

（2-24）

公式（2-24）中，R_f 表示无风险资产的收益率；$E(r_p)$ 表示风险资产组合的预期收益率。

由于无风险资产的标准差为 0，无风险资产与风险资产之间的协方差也为 0，因此，风险资产和无风险资产组成的资产组合的标准差为：

$$\sigma_{fp} = \sqrt{W^2\sigma_p^2} = W\sigma_p \qquad (2\text{-}25)$$

由公式（2-25）可以看出，包括无风险资产和风险资产的资产组合的标准差 σ_{fp} 等于风险组合的标准差 σ_p 与所占比例的乘积，该组合的风险是风险资产的简单线性函数。因此，无论风险资产的风险有多大，由无风险资产和风险资产构成的投资组合的风险与收益对应的集合，总会形成一条直线，从无风险资产伸向所选定的风险资产组合。

第三节　主要资产定价模型

一、资本资产定价模型概述

（一）资本资产定价模型的含义与背景

1. 含义

所谓资本资产，主要指的是股票，而定价则是指试图解释资本市场如何决定股票收益率，进而决定股票价格。资本资产定价模型主要研究证券市场上价格如何决定的问题，其重点在于探索风险资产收益与其风险的数量关系。

2. 背景

资产定价理论源于资产组合理论研究。经济学家一直在利用数量化方法不断丰富和完善该组合理论，使之成为投资学的主流理论。现代资本资产定价模型也称为SLM模型。由于资本资产定价模型在资产组合管理中具有重要的作用，所以其从20世纪60年代中期创立起，就迅速被实业界所接受并转化使用，也成了学术界研究的焦点和热点问题。

3. 资本资产定价模型的假设

与其他模型一样，资本资产定价模型也是建立在一些假设基础上的，这些假设包括以下几个方面：

①所有的投资者都追求单期最终财富的效用最大化，他们根据投资组合预期收益率和标准差来选择优化投资组合。

②市场上存在无风险资产，所有的投资者都能以给定的无风险利率无限量地借入或贷出资本，且市场上对卖空行为无任何约束。

③所有的投资者都拥有相同的预期，对每一项资产收益的概率分布、均值、方差的估计相同。

④所有的资产都可完全细分，并可完全变现，即可按市价卖出，无任何税收，且不发生任何交易费用。

⑤所有的投资者都是价格的接受者，即所有的投资者各自的买卖活动不影响市场价格。

（二）资本资产定价模型基本原理

根据风险与收益的一般关系，某资产的必要收益率是由无风险收益率和该资产的风险收益率决定的。即

$$必要收益率 = 无风险收益率 + 风险收益率$$

资本资产定价模型的一个主要贡献，就是解释了风险收益率的决定因素和度量方法，并给出了简单且易用的计算公式：

$$R = R_f + \beta \times \left(R_m - R_f \right) \tag{2-26}$$

公式（2-26）是资本资产定价模型的核心关系式。R 表示某资产或资产组合的必要收益率；β 表示该资产或资产组合的系统风险系数，市场组合的 β 系数等于 1；R_f 表示无风险收益率，一般将 1 年期国债利率作为无风险利率，投资者可以以这个利率进行无风险借贷；R_m 为市场组合的收益率，通常用股票价格指数收益率的平均值或所有股票的平均收益率来代替。

公式（2-26）中的 $(R_m - R_f)$ 称为市场风险溢价，它是附加在无风险收益率上的，由于承担了市场平均风险所要求获得的补偿，所以它反映的是市场作为整体对风险的平均容忍程度。对风险的平均容忍程度越低，越厌恶风险，要求的收益率就越高，市场风险溢价就越大；反之，市场风险溢价则越小。$\beta \times (R_m - R_f)$ 为某项资产或资产组合的风险溢价，也称为风险收益率。

公式（2-26）的右侧，唯一与个别资产相关的就是 β 系数，而 β 系数正是对该项资产所含的系统风险的度量，因此，资本资产定价模型的关系式包含一个重要暗示，就是"只有系统风险才有资格要求补偿"。公式（2-26）中没有引入非系统风险即企业特有风险，是因为企业特有风险可以通过资产组合被消除掉，而投资者只能因为承担了市场风险即系统风险才可以要求补偿。

（三）资本资产定价模型的有效性与局限性

1. 有效性

资本资产定价模型首次将"高收益伴随着高风险"的直观认识，用简单的关系式表达出来。该模型不仅给出了风险与收益呈线性关系的风险资产定价的一般模型，而且利用实证方法来度量市场中存在的系统性风险和非系统性风险。其中，非系统风险可以通过资产组合分散掉，而剩下的系统风险，在模型中引进了 β 系数来表征系统风险。资本资产定价模型的提出标志着财务理论的又一飞跃式发展。它的提出即宣告股票定价理论的完整建立，并同时奠定了股票定价理论所涵盖的两个核心内容：投资者行为理论和市场均衡定价模型。

2．局限性

将复杂的现实简化成一个简单模型，必定会遗漏许多有关因素，模型的假设过于严格，必定与现实产生很大差距，因此也受到了一些质疑。尽管CAPM已得到了广泛的认可，但在实际运用中，仍存在着一些明显的局限性。主要表现在以下几个方面：

（1）事实上，CAPM应用中，所要求得到的任何变量都应该是事前预测的，但目前只有事后的历史数据才可以得到。由于经济环境的不确定性和不断变化，使得依据历史数据估算出的 β 值对未来的指导作用必然要大打折扣；特别是对一些缺乏历史数据的新兴行业，某些资产或企业的 β 值更是难以估计。

（2）CAPM是建立在一系列假设基础之上的，其中一些假设与实际情况有较大的偏差，使得CAPM的有效性受到人们质疑。这些假设包括：市场是均衡的、市场不存在摩擦、市场参与者都是理性的、不存在交易费用、税收不影响资产的选择和交易等。

由于以上局限性，资本资产定价模型只能大体描述出证券市场运动的基本状况，而不能完全确切地揭示证券市场的一切。因此，在运用这一模型时，应该更注重它所揭示的规律，而不是它所给出的具体数字。

二、套利定价模型

（一）套利定价模型的背景

资本资产定价模型认为，任何风险资产的收益都是该资产相对于市场的系统风险的线性函数，即所有资产的收益与一个共同的因素——市场组合风险线性相关，因此，CAPM模型是一个单因素模型。而套利定价模型（APT）认为，风险资产的收益率不但受市场风险的影响，还与其他许多因素相关，如国际形势、工业指数、社会安全、通货膨胀率、利率、石油价格、国民经济的增长指标等。这些因素均会不同程度地影响公司的现金流量和折现率，从而可能对全部证券造成影响，也可能只对某些特殊证券造成影响，甚至只对单一证券造成影响。所以，APT的建立取决于各因素的水平及对证券收益率的敏感性。证券分析的目的就在于识别经济中的这些因素，以及证券对这些经济因素变动的不同敏感性。APT将资本资产定价模型从单因素模式发展成为多因素模式，以期更加适应现实经济活动的复杂情况。

（二）套利定价模型的基本原理

套利是指利用一个或多个市场存在的各种价格差异，在不冒风险或冒较小风险的情况下赚取较高收益的交易活动。换句话说，套利是利用资产定价的错误、价格联系的失常以及市场缺乏有效性等机会，通过买进价格被低估的资产，同时卖出价格被高估的资产，来赚取无风险利润的行为。

APT作为描述资本资产价格形成机制的一种新方法，其基础是价格规律：在均衡市场上，两种性质相同的商品不能以不同的价格出售；否则，就会出现套利机会。当投资者为追求套利利润而形成投资组合时，证券价格也将随之调整。当这种获利机会消失时，则可认为证券价格达到均衡。从这个意义上来说，市场有效性的一种定义就是缺乏套利机会，而这种套利机会已由套利者自己消除。因此，套利的结果会促进市场效率的提高，且其正面效应远远超过负面效应。

套利定价模型是一种均衡模型，用套利概念定义均衡，不需要市场组合的存在性，而且所需的假设比资本资产定价模型（CAPM）更少、更合理。按照 APT 模式，证券或资产的必要收益率为：

$$R = R_f + \beta_1\left[E(R_1)-R_f\right] + \beta_2\left[E(R_2)-R_f\right] \cdots + \beta_n\left[E(R_n)-R_f\right] \quad (2\text{-}27)$$

公式（2-27）中，n 为影响资产收益率因素的数量；$E(R_1)$、$E(R_2)\cdots E(R_n)$ 为证券在因素为 1,2$\cdots$n 时的预期收益率；β_1，$\beta_2\cdots\beta_n$ 为证券对于因素 1,2$\cdots$n 的敏感度。

（三）套利定价模型与资本资产定价模型的一致性

APT 计算公式中，当影响资产收益率的影响因素只有一个——市场组合预期收益率时，则 APT 的数学表达式为：

$$R = R_f + \beta[E(R_m)-R_f] \quad (2\text{-}28)$$

显然，该式与 CAPM 的计算公式类似。由此可知，APT 是比 CAPM 更一般化的资本资产定价模型。

事实上，APT 模型的运用需要对历史收益率数据采用交叉回归分析法和因素分析法进行估计，这在现实中是较为困难的工作，尤其是对 β 系数的估计，不仅困难，而且可靠性不高。尽管想运用套利定价模型来计算收益率比较复杂，但它的基本思想比资本资产定价模型更接近实际，对资产的交易也更具指导意义。它同时考虑了多种因素对资产收益率的影响，比资本资产定价模型更清楚地指明了风险来自哪一方面，因此，投资者可以选择或者构造一个只受某一风险因素影响的资产或资产组合，这样，选择资产或资产组合就相当于选择了这项风险因素。所以，投资者就可根据自己的风险偏好和抗风险能力来选择资产或资产组合，回避那些不愿意承担的风险，这对投资者来说是一个重要的启示与帮助。

第三章 财务预算及控制

第一节 财务预算

一、财务预算概述

（一）财务预算的概念及内容

1. 企业预算及体系

预算最早在政府机关、社会团体与事业单位中采用，是经法定程序批准的对政府机关、社会团体、事业单位在一定时期的经费收支预计，通常作为限制支出的工具。预算与计划既有相似，也有区别。任何意义的设想都可称为计划，而预算则是以货币为度量的计划，是有特定期间规定的计划。

预算最初经行政事业单位引入企业时，仅仅是用于综合性的成本项目，之后将其推广运用于企业经营活动的一切领域，并将企业所属各部门预算组成一个预算体系，称为全面预算。

全面预算就是企业未来一定期间内对全部经营活动及各项具体目标的计划与相应措施的数量说明，具体内容包括日常业务预算、专门决策预算和财务预算三大类。

2. 日常业务预算及体系

日常业务预算又称经营预算，是指与企业日常经营活动直接相关的业务活动的各种预算。它包括销售预算、生产预算、直接材料预算、直接人工预算、制造费用预算、产品成本预算、销售费用预算、管理费用预算、增值税以及销售税金及附加的预算等。

3. 专门决策预算及体系

专门决策预算又称特种决策预算。是企业不经常发生的、需要根据特定决策临时编制的一次性预算。它包括经营决策预算和投资决策预算。

4. 财务预算及体系

财务预算是一系列专门反映企业未来一定预算期内的预计财务状况和经营成果，以及现金收支等价值指标的各种预算所构成的体系。日常预算和专门决策预算是财务预算的基础，其各项预算指标的正确性与否直接影响最终财务预算的结果。财务预算包括现金预算、利润表预算、资产负债表预算等。财务预算是全面预算的组成部分，它可以从价值方面总括反映企业经营决策预算和业务预算的结果，在财务管理中起着控制的作用。其也是评价、考核企业经营情况的标准。

（二）财务预算的作用

编制财务预算，建立相应的预算管理制度，可以有效地调整和控制企业的生产经营活动，促进企业理财目标的实现。财务预算的作用主要表现在以下四个方面：

1. 参与经营预测，明确经营目标

预测是财务预算的基础。在编制财务预算时，通常要采用一系列数理统计方法和数学模型来测算事物发展的必然性和可能性，预测供、产、销各个环节的资金变动及其规律性，以便能够科学制定最为有利的财务预算。通过编制财务预算，明确企业的近期和远期目标，从而分解制定各职能部门的细化工作目标。明晰目标意图和制定依据，指出实现目标采取的方法和措施，从而使各级管理人员明确本部门业务活动与整个企业经营目标之间的关系。只有每位员工了解自己工作岗位与整个企业经营目标的关系，才能调动全员的积极性。

2. 传达、沟通和协调各部门关系

财务预算的编制过程，一方面，是向企业部门经理和全体职工传达企业最高管理当局经过决策所选定的目标和方法，即将企业的目标、计划和要求达到的业绩及时下达到各个部门，从而使职工与管理当局各个层次之间具备一定的沟通路线。另一方面，通过财务预算的编制和综合平衡，使企业各部门和供、产、销各环节都能在企业统一的目标下协调工作，以减少内部矛盾，为实现企业的共同目标而努力。

3. 财务预算可作为财务控制的依据

财务预算可以作为一种控制标准，将实际经营结果与预算经营结果进行比较、实际财务状况与预算财务状况进行比较，分析差异，找出原因，并采取必要措施，改善经营。

4. 财务预算可作为评价考核的标准

经审批确定的财务预算数据，可以作为评价职工工作业绩的标准。企业经济责任的贯彻，是通过建立责任会计，把预算和实际对比，对各部门管理者的工作绩效进行评估，并以此作为对管理者进行奖惩的依据。

二、财务预测

（一）财务预测的意义和目的

财务预测是指估计企业未来的融资需求。财务预测是融资计划的前提。企业要对外提供产品和服务，扩大销售，必须有保证完成生产任务的资产，包括流动资产，甚至固定资产。为取得这些资产，企业需要筹措资金。企业只有预先知道自己的财务需求，提前安排融资计划，才能保证企业根据可能筹集到的资金安排生产，销售，以及有关的投资项目，使投资决策建立在可行的基础上。

预测的真正目的是有助于应变。预测给人们展现了未来的各种可能的前景，促使人们制订相应的应急计划。预测和计划是超前思考的过程，其结果并非仅仅是预测一个资金需要量的数字，还包括对未来各种可能前景的认识和思考。预测可以提高企业对不确定事件的反应能力，从而减少不利事件出现带来的损失，增加并利用有利机会带来的收益。

（二）财务预测的步骤

财务预测的基本步骤如下：

1. 销售收入预测

一般情况下，销售收入预测被看作财务预测的起点和基础，销售收入预测完成后才能开始财务预测。因此，销售收入预测对财务预测的质量有重大影响。如果销售的实际状况超出预测很多，企业没有准备足够的资金来添置设备或储备存货，则无法满足顾客的需要，这不仅会失去盈利机会，而且会丧失原有的市场份额；相反，销售收入预测过高，筹集大量资金购买设备并储备存货，则会造成设备闲置和存货积压，使资产周转率下降，导致净资产收益率降低，股价下跌。在采用计算机预测模型时，一般只要输入历史销售数据和财务数据就可同时完成销售收入预测和财务预测。

2. 估计需要的资产

通常资产是销售量的函数，根据历史数据可以分析出该函数的关系。根据预计销售量和资产销售函数，可以预测所需资产的总量。某些流动负债也是销售的函数，亦应预测负债的自发增长，这种增长可以减少企业外部融资的数额。

3. 估计收入、费用和保留盈余

假设收入和费用是销售的函数，则可以根据销售数据估计收入和费用，以决定净利润。净利润和股利支付率共同决定保留盈余所能提供的资金数额。

4. 外部融资的需求

根据预计资产总量，减去已有的资金来源、负债的自发增长和内部提供的资金来源，便可得出外部融资的需求。

（三）销售收入预测基础

企业的产品销售收入是按产品销售量乘以产品销售价格计算的。企业的产品能否实现销售，关键在于企业生产的产品是否适销对路、价格合理、符合市场需要。因此，要管理好销售收入，就要先进行包括产品销量和销售价格在内的销售收入预测。

销售收入预测是企业经过充分的调查研究，搜集各种有关的信息和数据，运用一定的方法对影响企业销售的各种因素进行分析，从而测算出企业在未来一定时期内各种产品的销售量（额）及变化趋势。实际上，销售收入预测是企业对市场需求的预测，这种预测虽然是以各种数据资料为基础的，但是，由于市场复杂多变，难免存在一定的误差。尽管如此，销售收入预测仍然具有积极作用，企业可以根据销售收入预测情况改进销售工作，提高工作效率，并据此确定生产经营计划，调整经营目标，以争取更好的经济效益。

1. 销售收入预测的步骤

一般来说，销售收入预测可以分为以下五个步骤：

第一，确定预测对象，制订预测规划。产品销售的预测是一项复杂工作，应该有重点地选择预测的对象，组织人力研究调查方案、拟订预测规划。

第二，搜集、整理有关数据资料，并进行分析比较。这一步骤是预测的基础工作。只有掌握了大量的数据资料，才能提高预测的可靠性。这些数据资料包括影响销售的各种外部和内部因素，对这些资料进行分类，可以为进一步的预测分析做好准备工作。

第三，建模并分析测算。根据预测对象选择适当的预测方法，提出数学模型，对销售情况作出定性分析和定量测算。

第四，分析预测误差。由于经营活动中存在许多不确定性因素，在预测时不可能对未来情况完全预计到，多少会出现一定的偏差，因此在预测时要计算分析可能出现的各种情况，估计预测的误差范围。

第五，评价预测效果。这种评价是事后进行的，将预测的结果同实际发生的结果相对比，并分析出现差异的原因，以便进行修正，为事后的预测提供更加可靠的信息。

2. 预测方法

在复杂多变的市场经济环境中，预测人员必须具备良好的素质和丰富的经验，在掌握大量数据信息的基础上，选择科学的预测方法。预测的基本方法分为定性预测法和定量预测法两种。定性预测法主要是由熟悉销售业务的专业人员根据过去的销售情况，结合市场调查资料，凭经验进行分析和判断，分别提出预测意见，然后通过一定形式汇总并综合集体意见作为预测未来销售的依据；定量预测法主要是利用历史销售资料，运用一定的数学方法计算，预测未来销售数量（额）的方法。在实际工作中，这两种方法相互补充、结合使用。销售收入预测常用的方法主要有：判断分析法、调查分析法、趋势分析法和因果分析法。

（1）判断分析法。判断分析法是一种定性分析的方法。主要是企业管理人员、有推销经验的工作人员或者有关专家对市场未来变化进行分析，以判断销售趋势。这种方法预测所需时间短，费用成本比较低，但是单凭人的主观判断，其准确性难免会受到影响。

（2）调查分析法。调查分析法通过对市场消费取向的调查来预测本企业产品的销售趋势。这种方法的主要信息来源在于调查，调查的范围应尽可能广泛而具有代表性。一般来说，调查的内容包括对产品的调查、对客户的调查、对经济发展趋势的调查、对同行业的调查等。对产品的调查主要是摸清产品的寿命周期以及目前本企业产品所处的阶段。

（3）趋势分析法。趋势分析法，即根据企业销售的历史资料，用一定的计算方法预测出未来销售的变化趋势。这种方法适用于产品销售比较稳定，销售变化有规律的企业，是一种根据历史数据推测未来的引申法，故又称历史引申法。

（4）因果分析法。在经济活动中各种因素往往相互联系、相互影响，彼此之间构成一定的因果关系。产品销售一般总是受各种因素的影响。因果分析法就是从影响产品销售的各种相关因素中找到它们与销售量的函数关系，并利用这种因果关系进行销售收入预测。这种方法往往要建立预测的数学模型，故又称回归分析法。

（四）确定融资需求的方法

确定融资需求的主要方法是财务预测销售百分比法。财务预测销售百分比法首先假设收入、费用、资产、负债与销售收入存在稳定的百分比关系，根据预计销售额和相应的百分比预计资产、负债和所有者权益，然后利用会计等式确定融资需求。

具体的计算方法有两种：一种是先根据销售总额预计资产、负债和所有者权益的总额，然后确定融资需求；另一种是根据销售的增加额预计资产、负债和所有者权益的增加额，然后确定融资需求。

1. 根据销售总额确定融资需求

要注意区分随销售额变动的资产、负债项目与不随销售额变动的资产、负债项目。不同企业销售额变动引起资产、负债变化的项目及变动的比率是不同的，需要根据历史数据逐项研究确定。

留存收益是公司内部融资的来源。只要公司有盈利且不全部支付股利，留存收益就会使股东权益自然增长。留存收益可以满足或部分满足企业的融资要求。这部分资金的多少，取决于收益的多少和股利支付率的高低。

2. 根据销售增加量确定融资需求

融资需求 = 资产增加 - 负债自然增加 - 留存收益增加

（资产销售百分比 × 新增销售额）-（负债销售百分比 × 新增销售额）

［计划销售净利率 × 计划销售额 × （1 - 股利支付率）］

销售百分比法是一种简单实用的确定融资需求的方法。其优点是：使用成本低；便于了解主要变量之间的关系；可以作为复杂方法的补充或检验。但它也有一定的局限性，主要是假设资产、负债、收入、成本与销售额成正比，时常与事实不符。这是由于存在规模经济现象和批量购销问题，致使以上假设不一定成立。

三、财务预算的编制

（一）财务预算的编制程序

企业编制预算。一般应按照"上下结合、分级编制、逐级汇总"的程序进行，具体程序如下：

第一，下达目标。企业董事会或经理办公会根据企业发展战略和预算期经济形势的初步预测，在决策的基础上，提出下一年度企业财务预算目标，包括销售或营业目标、成本费用目标、利润目标和现金流量目标，并确定财务预算编制的政策，再由财务预算委员会下达各预算执行单位。

第二，编制上报。各预算执行单位按照企业财务预算委员会下达的财务预算目标和政策，结合自身特点以及预测的执行条件，提出本单位详细的财务预算方案，于某月底以前上报企业财务管理部门。

第三，审查平衡。企业财务管理部门对各预算执行单位上报的财务预算方案进行审查、汇总，提出综合平衡的建议。在审查、平衡过程中，财务预算委员会应当进行充分协调，对发现的问题提出初步调整的意见，并反馈给有关预算执行单位予以修正。

第四，审议批准。企业财务管理部门在有关预算执行单位修正调整的基础上，编制出企业财务预算方案，报财务预算委员会讨论。对于不符合企业发展战略或者财务预算目标的事项，企业财务预算委员会应当责成有关预算执行单位进一步修订、调整。在讨论、调整的基础上，企业财务管理部门正式编制企业年度财务预算草案，提交董事会或经理办公会审议批准。

第五，下达执行。企业财务管理部门对董事会或经理办公会审议批准的年度总预算，分解成一系列的指标体系，由财务预算委员会逐级下达各预算执行单位执行。

（二）财务预算的编制方法

财务预算编制的具体方法包括固定预算与弹性预算、增量预算与零基预算、定期预算与滚动预算。公司可根据成本费用的习性与业务量的内在依据关系、编制预算的出发点以及预算期的时间特征等选择具体的方法。

1. 固定预算与弹性预算

（1）固定预算

固定预算又称静态预算。是把企业预算期的业务量固定在某一预计水平上，以此为基础来确定其他项目预计数的预算方法。也就是说，预算期内编制财务预算所依据的成本费用和利润信息都只是在一个预定的业务量水平的基础上确定的。

（2）弹性预算

弹性预算是固定预算的对称，它的关键在于把所有的成本按其性态划分为变动成本与固定成本两大部分。在编制预算时，变动成本随业务量的变动而予以增减，固定成本则在相关的业务量范围内稳定不变。分别按一系列可能达到的预计业务量水平编制的，并能适应企业在预算期内任何生产经营水平的预算。由于这种预算是随着业务量的变动作机动调整，适用面广，具有弹性，故称为弹性预算或变动预算。

2. 增量预算与零基预算

（1）增量预算

增量预算是指在基期成本费用水平的基础上，结合预算期业务量水平及有关低成本的措施，通过调整有关原有成本费用项目而编制预算的方法。这种预算方法比较简单，但它是以过去的水平为基础，实际上就是承认过去是合理的，无须改进。因此往往不加分析地保留或接受原有成本项目，或按主观臆断平均削减，或只增不减，这样容易造成预算的不足，或者是由于安于现状，造成预算不合理的开支。

（2）零基预算

零基预算，或称零底预算，是指在编制预算时，对于所有的预算支出均以零为基础，不考虑其以往情况如何，从实际需要与可能出发研究分析各项预算费用开支是否必要合理，进行综合平衡，从而确定预算费用。这种预算不以历史为基础进行修修补补，而是以零为出发点，一切推倒重来，零基预算即因此而得名。

3. 定期预算与滚动预算

（1）定期预算

定期预算就是以会计年度为单位编制的各类预算。这种定期预算有三大缺点：第一，盲目性。因为定期预算多在其执行年度开始前两、三个月进行，难以预测预算期后期情况。特别是在多变的市场下，许多数据资料只能估计，故具有盲目性。第二，不变性。预算执行中，许多不确定因素会妨碍预算的指导功能，甚至使之失去作用，而预算在实施过程中又往往不能进行调整。第三，间断性。预算的连续性差，定期预算只考虑一个会计年度的经营活动，即使年中修订的预算也只是针对剩余的预算期，对下一个会计年度很少考虑，形成人为的预算间断。

（2）滚动预算

滚动预算又称永续预算，其主要特点在于：不将预算期与会计年度挂钩，而是始终保持12个月，每过去一个月，就根据新的情况进行调整和修订后几个月的预算，并在原预算基础上增补下一个月预算，从而逐期向后滚动，连续不断地以预算形式规划未来经营活动。这种预算，要求一年中头几个月的预算要详细完整，后几个月则可以略粗一些。随着时间的推移，原来较粗略的预算逐渐由粗变细，后面随之又补充新的较粗略的预算，以此不断滚动。

四、现金预算与预计财务报表的编制

财务预算的时间通常以一年为期限，这样可使预算期与会计报告期一致，便于财务预算执行结果的考核和评价。年度预算还要进一步细分为季度预算和月份预算，以便日常控制。财务预算的编制一般要在基年第四季度着手进行，以估计的基年末资产负债表为基础，以预算年度的销售预算为起点，以现金收支预算为核心，最后编制预算年度的预算利润表和预计资产负债表。

为了以后编制现金预算，在销售预算表的下方，还应附有预计现金收入计算表，主要包括前期应收账款在本期收回的现金以及本期销售收入、收回的现金。

（一）现金预算的编制

现金预算又称为现金收支预算，是反映预算期企业全部现金收入和全部现金支出的预算。完整的现金预算，一般包括以下四个组成部分：

①现金收入。现金收入主要是指经营业务活动的现金收入；主要来自现金的余额和产品销售的现金收入。

②现金支出。现金支出除了涉及有关直接材料、直接人工、制造费用和销售及管理费用、缴纳税金、股利分配等方面的经营性现金支出外，还包括购买设备等资本性支出。

③现金收支差额。现金收支差额反映了现金收入合计与现金支出合计之间的差额，差额为正，说明现金有富余，可用于偿还过去向银行取得的借款，或用于购买短期证券；差额为负，说明现金不足，要向银行取得新的借款。

④资金的筹集与运用。资金的筹集和运用主要反映了预算期内向银行借款、还款、支付利息以及进行短期投资及投资收回等内容。

现金预算实际上是其他预算有关现金收支部分的汇总，以及收支差额平衡措施的具体计划。它的编制要以其他各项预算为基础，或者说其他预算在编制时要为现金预算作好数据准备。

下面分别介绍各项预算的编制，为现金预算的编制提供数据以及编制依据。

1. 销售预算

销售预算是整个预算的编制起点，其他预算的编制都以销售预算作为基础，根据预算期现销收入与回收赊销货款的可能情况反映现金收入，以便为编制现金收支预算提供信息。

2. 生产预算

生产预算是根据销售预算编制的。通常，企业的生产和销售不能做到"同步同量"，生产数量除了满足销售数量外，还需要设置一定的存货，以保证能在发生意外需求时按时供货，并可均衡生产，节省赶工的额外开支。

3. 直接材料预算

在生产预算的基础上，我们可以编制直接材料预算。但同时还要考虑期初、期末原材料存货的水平。

4. 直接人工预算

直接人工预算也是以生产预算为基础编制的。其主要内容有预计生产量、单位产品工时、人工总工时、每小时人工成本和人工总成本。直接人工预算也能为编制现金预算提供资料。

5. 制造费用预算

制造费用预算是指除了直接材料和直接人工预算以外的其他一切生产成本的预算。制造费用按其成本性态可分为变动制造费用和固定制造费用两部分。变动制造费用以生产预算为基础来编制，即根据预计生产量和预计的变动制造费用分配率来计算；固定制造费用是期间成本直接列入损益作为当期利润的一个扣减项目，与本期的生产量无关，一般可以按照零基预算的编制方法编制。

6. 产品生产成本预算

为了计算产品的销售成本，必须先确定产品的生产总成本和单位成本。产品成本预算是生产预算、直接材料预算、直接人工预算、制造费用预算的汇总。

7. 销售及管理费用预算

销售及管理费用预算，是指为了实现产品销售和维持一般管理业务所发生的项目费用。它是以销售预算为基础，按照成本的性态分为变动销售及管理费用和固定销售及管理费用。其编制方法与制造费用预算相同。

8. 现金预算

现金预算的编制是以各项日常业务预算和特种决策预算为基础来反映各预算的收入款项和支出款项。其目的在于资金不足时如何筹措资金，资金多余时怎样运用资金，并且提供现金收支的控制限额，以便发挥现金管理的作用。

（二）预算财务报表的编制

预计的财务报表是财务管理的重要工具，包括预计的损益表、预计资产负债表和预计现金流量表。

1. 预计损益表

预计损益表是在各项经营预算的基础上，根据权责发生制编制的损益表。它综合反映计划期内预计销售收入、销售成本和预计可实现的利润或可能发生的亏损，可以揭示企业预期的盈利情况，有助于管理人员及时调整经营策略。

2. 预计资产负债表

预计资产负债表是以货币单位反映预算期末财务状况的总括性预算。编制时，以期初资产负债表为基础，根据销售、生产、资本等预算的有关数据加以调整编制的。

3. 预计现金流量表

现金流量表是以现金的流入和流出来反映企业一定时期内的经营活动、投资活动和筹资活动的动态情况。它能说明企业一定期间内现金流入和流出的原因、偿债能力和支付股利的能力，能够为企业管理部门控制财务收支和提高经济效益提供有用的信息。

第二节　财务控制

一、财务控制概述

（一）企业财务控制的概念与特征

企业财务控制是指利用有关信息和特定手段，对企业财务活动实施影响或调节，以保证其财务预算全过程的实现。财务控制作为企业财务管理工作的重要环节，具有以下特征：

1. 价值控制

财务控制对象是以实现财务预算为目标的财务活动，它是企业财务管理的重要内容。财务管理以资金运动为主线，以价值管理为特征，决定了财务控制必须实行价值控制。

2. 综合控制

财务控制以价值为手段，可以将不同部门、不同层次和不同岗位的各种业务活动综合起来，实行目标控制。

（二）财务控制应具备的条件

1. 建立组织机构

企业在通常情况下，为了确定财务预算，应建立决策和预算编制机构；为了组织和实施日常财务控制，应建立日常监督、协调、仲裁机构；为了考评预算的执行情况，应建立相应的考核评价机构。在实际工作中，可根据需要将这些机构的职能进行归并或合并到企业的常设机构中。为将企业财务预算分解落实到各部门、各层次和各岗位，还要建立各种执行预算的责任中心。按照财务控制要求建立相应组织机构，是实施企业财务控制的组织保证。

2. 建立责任会计核算体系

企业的财务预算通过责任中心形成责任预算，而责任预算和总预算的执行情况都必须由会计核算来提供。通过责任会计核算，及时提供相关信息，以正确地考核与评价责任中心的工作业绩。通过责任会计汇总核算，进而了解企业财务预算的执行情况，分析存在的问题及原因，为提高企业的财务控制水平和正确的财务决策提供依据。

3. 制定奖罚制度

一般而言，人的工作努力程度往往受到业绩评价和奖励办法的极大影响。通过制定奖罚制度，明确业绩与奖惩之间的关系，可有效地引导人们约束自己的行为，争取尽可能好的业绩。恰当的奖惩制度，是保证企业财务控制长期、有效运行的重要因素。因此，奖惩制度的制定，既要体现财务预算目标要求，又要体现公平、合理和有效的原则，还要体现过程考核与结果考核的结合情况，真正发挥奖惩制度在企业财务控制中应有的作用。

（三）财务控制原则

1. 经济原则

实施财务控制总是有成本发生的，企业应根据财务管理目标要求，有效地组织企业日常财务控制，只有当财务控制所取得的收益大于其代价时，这种财务控制措施才是必要的、可行的。

2. 目标管理及责任落实原则

企业的目标管理要求已纳入财务预算，将财务预算层层分解，以明确规定有关方面或个人应承担的责任和义务，并赋予其相应的权利，使财务控制目标和相应的管理措施落到实处，并成为考核的依据。

3. 例外管理原则

企业日常财务控制涉及企业经营的各个方面，而财务控制人员要将注意力集中在那些重要的、不正常的、不符合常规的预算执行差异上。通过例外管理，一方面可以分析实际脱离预算的原因来达到日常控制的目的；另一方面可以检验预算的制定是否科学与先进。

二、责任中心

责任中心是指具有一定的管理权限，并承担相应经济责任的企业内部责任单位，是一个责、权、利结合的实体。划分责任中心的标准是：凡是可以划清管理范围、明确经济责任、能够单独进行业绩考核的内部单位，无论大小都可成为责任中心。

责任中心按其责任权限范围及业务活动的特点不同，可分为成本中心、利润中心和投资中心三大类。

（一）成本中心

成本中心是指对成本或费用承担责任的责任中心。成本中心往往没有收入，其职责是用一定的成本去完成规定的具体任务。一般包括产品生产部门、提供劳务的部门和有一定费用控制指标的企业管理部门。

成本中心是责任中心中应用最为广泛的一种责任中心形式。任何发生成本的责任领域，都可以确定为成本中心，上至企业，下至车间、工段、班组，甚至个人都可以划分为成本中心。由于成本中心的规模不一，一个成本中心可以由若干个小的成本中心组成，因而在企业中可以形成一个逐级控制并层层负责的成本中心体系。

1. 成本中心的类型

广义的成本中心有两种类型：标准成本中心和费用中心。

标准成本中心是指以实际产出量为基础，并按标准成本进行成本控制的成本中心。通常，制造业工厂、车间、工段、班组等都是典型的标准成本中心。在产品生产中，这类成本中心的投入与产出有着明确的函数关系，它能够计量产品产出的实际数量。因为每个产品都有明确的原材料、人工和制造费用的数量标准和价格标准，所以可以对生产过程实施有效的弹性成本控制。实际上，任何一项重复性活动，只要能够计量产出的实际数量，并且能够建立起投入与产出之间的函数关系，都可以作为标准成本中心。

费用中心是指产出物不能以财务指标衡量，或者投入与产出之间没有密切关系且有费用发生的单位，通常包括一般行政管理部门、研究开发部门及某些销售部门。一般行政管理部门的产出难以度量，研究开发和销售活动的投入量与产出量没有密切的联系。费用中心的费用控制应着重在预算总额的审批上。

狭义的成本中心是将标准成本中心划分为基本成本中心和复合成本中心两种。前者是指没有下属的成本中心，它是属于较低层次的成本中心。后者是指有若干个下属的成本中心，它是属于较高层次的成本中心。

2. 成本中心的责任成本与可控成本

由成本中心承担责任的成本就是责任成本，它是该中心的全部可控成本之和。基本成本中心的责任成本就是其可控成本；复合成本中心的责任成本既包括成本中心的责任成本，也包括下属成本中心的责任成本。各成本中心的可控成本之和即是企业的总成本。

可控成本是指责任单位在特定时期内，能够直接控制其发生的成本。作为可控成本，必须同时具备以下四个条件：第一，责任中心能够通过一定的方式预知成本的发生；第二，责任中心能够对发生的成本进行计量；第三，责任中心能够通过自己的行为对这些成本加以调节和控制；第四，责任中心可以将这些成本的责任分解、落实。

凡不能同时满足上述条件的成本就是不可控成本。对于特定的成本中心来说，它不应当承担不可控成本的相应责任。

正确判断成本的可控性是成本中心承担责任成本的前提。从整个企业的空间范围和较长时间来看，所有的成本都是人的某种决策或行为的结果，都是可控的。但是，对于特定的人或时间来说，则有些是可控的，而有些是不可控的。

3. 成本中心的责任成本与产品成本

作为产品制造的标准成本中心，必然会同时面对责任成本和产品成本两个问题，要想承担责任成本还必须了解这两个成本的区别与联系。责任成本和产品成本的主要区别是：

（1）成本归集的对象不同。责任成本是以责任成本中心为归集对象；产品成本则是以产品为归集对象。

（2）遵循的原则不同。责任成本遵循"谁负责，谁承担"的原则，承担责任成本的是"人"；产品成本则遵循"谁收益，谁负担"的原则，负担产品成本的是"物"。

（3）核算的内容不同。责任成本的核算内容是可控成本；而产品成本的构成内容是指应归属于产品的全部成本，它既包括可控成本，又包括不可控成本。

（4）核算的目的不同。责任成本的核算目的是实现责、权、利的协调统一，考核、评价经营业绩，调动各个责任中心的积极性；而产品成本的核算目的是反映生产经营过程中的耗费，并规定配比的补偿尺度，从而确定经营成果。

责任成本和产品成本的联系是：两者的内容同为企业生产经营过程中的资金耗费。就一家企业而言，一定时期内发生的广义产品成本总额应当等于同期发生的责任成本总额。

4. 成本中心考核指标

由于成本中心只对成本负责，对其评价和考核的主要内容是责任成本，即通过各责任成本中心的实际成本与预算责任成本的比较，以此评价各成本中心责任预算的执行情况。成本中心考核指标包括成本变动额和变动率。

在进行成本中心指标考核时，如果在预算产量与实际产量不一致时，应按弹性预算的方法先行调整预算指标。

5. 成本中心责任报告

成本中心责任报告是以实际产量为基础，反映责任成本预算的实际执行情况；也是揭示实际责任成本与预算责任成本差异的内部报告。成本中心通过编制责任报告，以反映、考核和评价责任中心责任成本预算的执行情况。

（二）利润中心

利润中心既能控制成本，又能控制收入，是对利润负责的责任中心，它是比成本中心高一层次的责任中心，其权利和责任都相对较大。利润中心通常是指那些具有产品或劳务生产经营决策权的部门。

1. 利润中心类型

利润中心分为自然利润中心和人为利润中心两种。

自然利润中心是指能直接对外销售产品或提供劳务取得收入，从而给企业带来收益的利润中心。这类责任中心一般具有产品销售权、价格制定权、材料采购权和生产决策权，具有很大的独立性。

人为利润中心是不能直接对外销售产品或提供劳务，只能在企业内部各责任中心之间按照内部转移价格相互提供产品或劳务而形成的利润中心。大多数成本中心都可以转化为人为利润中心。这类责任中心一般也具有相对独立的经营管理权，即能够自主决定本利润中心生产的产品品种、产品产量、作业方法、人员调配和资金使用等。但这些部门提供的产品或劳务主要在企业内部转移，很少对外销售。

2. 利润中心考核指标

由于利润中心既对其发生的成本负责，又对其发生的收入和实现的利润负责。所以，利润中心业绩评价和考核的重点是边际贡献和利润，但对于不同范围的利润中心来说，其指标的表现形式也不相同。

3. 利润中心责任报告

利润中心通过编制责任报告，可以集中反映利润预算的完成情况，并对其产生差异的原因进行具体分析。

（三）投资中心

投资中心是指既要对成本、利润负责，又要对投资效果负责的责任中心。投资中心与利润中心的主要区别是：利润中心没有投资决策权，需要在企业确定投资方向后组织具体的经营方式；而投资中心则不仅在产品生产和销售上有较大的自主权，而且具有投资决策权，能够相对独立地运用其所掌握的资金，有权购置或处理固定资产，扩大或削减现有的生产能力。投资中心是最高层次的责任中心，它具有最大的决策权，也承担着最大的责任。一般而言，大型集团所属的子公司、分公司、事业部往往都是投资中心。

投资中心拥有投资决策权和经营决策权，同时各投资中心在资产和权益方面应划分清楚，以便准确地算出各投资中心的经济效益，并对其进行正确的评价和考核。

1. 投资中心的考核指标

投资中心评价与考核的内容是利润及投资效果，反映投资效果的指标主要是投资报酬率和剩余收益。

（1）投资报酬率

投资报酬率是指投资中心所获得的利润占投资额的比率，可以反映投资中心的综合盈利能力。

目前，有许多企业采用投资报酬率作为评价投资中心业绩的指标。该指标的优点是：投资报酬率能反映投资中心的综合盈利能力，且由于剔除了因投资额不同而导致的利润差异的不可比因素，因而具有横向可比性，有利于判断各投资中心经营业绩的优劣。此外，投资利润率还可作为选择投资机会的依据，有利于优化资源配置。

（2）剩余收益

剩余收益是指投资中心获得的利润扣减按投资额预期最低投资报酬率计算的投资报酬后的余额。需要注意的是，由于以剩余收益作为评价指标，所采用的投资报酬率的高低对剩余收益的影响很大，所以通常应以整个企业的平均投资报酬率作为最低报酬率。

2. 投资中心责任报告

投资中心责任报告的结构与成本中心和利润中心类似。通过编制投资中心责任报告，可以反映该投资中心投资业绩的具体情况。

三、内部转移价格

企业内部各责任单位，既相互联系又相互独立地开展各自的活动，它们经常相互提供产品和劳务。为了正确评价企业内部各责任中心的经营业绩，明确区分各自的经济责任，使各责任中心的业绩考核建立在客观可比的基础上，企业必须根据各自责任中心业务活动的具体特点，正确制定企业内部的转移价格。

（一）内部转移价格的含义

内部转移价格是指企业内部各责任中心之间转移中间产品或相互提供劳务，而发生内部结算和进行内部责任结转所使用的计价标准。例如，上道工序加工完成的产品转移到下道工序继续加工；辅助生产部门为基本生产车间提供劳务等。都是一个责任中心向另一个责任中心"出售"产品或提供劳务，且都必须采用内部转移价格进行结算。又如，某工厂生产车间与材料采购部门是两个成本中心，若生产车间所耗用的原材料由于质量不符合原定标准，而发生超过消耗定额的差价，应由生产车间以内部转移价格结转给采购部门。

在任何企业中，各责任中心之间的相互结算，以及责任成本的转账业务都是经常发生的。它们都需要依赖一个公正、合理的内部转移价格作为计价的标准。由于内部转移价格对于提供产品或劳务的生产部门来说表示收入，对于使用这些产品或劳务的购买部门来说则表示成本，所以，这种内部转移价格有两个明显的特征：

①在内部转移价格一定的情况下，卖方（产品或劳务的提供方）必须不断改善经营管理，降低成本和费用，以其收入抵偿支出，取得更多利润。买方（产品或劳务的接受方）则必须在一定的购置成本下，千方百计地降低再生产成本，并通过提高产品或劳务的质量，争取较高的经济效益。

②内部转移价格所影响的买卖双方都存在于同一企业中，在其他条件不变的情况下，内部转移价格的变化会使买卖双方的收入或内部利润向相反方向变化，但就企业整体来看，内部转移价格无论怎样变化，企业总利润是不变的，而变动的只是内部利润在各责任中心之间的分配份额。

（二）内部转移价格种类

内部转移价格主要有市场价格、协商价格、双重价格和以"成本"作为内部转移价格四种。

1. 市场价格

市场价格是以产品或劳务的市场供应价格作为计价基础，以市场价格作为内部转移价格的责任中心是独立核算的利润中心。

在采用市价作为计价基础时，为了保证各责任中心的竞争建立在与企业的总目标相一致的基础上，企业内部的买卖双方一般应遵守以下基本原则：①如果卖方愿意对内销售，且售价不高于市价时，买方有购买的义务，不得拒绝；②如果卖方售价高于市价，买方有改向外界市场购入的自由；③若卖方宁愿对外界销售，则应有不对内销售的权利。

2. 协商价格

协商价格，简称"议价"，是指买卖双方以正常的市场价格为基础，定期共同协商，确定出一个双方都愿意接受的价格作为计价标准。成功的协商价格依赖于两个条件：①要有一个某种形式的外部市场，两个部门的经理可以自由地选择接受或是拒绝某一价格。如果根本没有可能从外部取得或销售中间产品，就会使一方处于垄断状态，这样的价格不是协商价格，而是垄断价格；②当价格协商的双方发生矛盾不能自行解决，或双方谈判可能导致企业不能采用最优决策时，企业的上一级管理阶层要进行必要的干预，当然这种干预是有限的、得体的，不能使整个谈判过程变成上级领导可以裁决一切问题的局面。

协商价格的上限是市价，下限是单位变动成本，具体价格应由买卖双方在其上、下限范围内协商议定，这是由于：①外部售价一般包括销售费、广告费及运输费等，这是内部转移价格中所不包含的，因而内部转移价格会低于外部售价；②内部转移的中间产品一般数量较大，故单位成本较低；③售出单位大多拥有剩余生产能力，因而议价只需略高于单位变动成本即可。

3. 双重价格

双重价格是指由买卖双方分别采用不同的内部转移价格作为计价的基础。如对产品（半成品）的"出售"部门，可按协商的市场价格计价；而对"购买"部门，则可按"出售"部门的单位变动成本计价；其差额由会计部门进行调整。西方国家采用的双重价格通常有两种形式：①双重市场价格，即当某种产品或劳务在市场上出现几种不同价格时，买方采用最低的市价，卖方则采用最高的市价。②双重转移价格，即卖方按市价或协议价作为计价基础，买方则按卖方的单位变动成本作为计价基础。

采用双重价格的好处是既可较好地满足买卖双方不同的需要，也便于激励双方在生产经营上充分发挥其主动性和积极性。

4. 以"成本"作为内部转移价格

以产品或劳务的成本作为内部转移价格，是制定转移价格的最简单方法。由于成本的概念不同，所以以"成本"作为内部转移价格也有多种不同形式。因此它们对转移价格的制定、业绩评价将产生不同的影响。

（1）标准成本法

标准成本法，即以各中间产品的标准成本作为内部转移价格。这种方法适用于成本中心产品（半成品）或劳务的转移，其最大优点是能将管理和核算工作结合起来。由于标准成本在制定时就已排除无效率的耗费，因此，以标准成本作为转移价格能促进企业内买卖双方改善生产经营，从而降低成本。

（2）标准成本加成法

标准成本加成法，即根据产品（半成品）或劳务的标准成本加上一定的合理利润作为计价基础。当转移产品（半成品）或劳务涉及利润中心或投资中心时，可将标准成本加利润作为转移价格，以分清双方责任，但利润的确定难免带有主观随意性。

（3）标准变动成本

它是以产品（半成品）或劳务的标准变动成本作为内部转移价格，符合成本的性质，能够明确揭示成本与产量的关系。其便于考核各责任中心的业绩，也利于经营决策。不足之处是产品（半成品）或劳务中不包含固定成本，不能鼓励企业内的卖方进行技术革新，也不利于进行对长期投资项目的决策。

第四章　财务分析

第一节　财务分析概述

一、财务分析的目的

财务分析是企业管理的重要方法之一。财务分析是以企业财务报告及其他相关资料为主要依据，通过对企业财务状况和经营成果进行评价和剖析，反映企业在运营过程中的利弊得失和发展趋势，从而为改进企业财务管理工作和优化经济决策提供重要的财务信息。

财务分析的目的取决于人们使用会计信息的目的。虽然财务分析所依据的资料是客观的，但是不同的人所关心的问题不同，因此人们进行财务分析的目的也各不相同。会计信息的使用者包括债权人、股权投资者、企业管理层、审计师、政府部门等。下面分别介绍不同的会计信息使用者进行财务分析的目的。

（一）债权人进行财务分析的目的

债权人按照借款给企业的方式不同，可以分为贸易债权人和非贸易债权人。

贸易债权人在向企业出售商品或者提供劳务的同时，也为企业提供了商业信用。按照商业惯例，在信用期限内，企业应当向债权人付款。有时为了鼓励客户尽早付款，贸易债权人也会提供一定的现金折扣，如果客户在折扣期内付款，可以享有现金折扣。大多数的商业折扣都不需要支付利息，因此对于企业来说，这是一种成本极低的融资方式。

非贸易债权人向企业提供融资服务，可以直接与企业签订借款合同，将资金贷给企业，也可以通过购买企业发行的债券，将资金借给企业。非贸易债权人与企业之间有正式的债务契约，明确约定还本付息的时间与方式，这种融资方式可以是短期的，也可以是长期的。

（二）股权投资者进行财务分析的目的

股权投资者将资金投入企业后，就成为企业的所有者，对于股份公司来说，就是普通股东。股东投资者拥有对企业的剩余权益。剩余权益意味着，只有在企业的债权人和优先股股东等优先权享有者的求偿权得到满足后，股权投资者才享有剩余的分配权。在企业持续经营情况下，企业只有支付完债务利息和优先股股利后，才能给股权投资者分配利润；在企业清算时，企业在偿付债权人和优先股股东后才能将剩余财产偿付给股权投资者。

股权投资者进行财务分析的主要目的是分析企业的盈利能力和风险状况，以便据此评价企业价值或股票价值，从而进行有效的投资决策。企业价值是企业未来的预期收益以适当的折现率进行折现的现值。企业未来的预期收益取决于盈利能力，而折现率则受风险大小的影响，即风险越高，折现率越大。由此可见，股权投资者的财务分析内容非常全面，包括对企业的盈利能力、资产管理水平、财务风险、竞争能力、发展前景等方面的分析与评价。

（三）企业管理层进行财务分析的目的

企业管理层主要是指企业的经理，他们受托于企业所有者，从而对企业进行有效的经营管理。管理层对企业现时的财务状况、盈利能力和未来持续发展能力非常关注，其财务分析的主要目的在于通过财务分析所提供的信息来监控企业的运营活动和财务状况的变化，以便能尽早发现问题，并及时采取改进措施。由于他们能够经常地、不受限制地获取会计信息，因此能够更加全面和系统地进行财务分析。管理层往往不是孤立地看待某一事件，而是系统地分析产生这一事件的原因和结果之间的联系，通过财务分析提供有价值的线索，提醒他们企业的经济环境、经营状况和财务状况可能发生的重大变化，以便提前采取应对措施。

（四）审计师进行财务分析的目的

审计师对企业的财务报表进行审计，其目的是在某种程度上确保财务报表的编制符合公认的会计准则，并且确保没有重大错误和不规范的会计处理。

审计师需要依据其审计结果对财务报表的公允性发表审计意见。审计意见可以分为四种类型：无保留意见的审计报告、保留意见的审计报告、否定意见的审计报告和拒绝出具意见的审计报告。财务分析是审计程序的一部分，对企业进行财务分析，需要尽可能快地发现会计核算中存在的薄弱环节，以便在审计时重点关注。因为错误和不规范的会计处理会对许多财务、经营和投资关系产生重大影响，而对这些关系的分析有时能够揭示其潜在内涵。因此，审计师进行财务分析的主要目的是提高审计工作的效率和质量，以便能正确地发表审计意见，从而降低审计风险。

（五）政府部门进行财务分析的目的

许多政府部门都需要使用企业的会计信息，如财政部门、税务部门、统计部门以及监管机构等。政府部门进行财务分析的主要目的是更好地了解宏观经济下企业的运行情况和企业的经营活动是否遵守法律法规，以便为其制定相关政策提供决策依据。如通过财务分析，可以了解一个行业是否存在超额利润，以便为制定税法提供合理的依据。

二、开展财务分析

开展财务分析主要用比较分析和比率分析。

（一）比较分析

比较分析是将同一企业的不同时期或不同企业之间的财务状况进行比较，从而揭示企业的财务状况是否存在差异的分析方法。比较分析可分为纵向比较分析法和横向比较分析法两种。

1. 纵向比较分析法

纵向比较分析法又称趋势分析法，是将同一企业连续若干期的财务状况进行比较，确定其增减变动的方向、数额和幅度，以此来揭示企业财务状况的发展变化趋势，如比较财务报表法、比较财务比率法等。

2. 横向比较分析法

这是将本企业的财务状况与其他企业的同期财务状况进行比较，确定其存在的差异及程度，以此来揭示企业财务状况中所存在的问题的分析方法。

（二）比率分析

比率分析是将企业同一时期财务报表中的相关项目进行比较，得出一系列财务比率，以此来揭示企业财务状况的分析方法。财务比率主要包括构成比率、效率比率和相关比率三大类。

1. 构成比率

构成比率又称结构比率，是反映某项经济指标的各个组成部分与总体之间关系的财务比率，如流动资产与总资产的比率、流动负债与负债总额的比率。

2. 效率比率

这是反映某项经济活动投入与产出之间关系的财务比率，如资产报酬率、销售净利率等。利用效率比率可以考察经济活动的经济效益，从而揭示企业的盈利能力。

3.相关比率

这是反映经济活动中某两个或两个以上相关项目比值的财务比率，如流动比率、速动比率等。利用相关比率可以考察各项经济活动之间的相互关系，从而揭示企业的财务状况。

三、财务分析的基础

财务分析是以企业的会计核算资料为基础，通过对会计所提供的核算资料进行加工、整理，得出一系列科学的、系统的财务指标，以便进行比较、分析和评价。这些会计核算资料包括日常核算资料和财务报告，但财务分析主要是以财务报告为基础，而日常核算资料只是作为财务分析的一种补充资料。

财务报告是企业向政府部门、投资者、债权人等与本企业有利害关系的组织或个人提供的，是反映企业在一定时期内的财务状况、经营成果、现金流量以及影响企业未来经营发展的重要经济事项的书面文件。提供财务报告的目的在于为报告使用者提供财务信息，为他们进行财务分析、经济决策提供充足的依据。

财务报表的格式按照一般企业、商业银行、保险公司、证券公司等企业类型分别作出了不同的规定。下面主要介绍一般企业的三种基本财务报表：资产负债表、利润表和现金流量表。

（一）资产负债表

1.资产负债表的定义

资产负债表是反映企业某一特定日期财务状况的会计报表，它是根据资产、负债和所有者权益之间的相互关系，按照一定的分类标准和顺序，把企业一定日期内的资产、负债和所有者权益的各个项目予以适当排列，并对日常工作中形成的大量数据进行高度浓缩整理而成的。

2.资产负债表的结构

从资产负债表的结构来看，它主要包括资产、负债和所有者权益三大类项目。资产负债表的左方列示企业资产各项目，资产按流动性从强到弱排列，上半部分列示各项流动资产，下半部分列示各项非流动资产。资产负债表右方列示企业负债和所有者权益的各个项目，资产各项目的合计等于负债和所有者权益的各个项目的合计，它说明了企业资金的来源情况，即有多少来源于债权人，又有多少来源于企业所有者的投资。

（二）利润表的定义

利润表也称损益表，是反映企业一定期间生产经营成果的会计报表。利润表把一定期间的收入与其同一会计期间相关的费用进行配比，以计算出企业一定时期的净利润或净亏损。通过利润表既可以考核企业利润计划的完成情况，也可以分析企业的盈利能力及利润增减变化的原因，还能预测企业利润的发展趋势，为投资者及企业管理者等提供对决策有用的财务信息。

（三）现金流量表

1. 现金流量表的定义

现金流量表是反映一定时期内企业经营活动、投资活动和筹资活动对其现金及现金等价物所产生影响的财务报表。现金流量表是以现金及现金等价物为基础编制的财务状况变动表，是企业对外报送的一种重要财务报表。它为财务报表使用者提供一定会计期间现金及现金等价物流入和流出的信息，以便报表使用者了解和评价企业获取现金及现金等价物的能力，并据以预测企业未来现金流量的情况。

2. 现金流量表中的几个概念

为了正确地分析现金流量表，必须明确现金流量表中这几个重要的概念：现金、现金等价物、现金流量。

（1）现金

现金流量表中的现金是指企业的库存现金以及可以随时用于支付的存款，包括库存现金、银行存款和其他货币资金。但是，在银行存款和其他货币资金中不能随时用于支付的存款不属于现金，如定期存款等。

（2）现金等价物

现金等价物是指企业持有的期限短、流动性强、易于转换为已知金额现金、价值变动风险很小的投资。现金等价物虽然不是现金，但其支付能力与现金差别不大，可以视为现金。若一项投资被确认为现金等价物，必须同时具备四个条件：期限短、流动性强、易于转换为已知金额现金、价值变动风险很小。

（3）现金流量

现金流量是指企业一定时期内现金和现金等价物的流入和流出的数量，主要包括经营活动产生的现金流量、投资活动产生的现金流量和筹资活动产生的现金流量三类。

①经营活动是指企业投资活动和筹资活动以外的所有交易和事项，如销售商品、提供劳务、购买商品、接受劳务、支付税款等。

②投资活动是指企业长期资产的购建和不包括现金等价物在内的投资及其处置活动，如购建或处置固定资产、对外长期投资或收回投资等。

③筹资活动是指导致企业资本及债务规模和结构发生变化的活动，如向银行借款或还款、发行债券、发行股票、支付利息或股利等。

第二节　财务指标分析

一、偿债能力分析

上述财务比率是分析企业偿债能力的主要指标，分析者既可以比较最近几年有关的财务比率来判断企业偿债能力的变化趋势，也可以比较某一企业与同行业其他企业的财务比率，来判断该企业的偿债能力强弱。但是，在分析企业偿债能力时，除了使用上述指标以外，还应考虑以下因素对企业偿债能力的影响，这些因素既可影响企业的短期偿债能力，也可影响企业的长期偿债能力。

（一）或有负债

或有负债是指企业过去的交易或者事项形成的潜在义务，其存在需通过未来不确定事项的发生或不发生予以证实。或有负债可能会转化为企业的债务，也可能不会转化为企业的债务，因此，其结果具有不确定性。但是，或有负债在将来一旦转化为企业现实的负债，就会对企业的财务状况产生影响，尤其是金额巨大的或有负债项目，会增加企业的财务风险，也会影响到企业的偿债能力。因此，在进行偿债能力分析时，不能不考虑这一因素带来的影响。

（二）担保责任

在经济活动中，企业可能会发生以本企业的资产为其他企业的债务提供法律担保的情况，这种担保责任，在被担保人没有履行合同时，就有可能成为企业的负债，从而增加企业的财务风险。但是，这种担保责任在财务报表中并未得到反映，因此，在进行财务分析时，必须考虑企业是否有巨额的法律担保责任。

（三）租赁活动

企业在生产经营活动中，可以通过财产租赁的方式获得急需的设备。通常财产租赁有两种形式：融资租赁和经营租赁。

采用融资租赁方式，租入的固定资产作为企业的固定资产入账，租赁费用作为企业的长期负债入账，这在计算前面的有关财务比率时都已经包含在内。但是，当企业经营租赁资产时，其租赁费用并未包含在负债之中。如果经营租赁的业务量较大、期限较长或者具有经常性，则其租金虽然不包含在负债之中，但对企业的偿债能力也会产生较大的影响。因此，在进行财务分析时，也应考虑这一因素所带来的影响。

（四）可用的银行授信额度

可用的银行授信额度是指银行授予企业的贷款指标，该项信用额度已经得到银行的批准，但企业尚未办理贷款手续。对于这种授信额度，企业可以随时使用，从而能够方便、快捷地取得银行借款，据此可以提高企业的偿债能力，缓解财务困难。

二、营运能力分析

营运能力是指企业对资产利用的能力，即对资产运用效率的分析，通常用各种资产的周转速度来表示。对此进行分析，可以了解企业的营业状况及经营管理水平。资金周转状况好，说明企业的经营管理水平高，资金利用效率高。企业资金周转状况与供、产、销各个经营环节密切相关，任何一个环节出现问题，都会影响到企业资金的正常周转。资金只有顺利地通过各个经营环节，才能完成一次循环。在供、产、销各个环节中，销售有着特殊的意义，因为产品只有销售出去，才能实现其价值，也才能收回最初投入的资金，顺利地完成一次资金周转。这样，就可以通过产品销售情况与企业资金占用量来分析企业资金周转状况的营运能力。评价企业营运能力常用的财务比率有应收账款周转率、存货周转率、流动资产周转率、固定资产周转率、总资产周转率等。

（一）应收账款周转率

应收账款周转率是企业一定时期赊销收入净额与应收账款平均余额的比率。应收账款周转率是评价应收账款流动性大小的一个重要财务比率，它反映了应收账款在一个会计年度内的周转次数，可以用来分析应收账款的变现速度和管理效率。应收账款周转率反映了企业应收账款的周转速度，该比率越高，说明应收账款的周转速度越快、流动性越强。

（二）存货周转率

存货周转率，也称存货利用率，是企业一定时期的销售成本与存货平均余额的比率。

存货周转率说明了一定时期内企业存货周转的次数，可以反映企业存货的变现速度，以此衡量企业的销售能力及存货情况。存货周转率反映了企业的销售效率和存货使用效率。在正常经营情况下，存货周转率越高，说明存货周转速度越快，企业的销售能力越强，营运资金占用在存货上的金额越少，表明企业的资产流动性较好，资金利用效率较高；反之，存货周转率过低，常常是因为库存管理不利、销售状况不好，造成存货积压，说明企业在产品销售方面存在一定的问题，应当采取积极的销售策略，提高存货的周转速度。对存货周转率的分析，应结合企业的实际情况，具体问题具体分析。

（三）流动资产周转率

流动资产周转率是销售收入与流动资产平均余额的比率，它反映了企业全部流动资产的利用效率。

流动资产周转率是分析流动资产周转情况的一个综合指标，流动资产周转得快，可以节约流动资金，提高资金的利用效率。但是，究竟流动资产周转率为多少才算好，并没有一个确定的标准。通常，分析流动资产周转率应比较企业历年的数据并结合行业特点来确定其数值。

（四）固定资产周转率

固定资产周转率，也称固定资产利用率，是企业销售收入与固定资产平均余额（净值）的比率。

（五）总资产周转率

总资产周转率，也称总资产利用率，是企业销售收入与总资产平均总额的比率。销售收入一般指销售收入净额，即营业收入扣除销售退回、销售折扣和折让后的净额。总资产周转率可用来分析企业全部资产的使用效率。如果这个比率较低，说明企业利用其资产进行经营的效率较差，会影响企业的盈利能力，企业应该采取措施提高销售收入或处置资产，以提高总资产的利用率。

三、获利能力分析

获取利润是企业经营的最终目标，也是企业能否生存与发展的前提。获利能力的大小不仅直接关系到企业财务管理目标的实现与否，还直接关系到投资者的利益，也关系到债权人以及企业经营管理者的切身利益。

获利能力是指企业一定时期内运用各种资源赚取利润的能力。获利是企业的重要经营目标，是企业生存和发展的物质基础，它不仅关系到企业所有者的投资收益，也是企业偿还债务的一个重要保障。获利能力分析是企业财务分析的重要组成部分，也是评价企业经营管理水平的重要依据。企业的各项经营活动都会影响到盈利能力，如营业活动、对外投资活动、营业外收支活动等都会引起企业利润的变化。

评价企业获利能力的财务比率主要有销售毛利率、销售净利率、成本费用利润率、资产报酬率、股东权益报酬率、资产净利率、成本费用利润率等，对于股份有限公司，还应分析每股利润、每股现金流量、每股股利、股利支付率、每股净资产、市盈率和市净率等。

（一）销售毛利率与销售净利率

1. 销售毛利率

销售毛利率，也称毛利率，是企业的销售毛利与营业收入净额的比率。销售毛利率反映了企业的营业成本与营业收入的比例关系，毛利率越大，说明在营业收入净额中营业成本所占比重越小，企业通过销售获取利润的能力越强。

2. 销售净利率

销售净利率是企业净利润与营业收入净额的比率。销售净利率说明了企业净利润占营业收入的比例，它可以评价企业通过销售赚取利润的能力。该比率越高，说明企业通过扩大销售获取收益的能力越强。

（二）成本费用利润率

成本费用利润率是企业利润总额与成本费用总额的比率。它反映了企业生产经营过程中发生的耗费与获得的收益之间的关系。

成本费用利润率越高，说明企业为获取收益而付出的代价越小，企业的盈利能力越强。因此，通过这个比率不仅可以评价企业盈利能力的高低，也可以评价企业对成本费用的控制能力和经营管理水平的高低。

（三）资产报酬率与资产净利率

1. 资产报酬率

资产报酬率是指企业一定时期的息税前利润与资产平均总额的比率。这一比率越高，说明企业的盈利能力越强。

资产报酬率的高低并没有一个绝对的评价标准。在分析企业的资产报酬率时，通常采用比较分析法，如与该企业以前会计年度的资产报酬率作比较，可以判断企业资产盈利能力的变动趋势，或者与同行业平均资产报酬率作比较，可以判断企业在同行业中所处的地位。通过这种比较分析，可以评价企业的经营效率，发现经营管理中存在的问题。如果企业的资产报酬率偏低，说明该企业的经营效率较低，经营管理存在问题，此时应该调整经营方针，加强经营管理，提高资产的利用效率。

2. 资产净利率

资产净利率是指企业一定时期的净利润与资产平均总额的比率。资产净利率通常用于评价企业对股权投资的回报能力。股东在分析企业资产报酬率时通常使用资产净利率这一评价指标。提高资产净利率可以从两个方面入手：一方面加强资产管理，提高资产利用率；另一方面加强营销管理，增加销售收入，节约成本费用，从而提高利润水平。

（四）股东权益报酬率

股东权益报酬率，也称净资产收益率或所有者权益报酬率，是企业一定时期的净利润与股东权益平均总额的比率。

股东权益报酬率是评价企业盈利能力的一个重要财务比率，它反映了企业股东获取投资报酬的高低。该比率越高，说明企业的盈利能力越强。

（五）每股收益与每股现金流量

1. 每股收益

每股收益也称每股利润，是公司普通股每股所获得的净利润，它是股份公司税后利润分析的一个重要指标。每股利润等于税后净利润扣除优先股股利后的余额，除以发行在外的普通股平均股数。每股收益是股份公司发行在外的普通股每股所取得的利润，它可以反映公司盈利能力的大小。每股利润越高，说明公司的盈利能力越强。

2. 每股现金流量

每股现金流量是公司普通股每股所取得的经营活动的现金流量。每股现金流量等于经营活动产生的现金流量净额扣除优先股股利后的余额，除以发行在外的普通股平均股数。

（六）每股股利与股利支付率

1. 每股股利

每股股利等于普通股分配的现金股利总额除以发行在外的普通股股数，它反映了普通股每股分得的现金股利的多少。

2. 股利支付率

股利支付率，也称股利发放率，是普通股每股股利与每股利润的比率，它表明股份公司的净收益中有多少用于现金股利的分配。

（七）每股净资产

每股净资产，也称每股账面价值，等于股东权益总额除以发行在外的普通股股数。

严格地讲，每股净资产并不是衡量公司盈利能力的指标，但是，它会受公司盈利的影响。如果公司利润较高，每股净资产就会随之较快地增长。从这个角度来看，该指标与公司盈利能力有密切联系。投资者可以通过比较分析公司历年的每股净资产的变动趋势，来了解公司的发展趋势和盈利状况。

（八）市盈率与市净率

1. 市盈率

市盈率也称价格盈余比率或价格与收益比率，是指普通股每股市价与每股收益的比率。

市盈率是反映公司市场价值与盈利能力之间关系的一个重要财务比率，投资者对这个比率十分重视。市盈率是投资者作出投资决策的重要参考因素之一。一般来说，市盈率高，投资者对该公司的发展前景看好，愿意出较高的价格购买该公司股票，所以，成长性好的公司其股票市盈率通常要高一些，而盈利能力低、缺乏成长性的公司其股票市盈率要低一些。

2. 市净率

市净率是指普通股每股市价与每股净资产的比率。

市净率反映了公司股东权益的市场价值与账面价值之间的关系，该比率越高，说明股票的市场价值越高。一般来说，对于资产质量好、盈利能力强的公司，其市净率比较高；而风险较大、发展前景较差的公司，其市净率比较低。

四、发展能力分析

发展能力，也称成长能力，是指企业在从事经营活动的过程中表现出的增长能力，如规模的扩大、盈利的持续增长、市场竞争力的增强等。反映企业发展能力的主要财务比率有销售增长率、资产增长率、股权资本增长率、资本保值增值率、利润增长率等。

（一）销售增长率

销售增长率是企业本年营业收入增长额与上年营业收入总额的比率。

本年营业收入增长额是指本年营业收入总额与上年营业收入总额的差额。销售增长率反映了企业营业收入的变化情况，是评价企业成长性和市场竞争力的重要指标。

（二）资产增长率

资产增长率是企业本年总资产增长额与年初资产总额的比率。该比率反映了企业本年度资产规模的增长情况。

本年总资产增长额是指本年资产年末余额与年初余额的差额。资产增长率是从企业资产规模的扩张方面来衡量企业的发展能力。企业的资产总量对企业的发展具有重要的影响，一般来说，资产增长率越高，说明企业资产规模增长的速度越快，企业的竞争力也会增强。

（三）股权资本增长率与资本保值增值率

1. 股权资本增长率

股权资本增长率，也称净资产增长率或资本积累率，是指企业本年股东权益增长额与年初股东权益总额的比率。

本年股东权益增长额是指本年股东权益年末余额与年初余额的差额。股权资本增长率反映了企业当年股东权益的变化水平，体现了企业资本的积累能力，是评价企业发展潜力的重要财务指标。该比率越高，说明企业资本积累能力越强，企业的发展能力也越好。

2. 资本保值增值率

资本保值增值率是扣除客观因素后的年末股东权益总额与年初股东权益总额的比率，反映企业当年资本在企业自身努力下的实际增减变动情况。

资本保值增值率越高，表明企业的资本保全状况越好，股东权益增长越快，企业资本积累能力越强，企业的发展能力也越好。

（四）利润增长率

利润增长率是指企业本年利润总额增长额与上年利润总额的比率。

在分析企业的发展能力时，应当计算连续若干年的利润增长率，这样才能正确地评价企业发展能力的持续性。

第三节　财务综合分析

财务分析的最终目的在于全面、准确、客观地揭示与披露企业的财务状况和经营情况，并借以对企业经济效益优劣作出合理的评价。企业的财务综合分析方法有很多，常用的分析法有杜邦财务分析体系和沃尔比重评分法。

一、杜邦财务分析体系

（一）杜邦财务分析体系概述

杜邦财务分析体系，又称杜邦分析法，简称杜邦体系，是利用各主要财务比率指标间的内在联系，对企业财务状况及经济效益进行综合系统分析评价的方法。该体系以评价企业绩效最具综合性和代表性的指标净资产收益率为起点，以总资产净利率和权益乘数为核心，层层分解至企业最基本生产要素的使用成本与费用的构成，从而满足经营者通过财务分析进行绩效监控的需要，在经营目标发生异动时，能及时查明原因并加以修正。

该体系重点揭示了企业获利能力及权益乘数对净资产收益率的影响，以及各相关指标间的相互影响作用关系。因其最初由美国杜邦企业成功应用，故得名。在该体系中，净资产收益率指标是一个综合性最强的财务比率，是杜邦体系的核心，它等于总资产净利率与权益乘数的乘积。

（二）杜邦财务分析体系蕴含的财务信息

杜邦财务分析是对企业财务状况及经济效益进行综合分析，它通过几种主要的财务指标之间的关系，直观、明了地反映出企业的财务状况。

1. 从杜邦财务分析体系可以了解到的财务信息

（1）股东权益报酬率

其反映公司所有者权益的投资报酬率，具有很强的综合性，是杜邦分析体系的起点。决定股东权益报酬率高低的因素有 3 个：权益乘数、销售净利率和总资产周转率。这 3 个比率分别反映了企业的负债比率、盈利能力比率和资产管理比率。这样分解之后，可以把权益净利率这样一项综合性指标发生升降的原因具体化，定量地说明企业经营管理中存在的问题，能比使用一项指标提供更明确的、更有价值的信息。

（2）权益乘数主要受资产负债率指标的影响

权益乘数越大，则企业负债程度越高，偿还债务能力越差，财务风险程度越高。这个指标同时也反映了财务杠杆对利润水平的影响。财务杠杆具有正、反两方面的作用。在收益较好的年度，它可以使股东获得的潜在报酬增加，但股东要承担因负债增加而引起的风险；在收益不好的年度，则可能使股东潜在的报酬下降。当然，从投资者角度而言，只要资产报酬率高于借贷资本利息率，负债比率越高越好。

（3）销售净利率高低的分析，需要从销售额和销售成本两个方面进行

这方面的分析是有关盈利能力的分析。这个指标可以分解为销售成本率、销售其他利润率和销售税金率。销售成本率还可以进一步分解为毛利率和销售期间费用率。深入的指标分解可以将销售利润率变动的原因定量地揭示出来，如是因为售价太低、成本过高，还是因为费用过多。当然，经理人员还可以根据企业的一系列内部报表和资料进行

更详尽的分析。

（4）总资产周转率是反映企业运用资产以产生销售收入能力的指标

对总资产周转率的分析，则需对影响资产周转的各因素进行分析。除了对资产的各构成部分从占用量上是否合理进行分析外，还可以通过对流动资产周转率、存货周转率、应收账款周转率等有关资产组成部分使用效率的分析，判明影响资产周转的问题出在哪里。

总之，从杜邦体系可以得出，企业的盈利能力涉及生产经营活动的方方面面。股东权益报酬率（净资产收益率）与企业的资本结构、销售规模、成本水平、资产管理等因素密切相关，这些因素构成了一个完整的系统，系统内部各个要素之间相互作用，只有协调好系统内部各个要素之间的关系，才能使净资产收益率得到提高，从而实现企业股东财富最大化的理财目标。

2. 杜邦财务分析方法的局限性

杜邦财务分析方法的指标设计也有一定的局限性，它偏重于企业所有者的利益角度。从杜邦指标体系来看，在其他因素不变的情况下，资产负债率越高，净资产收益率就越高。这是因为利用较多负债，从而利用财务杠杆作用的结果，但没有考虑财务风险的因素，负债越多，财务风险越大，偿债压力越大。因此，还要结合其他指标进行分析企业的经营情况。

二、沃尔比重评分法

（一）沃尔比重评分法概述

沃尔比重评分法，是指通过对选定的几项财务比率进行评分，然后计算出综合得分，并据此评价企业的综合财务状况的方法。沃尔比重评分法选择了七种财务比率，包括流动比率、产权比率、固定资产比率、存货周转率、应收账款周转率、固定资产周转率、自有资金（股权资本）周转率，分别给定了其在总评价中所占的比重，总分为100分；然后，以同行业平均数为基础确定各项财务比率的标准值，将各项财务比率的实际值与标准值比较，得出一个关系比率，将此关系比率与各项财务比率的权重相乘得出总评分，以此来评价企业的信用状况。

（二）沃尔比重评分法的应用

采用沃尔比重评分法进行企业财务状况的综合分析，一般要遵循如下基本步骤。

1. 选定评价财务状况的财务比率

在选择财务比率时，需要注意以下三方面：

（1）财务比率要求具有全面性

一般来说，反映企业的偿债能力、运营能力、盈利能力和发展能力的财务比率都应包括在内。

（2）财务比率应当具有代表性

所选择的财务比率数量不一定很多，但应当具有代表性，要选择能够说明问题的重要的财务比率。

（3）各项财务比率要具有变化方向的一致性

财务比率增大时，表示财务状况改善；反之，财务比率减小时，表示财务状况恶化。

2. 确定财务比率标准评分值

根据各项财务比率的重要程度，确定其标准评分值，即重要性系数。各项财务比率的标准评分值之和应等于100分。各项财务比率评分值的确定是使用沃尔比重评分法的一个重要步骤，它直接影响到对企业财务状况的评分。对各项财务比率的重要程度，不同的分析者会有截然不同的态度，但一般来说，应根据企业经营活动的性质、企业生产经营的规模、市场形象和分析者的目的等因素来确定。

3. 确定评分值的上限和下限

规定各项财务比率评分值的上限和下限，即最高评分值和最低评分值。这主要是为了避免个别财务比率异常给总分造成不合理的影响。

4. 确定财务比率的标准值

财务比率的标准值是指各项财务比率在本企业现时条件下最理想的数值，即最优值。财务比率的标准值通常以本行业平均数为基准值。

5. 计算相对比率

计算企业在一定时期各项财务比率的实际值，然后，计算出各项财务比率实际值与标准值的比值，即相对比率。相对比率反映了企业某一财务比率的实际值偏离标准值的程度。

6. 计算出各项财务比率的实际得分

各项财务比率的实际得分是相对比率和标准评分值的乘积，每项财务比率的得分都不超过上限或不低于下限，所有各项财务比率实际得分的合计数就是企业财务状况的综合得分。企业财务状况的综合得分反映了企业综合财务状况是否良好。如果综合得分等于或接近100分，说明企业的财务状况是良好的，达到了预先确定的标准；如果综合得分远远低于100分，则说明企业的财务状况较差，应当采取相应的措施加以改善；如果综合得分远远超过100分，则说明企业的财务状况很理想。

第五章 财务审计

第一节 财务审计概述

一、财务审计难点

在市场经济条件下，企业既需要采取措施提高自身资金的使用效率，也需要在财务审计方面加大力度。当前，随着经济的不断发展，人们的生活水平逐渐提高。为了满足人们的需求，企业需要引进新的设备，不断扩大生产规模，在这种情况下，企业的财务审计活动也会随之发生变化。而且，在激烈的市场竞争中，因扩大生产规模，企业的财务审计工作面临新的问题，随着经济一体化进程的不断推进，为了与国际审计工作保持同步，需要企业财务管理部门对审计工作进行深入的研究分析，同时为了帮助企业提高自身的审计工作水平，以及提升财务审计能力，在组织开展审计工作的过程中，需要对当前的计算机技术、先进的审计方法等进行充分的使用。根据企业财务管理的实际需要，企业需要对财务审计工作的特点进行重点分析，以确保财务管理工作的顺利展开。

（一）企业财务审计工作实际需求

在新的历史时期，企业的财务管理部门需要不断满足自身财务审计工作的实际需求，对自身财务审计的内容及财务审计的需求进行研究分析。在对审计工作要求进行明确的前提下，采取相应的措施，在一定程度上提高企业财务审计的效率和工作质量。在新的历史时期，通过扩大规模来降低生产成本的现象在我国的市场经济中普遍存在着，在计划经济向市场经济转变的过程中，随着企业自主权的不断增大，在这种情况下，拓宽了企业的营销渠道。企业在日常经营活动中，财务管理工作量因自身资源配置、收支经费等情况呈现出不断增加的趋势。为了帮助企业实现财务管理目标，同时提高企业资金的使用效率，需要采取措施，进一步完善财务审计工作。通过建立完善的审计体系，在一定程度上帮助企业提高财务审计的工作质量，确保企业财务审计工作的顺利开展。

（二）企业财务审计的难点

1. 审计人员整体素质需进一步提升

在组织开展审计工作过程中，具备丰富的审计专业知识和会计、法律等相关知识是从事审计工作的基础。在行业发展政策、财务管理等方面，对于各项规章制度和会计专业技术知识等，一部分审计人员还没有熟练地掌握。对于审计从业人员来说，距离标准化的业务工作还有一定的差距。

2. 审计环境需不断改善

对于企业来说，审计就是一种监督方式，通常情况下，这种监督方式势必会损害到某些地区或群体的利益，进而导致整个企业的审计环境不太理想。如果企业没有建立相应的规章制度，没有与政府设置的纪检监察、组织人事等部门建立审计联动机制，在一定程度上会影响审计的运用，进而不能有效落实审计的整改建议和要求。

（三）解决企业财务审计工作的具体对策

1. 对财务审计人员进行教育和培训，提高业务素质

为了满足财务审计工作的需求，财务审计工作人员必须具备较高的财务理论水平和业务技术水平，同时需要具备良好的职业道德品质。为此，财务审计单位需要针对这些要求，对财务审计工作人员进行教育和培训：选拔业务骨干到高校或专业机构进行系统学习；根据自身的实际情况，在条件允许的情况下，聘请行业专家进行业务辅导。另外，企业财务管理部门需要对财务审计人员进行政治业务培训，建立相应的规章制度，严格要求从业人员持证上岗，同时对从业人员进行定期的考核，对于考核不合格的财务人员进行淘汰，从而建立一支高素质的财务审计队伍。

2. 优化财务审计环境

首先，财务管理部门需要与其他部门加强沟通和交流，进一步获得其他部门的支持。这是财务管理部门有效开展财务审计工作的关键。其次，对财务审计的重要性进行大力宣传，努力争取社会各界对财务审计工作的认可和支持。最后，财务管理部门需要与执法机关进行主动的沟通，在财务审计过程中，对于发现的重大违纪、违法现象，及时移送纪检、司法机关，切实发挥审计工作的监督作用。

3. 建立和完善财务审计管理体系

在新的历史时期，为确保企业满足财务审计工作的需要，对于财务管理部门来说，需要建立和完善财务审计体系，提高资金的使用效率。在日常经营过程中，为了满足市场需求，企业需要不断扩大生产规模，在这种情况下，企业财务管理部门需要采取措施，不断完善传统的财务审计管理体系。同时，随着生产规模的不断扩大，企业的人员数量急剧增加，这时对基层管理人员的素质就提出了更高的要求，因此需要不断完善审计工作内容。通过建立和完善审计管理体系，帮助财务管理部门提高审计管理能力和审计效率，并且在一定程度上对财务审计工作进行指导。

4. 明确财务审计工作重点，提高审计工作质量

在激烈的市场竞争中，企业为了实现自身的生存与发展，在经营过程中，需要研究分析财务审计工作的难点，同时在组织开展财务审计工作时，重点突出财务审计工作，并且给予一定的人为倾斜。在使用资金的过程中，为了有效使用企业现有资金，需要满足财务审计工作的实际需要，并且采取措施确保资金使用的合法性，同时借助预算、审计等方式，在一定程度上切实维护资金使用的科学性、合理性。在新的历史条件下，为了帮助审计部门实现财务审计工作目标，需要综合分析财务审计工作存在的难点，进一步明确财务审计工作的内容，并且以此为基础，重点做好财务审计、专项资金审计等工作。

二、财务审计的必要性及风险

具有部分执法监督和社会管理功能的行政事业单位，其财务审计工作在行政事业单位的职能发挥方面具有重要的作用。而现今，我国行政事业单位的体制在不断地进行着改革，行政事业单位的职能也在不断完善，与此同时，对财务审计工作的要求也在不断提高。为科学规范财务与审计的工作流程，确保财务审计数据与相关报告的真实可靠性和健全内部财务审计机制，落实财务审计工作显得尤为重要。

作为行政事业单位，财务管理工作的严格规范是理所应当的。而在此之中，财务审计工作的重要性尤其突出。财务审计的充分利用不仅有助于行政事业单位在经济往来账户的管理，也有助于良好的财务管理环境的形成，还有助于行政事业单位对固定资产的管理。在时代不断发展、经济不断革新的现代社会，行政事业单位也在不断变化，而面对这种日新月异的变化速度，财务审计的实施则显得更加必要和紧迫。为了更好地促进和提高行政事业单位的财务管理水平和资金使用效益，维护国有资产的安全，保障人民利益和国家利益，实施严格规范的财务监督机制的重要性不言而喻，财务审计对行政事业单位的影响也显而易见。

（一）行政事业单位财务审计应用中存在的风险

虽然与现代经济社会相适应的财务审计已经被应用在我国的部分行政事业单位的财务工作中，但是这些行政事业单位有部分硬件或软件达不到正常应用财务审计的相关要求。比如，财务审计机构设置的依赖性太强、财务审计相关工作人员对财务审计工作认

识不清晰明确、财务审计制度尚未健全等，这些方面的不足都使财务审计在应用中存在一定的风险。

1. 财务审计机构设置依赖性太强

我国当前大多数行政事业单位在对待财务审计机构的设置还需进一步重视，财务审计被纳入事业单位的内部纪检部门或者是财会部门较为普遍，但财务审计部门被作为独立部门设置的做法偏少，这使得财务审计部门的主要功能得不到有效发挥。

2. 对财务审计工作认识不清晰明确

我国的部分行政事业单位对财务审计工作的认识还不够全面和清晰，因而对财务审计工作也没有一个明确的定位，继而使财务审计工作显得形式化而不具备实际意义。

3. 财务审计制度尚未健全

作为一项规范性与专业性较强的工作，财务审计工作在行政事业单位的开展中得不到充分重视，其严格并且规范化的业务操作被偷工减料或是敷衍了事。从我国当前的财务审计工作的实施状况来看，财务审计制度尚未健全这一弊端越来越显露。在财务工作围绕的范围、财务审计的程序、财务审计的分工、财务审计的内容以及财务审计的报告等方面都体现了财务审计制度的不完善、不健全。

4. 财务审计工作缺乏必要的执行力

在行政事业单位的设置依赖性太强、独立性不足的情况下，单位在财务审计中的执行力度必然不足。调查显示，我国大多数的财务审计的主要方向都只是单纯地对财务进行审计而未对单位的财务起到警示的作用，这就在一定程度上对单位的管理造成较为严重的影响。而管理者对财务审计工作不够重视也是导致审计工作缺乏执行力的因素之一。

5. 财务审计人员的综合素质有待提高

目前，我国行政事业单位中大多数财务审计的工作人员虽然对审计专业知识较为了解，但是对财务软件认识以及计算机操作能力还需加强。另外，财务审计工作是财务与审计这两部分内容的结合，二者之间的关联性较强。但现在的大部分的行政事业单位将这两者的关联性削弱了，使两者呈现相分离的状态，这十分不利于财务审计工作的开展。

（二）优化行政事业单位财务审计的措施

1. 合理配置财务审计人员

行政事业单位内部财务审计的内容和对象等随着各种体制的改革而变化着，由此，财务审计人员除了要具备应有的专业知识以外，还需要熟练掌握会计、工程预算、税务以及相关的法律知识等诸多的内容。这就对财务审计人员的要求太过严苛，甚少有人能同时具备这些能力，因而行政事业单位应根据自身的需要去配置优秀的会计师、工程师、审计师及律师等。

2. 加强对财务审计工作性质的认知

随着我国社会的不断发展，财务审计与行政事业单位管理的关系越来越密切，由此，单位务必要足够重视财务审计工作及其风险。行政事业单位的管理者应多强调财务审计工作的重要性，以引起员工对财务审计的重视，从而认清财务审计工作并明确财务审计工作的性质。应将行政事业单位内部审计机构进行重新定位，行政事业单位存在的目的是在一定经费保障下履行国家赋予的公共管理职能，如何有效实现这一目标很大程度上取决于单位的控制环境，财务审计正是行政事业单位改善内部控制、加强内部监督的有效方法之一。通过财务审计对单位存在风险、控制进行经常性的审查、分析及评估，提高行政事业单位的资金使用效益，防范腐败等行为，不断提高单位控制环境，确保职能目标的实现。因此，要多渠道、多角度地宣传财务设计的价值，以促进行政事业单位领导层与干部职工对财务审计的认识。

3. 健全财务审计内部机制

行政事业单位在建立财务审计内部机制的时候除了要将财务审计部门与其他职能部门分设开来以外，还需要对财务审计部门人员制定工作规范，避免与其他部门建立利益关系。财务审计工作的开展要按照规范化的规章制度进行，保证财务审计报告数据的真实性。

4. 提高财务审计人员的综合素质

财务审计人员是财务审计工作开展的基础，所以财务审计人员的综合素质对行政事业单位整个财务工作具有很大的影响力。这首先就要求招聘部门在招聘选拔人才的时候应该选择录用高素质、专业性强及工作能力强的综合性人才。与此同时，对在职的财务审计人员也要进行不定期的专业知识培训和各种与审计工作相关的先进理念交流，进而推动行政事业的健康稳定发展。

三、财务审计的独立性

（一）财务审计中的独立

财务审计中的独立，主要指的就是审计工作人员在开展财务审计过程中，使自身保持独立性及客观性，不受审计单位及相关个人的影响。毋庸置疑，财务审计中的独立性是注册会计师开展审计工作的一个十分重要的环节和途径。然而，在其开展的实际独立审计工作过程当中，往往会存在诚信方面的问题，常常忽略了相关的准则。不能仅仅体现在形式化或者表面化的层面，执行准则应该注意对该项流程及其实际本质含义等方面给予深入的认识和掌握。因此，对于财务审计工作人员，其不仅要确保精神方面的独立性，而且也应该从形式方面确保独立性，这样才可以获取公众的信任。

（二）当前时期下强化财务审计独立性的具体举措

针对当前时期下财务审计独立性存在的突出性问题，现提出如下几个方面的强化财务审计独立性的具体对策：

1. 不断强化组织架构的完善

财务审计架构的完善主要策略包括如下几个方面的内容：①强化合伙制的会计师事务所组织体制的构建和完善。采取合伙制的组织体制形式，能够提高注册会计师的独立性。那么财务审计的独立性也就能很好地得以确保，同时所出具的财务审计报告也就更加真实，也能够使得财务审计报告具有较强的约束力，促进合作双方的良性发展，互相不损害各自的利益。②通过不断地完善公司治理结构，选择合适的会计师事务所，改变传统的政府选择模式，变化成为市场选择，那么这就有效地规避了行政干预或者政府干预对财务审计的影响。③促使审计市场的准入水平得以提高。随着审计市场国际化的发展趋势越来越显著，就需要竞争水平较高的会计师事务所。

2. 强化企业对财务审计独立性的认知水平

高度重视和关注财务审计的独立性，能够在很大程度上促使企业快速、高效地发展与运营，应该意识到财务审计独立性的重要意义与价值。制定科学化以及规范化的财务审计制度，不断完善相关制度，组织审计工作人员进行培训和学习，强化对其监管力度，要求其严格地根据相应的制度来开展财务审计工作，从而保证企业财务审计工作效率与水平的提升。与此同时，还应该注意财务审计工作的独立性，为其设置一个相对独立的部门，且构建一个完善和规范化的财务审计结构。

3. 加强对财务审计工作人员进行管理和再教育

财务审计工作若要高效、高质地开展，还需注重强化对财务审计工作人员的管理和教育，企业在选择财务审计工作人员时，应对财务审计过程进行严格的把关处理，一般要选择经验丰富、业务水准高的财务审计工作人员，在确定相关人员后，还需对其开展管理以及再教育，定期地组织培训活动，不断更新和充实其专业知识储备库，这样就能够在很大程度上提高财务审计工作水平与质量，财务审计工作的独立性也能够得到保障。与此同时，编制出的财务审计报告不仅能够真实地反映企业的财务或者经济发展状况，而且能够为企业投资人、参股人及社会公众负责。在这样的合作环境下，双方均能够得到良性发展，促使企业朝着稳健的方向去发展。

4. 强化注册会计师执业道德水平的显著提升

对于注册会计师而言，其是财务审计工作的直接实施者，其执业素质以及执业道德水平的高低，直接关乎着财务审计报告的质量。具体而言，应该采取如下几个方面的举措实现财务审计的独立性：①促使专业水平的显著提升。强化会计师的再教育和再培训，从而促使其专业技术水平显著提高。基于审计市场的开放性，强化对国外注册会计师的先进经验加以学习，并严格注册会计师年检制度；定期地举办培训考试，从而在理论方面提高注册会计师的知识水平。②强化注册会计师的职业道德教育。注册会计师的职业道德水平与保持独立性是紧密相关的，所有独立性的缺失都与缺少职业道德有关。

四、财务审计中的会计核算

（一）财务监督中财务审计的基本含义

会计的监察工作能够有效地保障基本财务会计工作的顺利进行，提高整体的财务管理水平。财务审计工作的主要内容就是对财务会计进行真实准确的记录，并依照会计原则来监督和管理财务报表的真实性和准确性。财务审计工作的基本出发点是对企业的财务报表进行监督，正确地反映企业的资金状况和流向。财务审计工作对企业的资产和资金进行真实的记录，利用会计监察工作实现整体的监督，主要是防止企业的违法行为，同时也能够实现宏观调控的作用。在企业的管理中，财务审计既能够有效地遏制企业中违反规定和法律的行为，也能够有效地保证企业的组织管理顺利进行，为企业的发展奠定基础。财务审计属于会计科学审查，主要的研究内容为会计工作是否真实记录，以帮助企业管理层透过正确的会计信息来做出正确的决策。

（二）会计审计中会计核算方法

1. 勾稽关系和核对法

在审计进行查账管理的过程中，要把相关联的会计资料当作勾稽关系的导线，并且辅之以核对法。核对法主要是指运用两种以上的书面资料来进行相关交叉对照，来核对双方是否有不同之处，以及最后计算出的数据是否正确。在进行核对的过程中就可以找到存在的相关问题，并且对所产生的问题进行客观准确的分析，来判断相关问题造成的原因。通过这样的方式进行问题的分析，并且运用相关的结果来准确地制定解决措施，在最大程度上降低企业的经济损失，保证企业的资金流通。

2. 账户对应关系和账户分析法

在企业经营和管理的过程中，复式记账法是会计核算方法的主要形式，在账户相互之间建立一种依存、对照的关系，这样的方式则被称作账户对应关系。在审计进行查账的流程中，把账户对应关系当作主要的关键点，并且可以多样化地运用账户分析法。账户分析法主要是建立在账户相关性的基础上，并且找出其中不合理的现象，同时能够准确、及时地发现和解决问题。在会计核算过程中，对银行的存款和借款进行系统化的分析和管理，查看相关存在的情况，为日后的检查和管理工作提供重要的保证，及时发现问题并提出解决措施。

3. 流程分析法

在审计工作进行的过程中，首先要把内部控制制度当作主体，并且在工作的过程中能够准确地运用流程控制图分析方法；然后对企业内部控制制度进行严格的审查和评价，流程分析法主要是指把审查的相关项目的内部控制图绘画成相匹配的流程图，并且通过分析整个流程图的基础，找到项目中存在的相关问题。这种方法的优点在于能够更加直接和全面地指出项目中存在的问题，同时进行分析，然后用文字的方式来准确解决，并且能够直接使用特殊的颜色来将流程图中的错误标出，为审计人员的工作打下一个良好的基础。

（三）信息时代下的会计核算方法

1. 公允价值计量

在信息化的时代，公允价值已经成为当下会计界探讨的主要内容。随着社会的发展和变化，历史成本计量和公允价值计量成为主要探讨的内容。历史成本计量法和公允价值计量方法是两个主要方式，但是实践表明，公允价值计量法的优势明显高于历史成本计量法。公允价值计量法的优势在于能够更加准确地反映企业的经营现状和负债情况。但在目前，历史计量法在企业中依旧占有主要的地位，在审计查账的过程中也依然是主要采用的核算方法。在信息化发展的时代，各种信息的数据处理已经普遍应用在会计系统，并且具有自动化这一主要特点，因此，公允价值计量法在处理数据方面非常精准。

2. 移动加权平均法

从一定程度上来说，传统的会计工作中普遍都运用先进先出法和移动加权平均法，这样能够有效地保证数据的准确性。但是同样也存在一些缺点，比如先进先出法，在使用货存的过程中，如果每一次使用都要对存货的价格进行计算，这样不仅会降低系统的运行效率，同时也会降低会计核算的速度，造成审计工作的效率下降。而加权平均法的有效应用，不仅能够减少审计人员的工作量，还能有效地提高工作水平和效率，节约企业的成本。在移动加权平均法使用的过程中也会存在信息不及时的缺点，这样就要求及时对会计系统进行更新。在当下社会，跨级信息数据采集主要是往动态化方向发展，会计信息系统要及时地更新存货价格，并且要实现移动加权核算的自动化，保障企业的管理顺利进行。

（四）提高会计核算水平的措施

1. 要保证会计核算工作独立进行

会计核算工作的主要原则就是独立、客观、准确。企业要保证会计监察部门的独立，在企业的经营管理中实现会计监察功能，就要不断地提升会计核算工作的管理水平，让其能够独立进行。在企业日常的管理和经营中，要建立相应的责任机制，把会计工作的岗位进行合理划分，让每一个岗位的职责都能够准确实施；要建立好权力和责任制度，明确各个部分的责任；要保障会计核算工作能够独立进行，并且明确相关的责任制度；要实现会计核算工作和其他部门的协调，并且要保障会计核算工作的独立性，有效地提升会计核算工作的管理水平。在企业管理方面，要保证管理层能够拥有会计核算理念，提高整体的会计核算意识，并且要在企业内部完善监督体制，提升企业的监督水平，有效提升企业的经济效益，实现企业自身的发展，让企业在激烈的市场竞争中占有优势地位。

2. 提高会计核算工作的监督水平

在企业的经营管理中，管理者要准确地把握公司的实际情况，并以此为出发点，不断地促进监督管理水平的提升，让监督制度能够在企业中发挥重要的作用。在协调企业的内部制度和关系中，要重视会计核算工作的内部监督，建设审计部门，让审计部门的工作人员对各个方面进行核算，及时发现问题和解决问题，并且也可以和相关部门配合，对会计核算工作进行全方位的监督。在管理方面要树立以人为本的管理理念，加强对企业财务人员的管理，完善企业财务管理制度和理念。

五、财务审计工作如何提高实效性

财务审计工作是企业经营绩效模式一条重要的"生命线"，在当代企业内部管理信息化更加科学、高效的同时，财务审计工作在企业管理升级过程中所凸显的矛盾已日益明显，而矛盾中的重点则是财务审计工作的实效性，故如何提高企业内部财务审计工作实效性已经成为目前亟待解决的问题。

（一）突出审计重点，明确审计工作的针对目标

审计机关在对企业进行一系列的系统化审计工作时，要突出审计的重点，明确审计工作的针对目标，并根据重点制定切实可行的审计流程。在审计过程中，审计机关要根据企业内部实际的绩效模式，运用静态原理与动态协调相互匹配的科学流程，认真履行审计职责，强化重点，目标突出。重点加强三个方面的审计工作：

1. 加强企业政策执行审计

在审计之前，要对企业本身的经营理念、管理方式进行系统性的分析，以明确审计的切入点，同时围绕影响增效益、调结构、惠民生等制约企业经济良好运行的因素作为审计监督的重点，在审计过程中通过数据分析来查找出突出的问题，并根据上述问题制定出切实可行的针对策略及针对目标，通过分析执行过程中矛盾的辩证关系，来达到动态调整，最终使得审计工作收到应有的效果。

2. 加强企业预算执行审计

审计过程中，要突出企业内部从上到下各级单位的财政预算情况，并对预算超收收入以及财政转移支付资金分配、管理、使用情况做细致的了解，对于在建、改建、扩建等重大项目方面的审计，要切实提高财政资金使用的整体合理性，杜绝人为的干预对整体企业预算的影响，使得企业的预算落到实处，使企业的发展更加的健康化、明朗化。

3. 加强企业经济责任审计

审计单位要在优化审计内容、细化审评标准等细节处下功夫，要把审计升级与企业的管理升级协调起来，同时提升对权力监督和制约的掌握能力，强化管理意识，最终促进各级领导遵章守法、廉洁端正。

（二）创新审计方法，提升审计工作的实际效果

随着我国企业在转型过程中管理的升级，旧有的审计方法与新型的管理模式矛盾已经愈加明显，如何创新审计方法已经成为当前审计迫在眉睫的问题。审计单位要审时度势，根据当前新形势、新环境淘汰落后的审计模式，提升审计工作的信息化、科学化，同时不断探索审计工作的新方法，使得审计工作更好地与企业现实的经营绩效模式相协调。

1. 在审计工作上做到"三核心，两重点"

即以坚持审计和审计方式相结合，全面带动细节、细节反哺整体相结合，财务审计与效益审计相结合为"三核心"；以实时审计与创新审计突出发展为重点，人本审计与规范审计协同行进相制约、相协调，突出工作重点为"两重点"。

2. 在审计的方法方式上，要勇于创新，大胆突破

从单纯的调阅经济资料审计向调查、采集、分析"三位一体"的审计转变；从事后审计向事前、事中进行预审计转变；从纸面审计向信息化、规范化审计转变。

（三）强化审计管理，增强审计工作的规范运作

审计作为一项综合性、专门性的经济监督工作，在审计过程中的审计人员要对自身的审计内容、方式负有直接的责任，强化审计管理，增强审计工作的规范运作是审计工作的重中之重。

1. 要健全法规制度，规范审计行为

建立、健全审计相关的法律法规，建立完善的初审、复审的长效机制，做到审计工作流程中每一项审查重点都有法可依；规范审计行为，对审计人员要严格筛选、严格约束，在审计过程中存在的个人主义要违法必究、执法必严，杜绝利益群体的产生对企业经济造成的伤害。

2. 严格审计管理，促进审计结果具有实效性

审计管理的整体思路按照"控数量、抓质量、严管理、促实效"的总体要求，积极打造"高质量、高标准、高效益"的"精品"审计工作。切实提高审计结果的实效性，提升其在企业经营管理过程中的实际效果，尤其是在审计过程中分析出来的关键问题，要根据企业整体的经营思路从上到下、从整体到局部、再由局部反馈整体来客观地分析，根据企业的管理机制提出解决问题的方式和方法，并及时跟踪方式、方法的效果，动态调整，最终使得审计管理达到应有的实际效果。

审计作为权力部门，在审计工作中要始终牢固树立正确的权力观、利益观，严格遵守国家制定的相关审计方面的法律、法规，严肃审计纪律，增强审计工作的廉洁公正，既要严肃审计纪律，又要严格廉洁纪律。

第二节　财务审计的创新

一、经济新常态下的基层财务审计创新

在经济全球化的深入影响下，新常态逐渐成为我国经济社会转型发展的必然趋势。因此，要从分析新常态对基层区域经济财务审计产生的影响入手，研究新常态下财务审

计的新定位，以推进基层审计工作有效适应经济新常态，建立新机制，改进新方法，打造现代化财务审计队伍，助力基层审计工作，为经济发展奠定坚实基础。

（一）创新并完善基层财务审计制度

基层财务审计制度的不断完善，不仅能够为社会提供更为完善有效的纪律监督机制，还能够有效促进各个基层单位各自完善自身的有效机制与制度改良，从而切实激发技术成分的相关因素协同作用，进而有效提升全要素生产率。在新的经济发展环境下，基层审计机构只有不断完善财务审计机制，才能更好地体现财务审计机关对于党的事业的高度支持，才能够在党的事业当中焕发出新的生机与活力。

（二）新常态下财务审计环境有待解决的问题及新变化

时代发展催生新的理念与方法。新的创新理念不仅能够推动农村经济形势的有力发展与进步，更能够确保农村经济形势稳定，为我党在新时期下的改革攻坚提供最为基础的支持性力量。然而不容忽视的是，财务工作的科学化管理方面依然有提升的空间，并且在创新意识的提高上也有待进一步加强。

（三）新常态下财务审计目标的变化

现代内部财务审计理论明确指出：在财务工作的内部审计环节中，内部审计、组织管理以及风险规避、控制环节应当紧密地联系在一起。财务审计的总体目标是帮助组织完成其目标，内部财务审计是组织成功的关键因素之一。在新常态下，对于基层农村信用社的发展转型，以及财务内部审计工作提出了更为严格的要求。内部财务审计不能仅停留在查弊纠错，发现问题而解决问题的层面，内部财务审计必须站在维护长期规划、战略目标、整体利益的立场上，从完善管理制度，改革经营体制，健全运行机制等层面去发现问题，分析问题产生的深层次根源，在经营管理过程中要积极向高层汇报新的经验和做法，及时向高管决策层提供有价值的信息，从制度、体制、机制建设层面上提出财务审计建议，使基层农村信用社整体的经营运行能够适应经济新常态发展。

（四）新常态下财务审计重点的变化

基层农村信用社在农村经济快速发展的环境下，经营规模快速扩张，经营效率显著提升。自 2014 年以来，基层农信社投放产能过剩行业的信贷风险逐步暴露，农副产品收购贷款风险也开始显现，不良贷款不断攀升，其经营风险影响了农信社在经济新常态下的平稳过渡，基层农信社的内部财务审计工作要积极应对行业发展变化，分清主要矛盾和次要矛盾，立足于顶层设计，改善"大而全"，应遵循财务审计方式，紧紧围绕组织的中心工作，适时调整财务审计工作重点。

（五）基层农村信用社内部财务审计的新发展

1. 组建区域财务审计中心

基层农村信用社是独立法人，实行县区联社行业财务审计和县市行社内部财务审计的两级管理模式，由于基层地大面广，营业机构分散，仅依靠两级内部财务审计机构不能有效地发挥内部财务审计在农村信用社经营发展中的作用，因此，分类管理的财务人员为基层农信社进一步优化财务审计的组织架构，构建起相对独立，分级管理的财务审计监督服务体系，为基层农村信用社适应新常态发展提供了监督机制的保障。

2. 开展内部控制评价

在经济发展的新常态下，农村信用社从快速规模扩张转向内涵式增长，从存贷利差要效益转向从内控管理要效益。其经营管理不能仅依靠经营指标数据来考核评价，而是要结合法人治理结构、风险管控能力、内部控制管理水平等进行综合评价，以提升信用社发展的持久力。目前，基层农村信用社的内部监督机制正在有条不紊地构建当中，制定统一的评价标准，使基层农村信用社自身就能"自我评估"，能客观公正地对县市联社内部控制状况及抵御风险能力进行综合测试和评价，准确定性基层农村信用社内部控制体系的健全性、有效性及全程性，因而，提出防范和化解经营风险，是提高农村信用社整体经营管理水平的有效途径。

3. 创新财务审计方法

经济发展的新常态使得农村信用社的内、外部经营环境发生了翻天覆地的变化，基层农村信用社的运营发展也逐渐形成了一种颇具自我特色的"新常态"。基层内部财务审计作为组织实现目标的重要组成部分，基层农村信用社面临着新机遇、新挑战，必须顺应经营环境的变化，根据战略目标及时调整财务审计定位，完善管理机制，理顺管理模式，改进财务审计方法，以打造现代化的财务审计队伍，最大限度地激发监督服务功能，确保基层农村信用社内部财务审计工作步步为营，更进一步激励内部财务审计工作的监督服务职能，为基层农村信用社的和谐、稳健发展提供强有力的支持与保障。

二、财务审计与审计业务创新的融合

（一）财务审计在企业中的作用

1. 核查企业经济的真实准确性

审计员主要负责检查企业是否把所有的经营项目全部通过财务报表体现出来，企业内部的库存是否与账目表上一一对应，企业收入的来源渠道是否真实，金额是否和票据上的金额一致等，通过一系列的常规检查促使企业按时交税。

2. 监督企业经济的合理合法性

企业在经营一段时间后如果盈利了需要上交税款，如果经营失败破产了也要走正常的法律程序。但不论企业项目经营得好坏，所经营的项目都要在法律允许的范围内，不能做违法的事情，审计员要在核查企业财务报表时就要监督经济活动是否合理合法，对于不合理不合法的现象要坚决抵制，并且作为反面教材给其他企业作出警告。

（二）审计业务的创新

1. 转变财务审计的模式

传统的审计方式不利于企业通过审计结果及时地改变自己的经营方向和策略。现如今，技术发展较快，也可以把审计项目通过运用计算机技术来减少时间上的消耗。由专业的人员把需要记录的相关内容通过专门的软件设计出来，再根据需要填写的内容设计相关的计算列表完成审计员需要审计的项目。由传统的账目转换为无纸化办公，信息真实、安全且记录详细全面，供审计员随时地查询与匹配检查，在一定程度上减轻工作人员的工作量并且可以尽早地将审计结果反馈给各个企业，让企业及时调整接下来的规划。

2. 对工作人员培训提高业务能力

审计员需要定时地培训，接受新的审计理论和方法，在确保准确率的基础上减少时间的浪费，可以让每个审计员总结在工作中遇到的各种问题，在遇到问题时是通过何种方法解决的以及是否有更好的解决方案，当再次遇到相同或类似的问题时以便能更好、更快地解决。审计员在上岗前会学习一定的理论基础，且在实际审计中要融会贯通地运用理论部分，如何更好地利用理论知识需要专业审计师对审计员加强训练，不断完善审计员的专业素质，使其成为一名合格的审计员，当遇到各种问题甚至是突发状况时都能及时应对并给出合理的解决方案。

（三）财务审计的融合

财务是审计的基础，审计是对企业财务的监督。企业在财务审查完，要根据审查结果及变化着的市场做出企业目标方向的优化以便适应市场的发展，提高企业的经济收入。当企业开始做强做大业务时，随着收入的提高，企业也会为社会作出一定的贡献，从而树立良好的企业形象，随之会吸引更多的合伙人及业务单，就可以不断地促进企业往好的方面发展。

（四）财务审计的发展

审计在经过一系列的方式有了创新时，会改变审计的方式，审计的创新最主要的目的是提高审计的效率，但不论哪一种创新都需要用实践来证明，创新模式只是优化改进在审计中存在的不合理的地方，但适不适合审计员的操作需要审计员真正的实践才能确定。企业在统计财务时，如果利用软件技术使财务状况一目了然，则有利于审计员的监察并且能够便利地传送相关的信息，也会为审计带来极大的便利，使两者相互作用后共同发展。

企业经营的好坏不能只从目前的盈利状况来判断，在前期投入人力物力时肯定会消耗一部分财力，在收入状况不佳时，可以适当地改变经营模式；收入状况良好时，可以为社会作贡献，从而能够树立品牌在大众心里的形象。审计是一项烦琐又不能马虎的工作，要有新的方法、新的技术进行财务审计，要利用技术减少人员的工作量以及用最少的时间完成最大范围的任务，如果没有最合适的方法，要根据当前存在的问题不断地改进才能有利于发展。

三、财务管理、会计和审计关系模型的创新

中国企业一般对财务工作和会计工作不做严格划分，统称为财会工作，而且对于内部审计也没有一个清晰的认识，对这三者的有机联系更不能了如指掌。这使得企业在现代企业竞争中失去了内部管理的优势，表现为分工的不细致导致各种矛盾，审计工作设计和执行不当使得会计财务工作无法高效运行。本节在现代公司治理结构背景下设计出了勾画会计、财务管理和审计三者关系的"自行车模型"。通过该模型，企业可以深化对三者关系的认识，并可针对自身情况，改进自身的经营管理。

（一）会计、财务管理、审计三者关系理论研究现状

财务管理与会计的关系问题是一个非常重要的财会理论问题，理论界长期并存三类观点：一是认为财务管理与会计是相互独立的，分属于两个不同的学科，理由是财务管理与会计是两种不同性质的工作；二是认为会计包含于财务管理之中，会计工作是财务工作的一个组成部分；三是认为财务管理在会计之中，财务管理工作是会计工作的一个组成部分。审计与会计的关系可以归结为会计监督与内部审计监督的关系，内审监督与会计监督是相辅相成的，内审监督的有效开展，可以弥补单位内部会计监督存在的种种不足，会计监督的有效进行又为内审监督有效开展提供了重要保证。两者的地位不同，决定了各自发挥监督作用的特征不同，不能相互替代。审计与财务管理的关系是由内部审计的发展而产生的，内部审计地位的提升促进了管理审计的发展，随着管理审计的不断完善和发展，财务管理审计开始兴起并成为管理审计的主要内容之一。对于会计、财务管理、审计之间的两两关系的研究文献数量很多，但是对于这三者有机关系的研究却很少，而且在实践中厘清这三者关系对企业的经营管理有很大的指导意义。

（二）研究的假设

为了深入三者关系的研究，我们将以一个具有现代公司治理结构的企业为背景，并作以下假设：其一，公司结构健全，会计部门、财务部门、内审部门健全并分工合理明确。其二，文中所提到的审计是内部审计，内部审计部门隶属于管理层，能有效地行使职责。其三，财务假设中的管理行为和持续经营假设。这些假设虽然在现实中很难完全实现，但是却为以下分析会计、财务管理、审计提供了假设基础。

（三）自行车模型阐释

财务界对财务管理、会计和审计三者的关系研究比较少，运用模型分析三者关系的更是少之又少。自行车是日常生活中常见的交通工具，但是把自行车运用到经济管理理论研究中的却不多。本节建立了自行车模型，用以分析会计、审计和财务管理的关系。

自行车的主体有三个部分：前轮、车架和后轮。就是这个三部分构成了一辆完整的自行车，再加上附属零部件就可以骑行自如了。这三个部分分工明确：前轮用来掌握方向；后轮则为自行车前进提供动力；车架则将前轮和后轮联系起来并凌驾于二者之上，只有三者有机结合到一起，自行车才能很好地运行。财务管理、会计和审计的关系可以

用这个模型进行分析。

（四）运用自行车模型阐述财务管理、会计和审计的关系

1. 财务管理和会计的关系论述

企业财务管理是企业管理的一个组成部分，它是根据财经法规制度，按照财务管理的原则，组织企业财务活动，处理财务关系的一项经济管理工作。会计是以货币为主要计量单位，反映和监督一个单位经济活动的一种经济管理工作。

我国理论界对企业理财和会计的关系问题的认识主要有四种观点：一是大财务观，主张理财包括会计；二是大会计观，主张会计包括理财，此观点一般为"管理活动论"者所持有；三是财会管理观，主张理财与会计相互融合；四是理财与会计并列观，认为理财与会计虽有交叉，但界限却相当分明。本节主张理财与会计并列观。

这种观点从不同角度论述了财务与会计应当各自独立，不存在"谁大谁小、谁包括谁"的问题。其观点主要有：财务与会计是两个不同的概念，是两个平行的名词，也是两个不同的学科，两项不同工作。从理论上讲，财务管理和会计不仅各自存在的客观基础不同，而且它们具有各自不同的性质、属性、对象和职能；从实践上看，它们属于企业（或单位）两个不同的职能部门。社会主义商品经济越是发展，企业的理财活动必定日益显示它的重要性，它将与企业经营活动并驾齐驱，共同影响企业的成败。财会并列观体现在"自行车模型"中就是：财务管理是前轮，会计是后轮。无论从理论上还是从实践上看，二者都具有一定的独立性，前轮不能包含后轮，同样后轮也包含不了前轮。财会并列观已被世界各国市场经济实践和我国目前市场经济的实践证明是正确的，是符合市场经济发展规律的。因此笔者可以断言，在不久的将来理论界必将统一在理财与会计并列观的旗帜之下。也就是说，财务管理与会计是两门不同的学科，它们之间不存在谁包括谁的问题，但是，也不否定二者之间所存在的密切联系。

财务管理与会计虽然是两个不同的事物、两个不同的学科，但它们之间却有着密切的联系，那就是财务管理离不开由会计提供的财务信息，而会计则要密切跟踪财务活动，捕捉资金运动的信息，反过来为财务管理服务。财务管理离不开由会计提供的财务信息，主要体现在：会计只有提供了真实相关的财务信息，财务管理人员才能合理地调度企业的经济资源，平衡使用企业资金，从而提高资金使用效率；财务管理人员才能进行资金和财务的合理分配；财务管理人员还可以更好地了解和控制企业资金的耗费；财务预测和决策才能建立在科学可靠的基础上，从而使得财务预测和决策更加准确合理。而会计要密切跟踪财务活动，捕捉有关资金运动的信息，主要体现在：财务管理主要进行预测，为企业的投资和筹资提供一个方向，对企业的资金进行合理的管理，而会计就是做中期工作，对财务管理的结果进行核算与审核，并为财务管理的进一步发展提供有用的信息。二者的联系体现在"自行车模型"中就是：前轮和后轮是相互依赖的，共同构成自行车的两大部分。

同样，财务管理和会计也是相互依赖、共同发展的，对企业的成长与壮大都有着同等的重要性。自行车前轮把握方向，就像财务管理在企业财务活动中把握方向一样，具

有不可替代的重要性。自行车后轮则跟踪前轮，并为前轮以及整个车身的前进提供动力，正像会计跟踪财务管理一样，对财务管理产生的结果进行核算与监督，并为财务管理的更好发展提供有用的信息。

2. 审计和财务管理与会计的关系论述

审计是一个系统化的过程，即通过客观地获取和评价有关经济活动与经济事项认定的证据，以证实这些认定与既定标准的符合程度，并将结果传达给有关使用者。

目前，国内外审计理论界对审计与会计的关系问题，存在着多种不同的观点，主要有以下几种：第一，相辅相成、相互制约和相互促进关系论。该观点认为两者之间的关系是相辅相成、相互制约和相互促进的。第二，"血缘"关系论。该理论认为审计不是一门独立的学科，而是会计的组成部分，是会计派生的，应把审计列为会计的一个分支，它们之间是一种"血缘"关系。第三，事务上的同事关系论。该理论认为审计与会计是事务上的同事关系，二者是性质根本不同的两种事物，并不存在"血缘"关系。

这些理论都没有很好地概括出二者的关系。另外，当前国内外财务理论界对审计和财务管理的关系问题研究甚少，更没有提出相应的关系论。随着审计的逐步发展及其独立性的日益明显，本节认为审计是处于会计和财务管理之上的，财务管理是前提（指示方向），会计为财务管理作决策提供信息；会计和财务管理是审计的基础，审计要依靠会计资料和财务信息展开工作并且对会计和财务管理进行审核和监督。所以说，审计与会计和财务管理的关系是审查监督与被审查监督的关系。该理论在自行车模型中的体现：财务管理是前轮，会计是后轮，审计是车架。后轮与前轮是车架的基础，车架又凌驾于后轮与前轮之上。只有当前轮、后轮和车架三者配合好，自行车才能高效地运行。对于一个企业而言，只有会计资料和财务信息真实可靠，审计工作才能简便易行；如果审计工作很到位，那么会计和财务管理工作也会有效地开展，三者互相监督，互相促进，为企业的长远发展共同发挥作用。

（五）"自行车模型"的现实指导意义

1. 企业通过该模型深化对会计、审计、财务管理的认识，进而改进企业的经营管理

一方面，通过"自行车模型"企业可以对自身进行诊断，发现企业在结构设计，职能划分上的不当之处，从而作出组织上的调整。另一方面，"自行车模型"清晰划分了三个部门各自的职责，为企业的绩效管理提供了有效的工具。

2. 加强企业财务管理内控审计

财务管理内控审计就是内部审计部门依据国家有关方针政策和法律法规，以及本单位有关规章制度，对被审计单位财务管理内部控制审计的合规、健全、完善和有效性进行的审计监督活动。财务内部控制审计可以通过审查财务内部控制体制是否健全合规，是否体现了控制和相互制约原则，有无漏洞或薄弱环节，及检查财务内控实施是否有效，对于发现好的经验或存在的问题提出改进措施或建议，促进被审单位改善财务管理，提

高财务工作水平和工作效率。

3. 建立一套科学合理的内部会计控制制度

结合本单位的实际情况，制定出业务处理的具体规则和程序，实现工作过程的标准化和制度化，以完善内部会计控制制度的建设，实现审计过程的全程化。

4. 继续处理好财务管理与会计之间的关系

注重发挥会计对财务管理的监督作用，保证会计发挥服务功能，准确畅通地传递信息，并监督财务的合理合法性。

第三节　财务审计的基础模式

一、绩效审计与财务审计的比较

审计工作的开展成效将直接对我国的经济发展产生影响，在这一工作的实际开展过程中，财务审计与绩效审计都是常见的审计办法。对于我国来说，大部分审计单位都会采用财务审计为主、绩效审计为辅的方案来完成审计工作。

在我国，绩效审计和财务审计是并存的，财务审计在审计活动中占据主要的地位。在未来，我国要不断地加强绩效审计，使得绩效审计和财务审计互相分离、互相独立。目前，绩效审计和财务审计独立之间的结合只是一种过渡的表现，审计人员需要在两者进行结合的过程中找出绩效审计的有效方法和经验。

（一）基本概念的比较

财务审计是一种传统意义上的审计类型，财务审计是对政府的财务和财政的收支活动还有报告的审查，然后对政府财务收支报告和活动的真实性、公允性、合法性以及正确性进行评价的监督活动。而绩效审计则是审计人员通过使用现代技术方法，对政府部门的活动和功能就目前的效果性、经济性以及效率性进行客观的、系统的独立评价，并提出评价后要进行改善的意见，以此来提高政府的工作效率和为政府的有关决策方面的工作提供信息来源的过程。我们通过分析比较绩效审计和财务审计的概念可以得出，两种审计的原理都是收集被审计单位的相关经济活动和财务财政上的收支，与规定的标准进行比较，评价出与相关规定的符合度，并将结果传达给相关单位的过程。但是绩效审计与财务审计不同的是绩效审计注重评价审计方面的效率性和经济性，而财务审计更关注审计项目的合法性和真实性。不难看出财务审计是绩效审计的基础，只有在真实、合法的基础上才有意义去评价经济性和效率性，如果将两者进行结合审计的话可以更加全面地评价出被审计项目的经济活动情况。

（二）审计要素差异比较

财务审计和绩效审计在审计目的、主体、职能、技术、方法、程序、标准、时间导向和审计对象上均存在差异：

（1）二者在产生和发展背景上的差异，主要表现为私有制的产生、财产所有者和财产经营者的分离，导致了人们迫切想要了解政府资金公共支出的流向；绩效审计产生的背景是随着我国社会经济的发展，广大公民的民主和法律意识不断加强，由关注政府支出的合法性逐渐转变到关注政府支出的经济效益性。

（2）二者在审计目的上的差异，主要表现为财务审计侧重于审计项目的合法性、真实性和公允性；绩效审计更侧重于审计项目的效益性、效率性和效果性。

（3）二者在审计职能上的差异，主要表现为财务审计检查、评价已成事实的财务收支活动，行使防护权、监督权和鉴证权；绩效审计主要关心的是未来经济活动的发展的效益，主要职能为创新性和建设性。

（4）二者在审计技术和方法上的差异，主要表现为财务审计的审计方法，一般有审阅法、查询法、复算法、核对法、函证法、调解法和盘点法，专门技术方法包括抽样审计方法、计算机审计方法和内部控制测评方法；绩效审计的审计方法有调查法、分析法、采访法和统计法。

（5）二者在审计程序上的差别，主要表现为财务审计的程序为准备—实施—报告；绩效审计在财务审计的基础上，更加注重后续审计这一过程。

（6）二者在审计主体上的差异，表现为财务审计只要求审计主体掌握会计和审计的专业知识技能；绩效审计对审计主体的知识面要求更为广泛，特别是经济活动分析的能力。

（7）二者在审计标准上的差异，表现为财务审计的审计标准为国家法律法规和会计准则；绩效审计的审计标准为有关法律法规、公认管理实务和相关规章制度。

（8）二者在时间导向上的差异，表现为财务审计注重历史经济活动；绩效审计更看重未来的经济活动。

（9）二者在审计对象上的差异，表现为财务审计对象是被审计单位的财务收支活动及相关会计资料；绩效审计对象是政府及其公共项目的效益或社会效益。

（三）财务审计和绩效审计的有效结合

1. 绩效审计做法

绩效审计的难度远远高于传统的财务审计，关键是如何准确地评估被审计机构和被审计项目的社会效益。只有比较准确地计算到被审计机构和被审计项目的社会效益如何，才能估计其社会影响，最后才能对症下药，提出有建设性的建议。首先要熟悉、了解被审计机构的业务，经营活动情况，机构是否有各种业务指标和工作。进行绩效审计时，也要贯彻会计的重要性原则，抓住被审计机构最重要的经营活动状况与其有关制度和控制计划——进行比较分析，看其是否达到预期效果。

2. 结合范围方式

在我国，财务审计的范围要远远超出绩效审计的范围。一般来说，如果经济活动涉及投入产出，那么就可以对其进行绩效审计。绩效审计的侧重点是公众比较关注的一些领域，比如专项资金审计、公共工程审计、公共支出审计和财政预算的支出审计，对这些方面展开审计活动，能够为国家节约一部分资金，同时也可以提高被审计单位的经济效益。

3. 结合实施办法

在将绩效审计和财务审计进行结合时，要合理地选择审计项目。对公共工程项目、公共预算的支出项目和公共投资项目进行审计时，要将绩效审计需求考虑在内，这样就可以大大地提高资金的使用效率。在制订审计计划时，要对绩效审计进行中长期计划。使得绩效审计有步骤、有计划地进行，同时，在编制计划时，要有重点、有针对性，并且合理地安排人力资源，避免将任务进行重复安排。此外，还要保存好审计资料。在制定审计准则时，应该将政府的审计准则分为绩效审计准则和财务审计准则，然后制定各自的报告准则、作业准则和审计内容，对政府部门实行绩效审计，需要建立科学系统的绩效审计体系。在审计程序上，如果单纯地实施绩效审计，那么就要充分收集以往财务审计中的审计证据；如果绩效审计和财务审计同时进行，那么除了要收集财务资料以外，还要搜集各种调查表、决策和各种制度规定。在审计方法和技术方面，绩效审计可以沿用财务审计的一些方法；在审计人员方面，应该加强对绩效审计人员的培训，使绩效审计人员的知识更加全面。

二、财务审计与内部控制审计整合

将财务报表审计与内部控制审计进行整合是当前内部控制审计的主要形式和普遍方法，其对于降低审计成本、提高审计质量、控制审计风险具有十分重要的意义。

（一）整合审计概述

1. 整合审计的起源

整合审计的概念起源于两项审计准则 ASNO2 与 ASNO5。ASNO5 相对于 ASNO2 的不同在于进一步优化了相关的审计方法，强调穿行测试的重要性，增加对舞弊控制的评价。

整合审计是指会计师事务所对被审计单位的财务报表与内部控制同时进行审计。会计师事务所将两项审计业务统一规划流程，删减相互重复的审计事项，以提高审计的工作效率。

（1）整合审计的主体

目前，有关整合审计主体主要存在以下三种观点：

第一种，同一事务所的同一项目组。

第二种，同一事务所的不同项目组。

第三种，不同事务所的不同项目组。

三种模式如果仅从审计目标的实现角度来看都有明显的优势和劣势，但是如果考虑我国国情、文化背景、企业实际运行状况、经济承受能力以及会计师事务所和CPA独立性、业务能力等因素，则需要重新进行选择性分析。

（2）整合审计的对象

会计师事务所接受了被审计单位股东的委托，会对被审计单位的财务报表和内部控制进行审计。因此，整合审计的对象是被审计单位的财务报表和与财务报表相关的内部控制。

（3）整合审计的目标

整合审计主要强调两类审计要同步进行。所以，整合审计的最终目标也应分为两点：首先，对财务报表的合规性、公平性和真实性进行全方位的评估；其次，对内部控制是否有效进行评估。

2. 整合审计的理论基础

（1）成本效益权衡理论

成本效益权衡理论是一种权衡投资成本与收益后作出投资决策，以寻求在投资活动中以最低成本获取最大效益的经济决策方法。成本效益权衡理论可用于整合审计的成本效益分析：分开实施内部控制审计和财务审计，将会导致审计时间延长，极大地影响被审计单位的经营活动而实施整合审计，不仅将节省大量人力、物力和审计时间，而且可以大幅减少对被审计方的影响。显然，整合审计效果更好。

（2）协同效应理论

协同效应又称为增效作用，即让各组分有机组合，从而让其发挥出的作用大于各组分简单的叠加，即"1 + 1 > 2"。

由于财务审计与内控审计的审计结果可以相互印证，整合审计可以起到优化审计质量、减少审计费用的作用。整合审计的协同效应主要呈现在下列两点：

①内部控制审计工作的结果可以作为衡量内部控制有效性的关键性指标。倘若内部控制具有有效性，便能够减少财务审计中需要实施的实质性测试。

②开展财务报表实质性测试工作以后，其结果可以作为衡量内部控制审计是否有效的关键性指标。倘若财务报表中的数据不具有真实性，那么就表明与财务报表具有关联性的一系列内部控制存在很大的问题。所以，财务审计与内控审计之间存在协同效应，整合审计有助于提高审计效率和效果。

（3）权变与权衡理论

从权衡理论的角度来说，人们在进行经济业务活动的过程中会权衡、协调个人目标与组织目标的关系，使其保持一致性。从权变理论的角度来说，企业发展的环境是不断变化的，因此，企业的管理活动需要适应不断变化发展的环境。根据对上述两个理论的理解，整合审计的最终目的在于实现财务信息的公允性、合规性以及维护会计信息使用者的合法权益，这有利于企业良好信誉的建立。外部经济环境是不断变化的，整合审计符合各利益相关者的需求。因此，从权变与权衡的角度来看，整合审计是合理的。

3. 我国实施整合审计的必要性

（1）可以提高审计的工作效率

内部控制审计和财务报表审计是相辅相成的，能够相互弥补各自的不足。内部控制审计采用自上而下的审计方法测试关键控制点，当发现内部控制存在重大缺陷时，会加强对经济业务和对应账户的测试；财务报表审计如果发现认定层次的账户余额、交易和信息披露存在错报，相应地可以反映出关键控制点可能存在一定的内部控制缺陷。整合审计的执行，提高了审计实施的效率、效果，可以保证企业经营活动的顺利进行。

（2）能够降低审计成本

如果不采用整合审计，那么两种审计需要企业委托不同的会计师事务所进行，在一定会计期间，企业需要披露两种审计报告的年度财务报告，这无疑会导致被审计单位审计准备工作量大幅增加，审计费用也会上涨，审计资源会不同程度地被浪费，较之培训成本和人员选拔配备成本增加而言，整合审计的节约费用远远超过于此。

（二）财务审计和内部控制审计的整合

1. 两类审计业务的整合事项

（1）重要性水平的整合

由于财务审计和内部控制审计的对象是同一家公司，内部控制的重要性水平将根据财务报表的重要程度来决定。也就是说，如果内部控制的结果导致财务报表出现重大错报，则认为该内部控制缺陷显著。因此，审计人员可以直接从财务报表的重要性水平确定内部控制的重要性水平。

（2）风险评估整合

风险导向审计模式下，内部控制审计和财务审计都要求执行风险评估程序。虽然这两种风险评估的目的、执行的对象、得到的结论是不一致的，但两类审计风险评估是一种前后承担关系。

在风险导向的财务审计中，审计人员首先调查、了解企业的外部环境和内部环境，识别影响企业经营活动的风险，评估内部控制对经营风险的防范效果，以及剩余经营风险对期末资产、负债的影响程度；其次，检查企业是否设立了有效的内部控制制度，确保会计信息系统及时录入该会计事项，即剩余经营风险对期末资产、负债的影响；再次，检查会计信息系统的内部控制是否有效，确保企业当期的所有交易业务按照现行会计准则及时、准确、真实记录，以确保账户的期末余额账实相符；最后，根据内部控制评估的结果，针对内部控制在防范财务报表错报风险方面的不足，判断该内部控制缺陷是否会导致财务报表出现重大错报。从财务报表风险评估流程可以看出，前三个步骤与内部审计风险评估的流程完全一致，第四个步骤则是基于内部控制评估结果而实施的。

当然，采用其他分析性程序也可以对财务报表的重大错报风险进行识别。当使用其他分析性程序识别出财务报表错报时，审计人员可以根据财务报表错报的原因追查出企业内部控制的重大缺陷。因此，整合内部控制审计和财务报表审计的风险评估不仅可以节省审计时间，还可以优化审计质量。

（3）审计方式整合

当处于合理的内部控制设计情形下，内部控制审计需要对内控进行测试以获取执行的有效性，以判断其是否得到认真实施。但是，基于综合考虑审计效率和审计效果，审计人员在进行财务审计时既可以单独采用实质性测试方案也可以采用实质性测试与控制测试相结合的综合性方案。

由于内部控制审计需要执行控制测试，整合审计应当采用实质性测试与控制测试相结合的综合性方案。此时，内部控制审计的审计结论可以充分运用于财务审计中，当内部控制审计的结论表明内部控制有效时，审计人员可减少财务审计实质性测试的数量，从而达到降低审计成本的目的。

（4）审计时间与审计资源的整合

由于人力资源有限，会计人员的审计计划可以根据审计目标、审计风险、获取审计证据的可能性来合理布置内部控制审计和财务审计的时间。一般情况下，内部控制审计主要安排在期中实施，财务审计主要安排在期末执行。

2. 不宜整合的审计事项

不宜整合的事项包括审计目标和审计报告。主要原因在于：

①鉴证对象不同。财务审计鉴证的对象是财务报表及报表附注，而内部控制审计鉴证的对象是内部控制制度；

②评价鉴证对象的标准不同。财务审计采用的评价标准是适用的财务报表的编制基础，而内部控制审计采用的评价标准是适用的内部控制规范；

③审计报告内容不同。财务审计是对财务报表是否合法、公允发表意见，而内部控制审计是对内部控制是否有效（保证财务报告免于出现重大错报）发表意见。

对于不适合整合的事项，审计人员应当分别为财务审计和内部控制审计确定审计目标，并分别出具审计意见。

（三）研究建议

1. 政府监管层面

为了完善整合审计以及规范我国整合审计制度，我国政府需要出台相关文件进行完善。

2. 会计师事务所层面

对于注册会计师而言，整合审计的出现对其专业技能提高了要求。事务所不仅要对注册会计师进行常规的如会计、审计的专业技能和执业经验等方面的培训，还应加强有关政策新规、企业的管理与运行方面的培训，从整体上提高审计人员的职业判断能力，将理论上的整合审计思路和流程与实务工作相结合，使整合审计质量进一步提升。

三、社会监督与财务审计的客观性

（一）财务审计的准确定位

所谓财务审计就是审计机关对国有企业的资产、负债的真实性、准确性、合法性进行严格的审计监督，其监督过程遵守国家企业财务审计准则所规定的程序，由此对企业的会计报表信息作出真实、客观的评价，并由此形成审计报告。其审计目的便是使得企业财务部门有效遵守规定，依法办事。

（二）财务审计的遵循目标

①准确性：指对报表项目通过分析、汇总，准确地列入会计报表中。

②合法性：要求财务报表的结构、程序与内容等方面都严格遵守国家相关法律，其中包括对成本计算、报表合并、存货计价、销售确认等方面进行有关部门的批准，检查是否有违规项目。

③完整性：保障会计账簿内容里记录了在会计程序中发生的一切事情，并且在会计报表中完整列入，防止某些记录的错误与遗漏以及对审计部门的有意隐瞒。

④真实性：指在财务账簿中的记录都具有真实性，确保在会计期间真实发生过、与账户记录相同，保证没有虚报资产与虚无的收入和支出现象的发生。

⑤公允性：指在会计数据的处理过程中，必须保证前后所使用的数据一致，且在各项目间与会计报表间所使用的相关财务数据保持一致。

（三）财务审计与社会监督的现状

1. 社会监督力度相对薄弱

由于如今的经济全球化趋势的发展，导致更多的企业面临的挑战性逐步增大：更多企业不重视对自我的监督力度，同时社会也没有足够的重视程度。在企业财务的各种程序中，往往出现财务浪费现象、财务账目混乱的局面。

2. 社会监督部门执法力度不严

对于企业内部监督部门而言，常常出于对本单位的名誉利益进行维护，虚假报账、变相隐瞒实情、项目暗箱操作、财务账目不准确等问题频频出现，尤其是对于外来财务监督审核或上级审查单位，往往瞒天过海。这样的行为并不是有利于企业的发展，而是进一步滋生不良现象，是一种监守自盗的行为。而对于外来监督而言，没有严格的打击力度，且有时并不能严格按照惩罚制度实施措施，同时间接导致企业内部审查人员的重视程度下降。

3. 企业内部财务审计不规范

一套合理、科学的制度体系必不可少，对于企业内部的用人制度、审核制度、财务制度、监督制度都需依据自身的发展进行制定，保障其可行性。既然有了完善的制度，就不能缺少规范的制度实施，尤其是对于财务的审核方面。出现纰漏的原因首先是由于审核人员的不规范执行，不能规范地对固定资产、收入、支出等进行审核或录入；其次对单位财务流动的情况生疏、没有良好的专业素质、没有较强的法律意识都是导致操作不规范的直接因素，也同时提醒了单位对专人专岗的落实程度需不断加强。

（四）社会对财务审计监督如何实施

1. 对审核与监督人员用人力度加大

大力建设财务管理、监督人员队伍，首先需制定完善的用人制度，现在虽然初级审计师不缺乏，但中级或高级审计师却比较短缺。对于企业财务来说，初级审计师远远不够，要想合理完善监督过程，首先必须配备足够的管理人员；其次明确用人要求，在每次的用人审核过程中，不仅对其专业知识技能进行审核，还需要观察其实践能力。

财务监督操作与理论密不可分，尤其是在财务账目的审核、现金流动等方面，需足够的实践能力，要在既能保障时间的条件下，保障审核质量。另外在人事调配过程中，需因人而异，根据不同人员的擅长方向不同，安排其合适的岗位，各司其职，相互配合，只有这样才能保障财务系统的有序进行，防止国有资产浪费。

2. 建立健全人员审核、培训制度

要提高管理人员的整体素质水平，审核、培训制度必不可少。培训制度包括对专业知识培训、实践能力培训、创新能力培训、思维模式培训、法律意识培训、管理意识培训等。这些方式不但可以有效对专业知识进行培训，还可以架起同事及下级与上级间的沟通桥梁。

3. 财务监督体系进一步完善

为了加强企业的财务监督力度，建立健全财务与监督机制，需保障人员岗位的合理性，明确财务工作中每个岗位的负责人员，落实到个人，保障发生纰漏时能够准确找到负责人员进行有效改正，以防止推卸责任的现象出现。在加强内部审计工作制度中，要规范财务审批程序，对国有资产的审核制度进行强化，尤其是对于资产的使用情况进行监管，不定时进行盘查，提高工作人员的警觉性，防止违法乱纪的行为出现。同时加强社会与媒体等的监督力度，配合企业内部完成审查程序。

四、财务审计中管理效益审计的延伸

（一）财务审计向管理效益审计延伸的意义

1. 提高企业管理水平

企业管理是指对企业活动的计划、组织、协调与控制，有效的企业管理工作能够提高员工的工作积极性，增强企业实力，提高企业的竞争力，进而提高企业盈利能力。管理问题会导致企业运行不畅，因此要想充分发挥管理的作用，就要充分利用管理效益审计工作，及时发现管理中存在的问题，并发现问题的根本原因，从根本上消除这些降低管理水平的因素。管理绩效审计有利于提高企业的管理水平，帮助提高企业的经营效益，

因此，财务审计工作向管理效益审计延伸十分有必要。

2. 有利于财务审计的发展

财务审计中加强管理绩效审计有利于财务审计工作的提升和发展。审计工作的重要职能就是对企业的经营状况进行公平的审计，客观地评价企业的经营活动，为企业接下来的决策提供有效依据，以及及时发现企业运营中的不足，促进国有企业的持续健康发展。随着竞争的加剧，传统的财务审计已经不能满足企业长期发展的需要，而应该立足企业实际情况，从长远出发，对企业总的管理情况和企业的竞争环境进行综合考虑，这就需要借助管理效益审计工作。

（二）财务审计向管理效益审计延伸的有效途径

1. 找准延伸工作的切入点

财务审计在向管理效益审计延伸时要找准切入点，管理效益审计工作包含对企业生产经营活动的计划、组织、协调与控制，工作范围十分广泛，在进行延伸时，不要一揽子全包，而是要找准切入点，采取逐步延伸过渡的方式。在延伸阶段初期，要坚持量力而行的原则，先易后难，依据企业自身的实际运营情况以及审计工作人员的自身工作素质，找到适合本企业审计工作的转变模式，先在某个环节进行审计工作的延伸，在取得一定的成效之后再全面展开，这样可以在最大限度上提高延伸过程的顺利程度。

2. 财务审计与管理效益审计相结合

财务审计在向管理效益审计延伸时，要将财务审计和管理效益审计工作进行结合。管理效益审计是在财务审计工作基础上的更高层级的审计，是财务审计的一种特殊模式，它不仅具有财务审计的核算功能，还具有免疫功能，能够帮助企业规避一定的风险。管理效益审计不能凭空进行，它需要财务审计的财务数据，因此，只有保证财务审计数据的真实性和可靠性，才能向管理效益审计延伸。财务审计报告是财务审计工作的重点，其中企业利润是衡量企业管理效益的关键性指标，因此，必须将两者进行有机结合，在财务审计结果准确性的基础上保证管理效益审计的科学性。

3. 完善审计工作流程、健全激励机制

财务审计在进行的过程中程序简单，结果也是比较明显的，可以很快就得到反馈，所以财务审计人员在工作的过程中就可以获得快速的成就感，也可以通过快速的反馈来改进自己的工作。管理效益审计则不同，它与财务审计的侧重点不同，在工作的过程中，工作结果的反馈也没有那么明显，但是一个良好的管理效益审计建议可以给企业带来很大的经济效益。由于员工得到的反馈不明显，所以在进行管理效益审计的时候需要完善审计工作流程，不断健全激励机制，保障管理审计人员的利益。在进行审计工作的时候，管理者可以在一定程度上侧重管理效益审计，引导员工在管理效益审计上下功夫，这样可以促使员工进行管理效益审计，从而保证管理效益审计的工作。

4. 提高工作人员工作素质

审计工作涉及很多经济活动，并且涉及很多专业知识，在审计的过程中审计人员还要保持谨慎、仔细的心态，这样才能在最大限度上保证审计结果的准确性，也才能为管理者制定决策提供有力的依据。审计人员掌握多方面的专业知识对审计工作是很有益处的，所以财务审计和管理效益审计人员要不断学习相关的专业知识来提高自身的素质。审计人员只有通过持续学习，不断拓宽自己的眼界和知识领域，才能从容应对审计过程中出现的各种问题，从而保证审计结果的准确性。

五、企业财务审计与成本控制

企业是以营利为目的的，利益的最大化是企业的目标，所以适当地减少不必要的成本对企业的发展是很有必要的，而当今社会市场竞争越来越激烈，企业如何有效地控制成本以追求利益的最大化也是企业发展的重要途径之一。为此，应该采取有效的措施将企业财务审计与成本控制联合起来，提高企业的经济效益，增强企业自身在市场中的竞争力。

在企业中，财务审计是财务管理的一部分，是对企业的财务账目、经营状况进行审核，而成本控制是企业对生产、运营等成本进行控制，这两者看起来似乎联系不大，但其实在企业的运转中，财务审计与成本控制具有很强的内在关联性，它们两者工作内容不同，但是归根结底它们的目标都指向企业资本，努力实现企业利益的最大化。

（一）企业财务审计与成本控制之间的关系以及面临的问题

1. 企业财务审计与成本控制的关系

企业的财务审计可以为企业资金提供一个有效的保护屏障，只要投资就会有风险。资金对一个企业来说就是血液，投资必然会有付出和收益。通过审计活动进行合理的预算，再对资金的流量和流向实施监控，这样使付出与收益达到一个相对平衡的状态，从而可以在功能范围内为成本控制提供合理化的建议，提高公司的效益。

2. 成本控制与成本财务审计的问题

现在社会发展日新月异，企业的发展与国家市场政策紧密相关，市场上的竞争压力越来越大，行情也在持续变化中，财务审计可以帮助企业作出正确的决定，所以企业的审计也就显得格外重要了，受各方面条件的影响导致企业经营的持续性差，企业营销的这种不稳定性给财务审计的工作带来巨大的困难，这是外部环境的因素。有些企业的财务审计工作自身存在问题，很多公司的财务审计以查找数据错误为借口，而且有时候会出现事后审计多，事前事中审计少，并且在审计中重点不突出，内容不全面，不能把握全局，就很难发现有针对性的问题，也就不能为企业提供有价值的建议。审计的工作量比较大，工作人员通常为了省事不愿意进一步进行数据分析，久而久之，就形成一种不好的思维方式，这也是当下审计工作中需要解决的问题。

（二）提高财务审计和成本控制的有效措施

1. 财务管理下进行有效的成本控制

财务部门是企业的重要部门，几乎每一个企业都会给财务部门大量的人力、物力以及财力的支持，定期进行审计工作可以有效地保证财务部门的正常运转，从而推动企业的发展。财务审计与成本控制没有直接明显的联系，它们是通过财务管理紧密地结合在一起的。有的企业在成本预算时将之与财务部门分离，要摒弃这种旧的模式，应该将二者紧密结合，在对资本进行明确的预算时，财务部门可以安排专门的人员对成本控制的资本预算进行审计，这不仅可以使成本预算更加科学，也有利于财务部门日后的具体工作，防止不必要资金浪费现象的发生。

2. 采用绩效管理和岗位责任制的新模式

财务审计与成本预算虽然在理论上是企业的两个不同的分支，但是在实际工作中有很多工作内容是紧密联系的，所以要明确责任制，任务要有效地分配到个人，员工之间也需要进行有效的交流与沟通，这就能有效地避免工作重复和浪费人力物力财力上的资源。将审计工作和成本控制的相关工作具体分配到个人后明确责任制，进行绩效管理，这样工作人员在明确工作目标后为了提高个人业绩，同时会提高积极性和工作效率。

六、区块链技术与财务审计

（一）区块链概述

所谓区块链就是一个基于网络的分散式数据库，它具有去中心化的特点，数据库是由网络连接节点所共享，可以由使用人及时更新，同时还可以对所有网络节点进行监督。区块链并不是一种单纯的技术创新，而是实现了各个技术的融合，例如，将密码学技术、数学技术以及经济学技术紧密结合在一起，同时运用点对点的网络形式建立起信任关系，成为一个不需要基于彼此信任，也不需要一个统一的中心化结构就能够独立运营的分散式系统。

区块链中包含有许多网络节点，每个网络节点在确认之后，其数据会不断更新，通过一个又一个的节点将新数据记录下来并且进行传输，其他节点在接收到新信息之后会对数据信息进行核对，分析数据是否真实。在所有节点都完成数据验证之后，该数据就被正式储存在一个单独区块之中，所有节点都可以通过区块共识机制单独对数据进行审核。区块链的一个重要核心就是去中心化，它是一种分布式的账簿，系统不再依赖于统一管理核心，每个节点都会进行自我管理，实现数据分布式记录、储存和更新。除此之外，区块链上的数据对于各个用户透明公开，每个数据都是由所有用户集体维护，使整个区块链稳定高效地运行，数据信息不易被篡改。一般而言，区块链具有以下几方面特点：

第一，数据不可篡改。区块链上的区块是一个相互联系的体系，如果某个区块数据更改，后续区块也必然会受到影响，所以篡改数据难度非常大，可以有效保证财务数据的真实性。

第二，分布式储存。在区块链体系之中，每一个节点都是独立节点，独立完成数据演算，独立地进行数据更新。如果一个节点出现问题，整个系统并不会瘫痪，这种特征显著增加了系统稳定性。这种分布式框架不仅会降低信息鉴别成本，同时还可以有效保障数据安全性。

第三，匿名性。目前，区块链所有产品地址都是由公开密钥算法生成，并不需要提供其他识别信息，可以有效保障支付安全性，满足了个人以及企业需求。

第四，自动网络共识。在传统交易中，各方达成共识需要签订一系列确认协议。在使用区块链后，拥有密钥的用户凭借自身信息就可以验证财产所有权，同时还可以通过程序定制资产管理方式，这种机制在商业领域和财会领域运用必将有助于提高这些领域的工作效率。

（二）区块链技术推动财务领域理念革新和技术进步，财务关系发生变化

财务关系主要是指资金运转过程之中所表现出来的经济关系，通过使用区块链技术中的现代密码学技术以及分布数据库技术等，可以实现企业内部数据串联，通过大协作机制实现比以往更加复杂的财务运作。在传统商业交易中，交易常常是以货币作为媒介，而现代企业更多的是使用电子货币进行交易，企业与企业之间的关系就变成了大数据之间的关系，即区块链关系。

1. 方便企业融资

为了有效地控制风险，银行常常更愿意将贷款发放给大型企业。通过使用区块链技术，银行可以在公开透明的环境下对数字票据进行分割和转移操作。在这种操作模式下，所有银行系统中的信贷变得具有可追溯性，同时也具有可传导性，可以为无法获得融资的中小企业提供机遇，同时也可以有效地提升票据流转效率，降低企业融资成本。

2. 有助于加强企业内部控制

基于区块链技术中的会计特点，人们可以将特殊协议植入私有区块链中，用以完善财务系统。在系统中，会计人员可以设置访问权限，内部审计人员可以通过访问财务数据了解公司财务状况，银行等第三方机构也可以通过使用权限看到企业的真实财务状况。

3. 有助于降低跨境支付成本

传统支付方式中包含有许多不同的中间环节，这些中间环节会消耗大量资源，程序烦琐，同时也需要第三方参与配合。通过使用区块链技术，人们可以采用点对点的方式完成跨境支付，只要使用任何一个商业银行接入系统就可以实现双方的点对点交易，以此来降低交易成本。在"一带一路"环境下，企业可以大量使用区块链技术保证与沿线国家之间的金融往来。但是，由于沿线国家大部分都是用美元结算，在结算过程中必然会面临着汇率波动以及信用等各项风险。通过使用区块链技术可以创建一个完全虚拟的货币系统，消除跨境支付中可能涉及的复杂流程，这样不仅可以显著提升交易效率，同时还可以有效避免来自各方面的风险。

4．可以降低财务工作作业成本

企业财务核算与监督包含有多种不同的工序，每一种工序都需要一定成本运营。为了确保企业财务工作高效运转，同时也确保各项信息真实、可靠，我们可以充分利用区块链技术中的无中心性特点降低财务作业的工序数量，节约作业时间，使得交易在透明安全的环境下完成。

（三）区块链技术对审计领域的影响

1．审计证据出现变化

由于区块链技术的出现，传统审计证据已经不再适用新技术的要求，审计证据已经悄然发生变化。在区块链技术影响之下，企业之间的交易不再需要传统线下交易，企业可以通过网上进行交易，相互之间的证据也变成了非纸质性数据证据。因此，审计重点已经不再是传统线下纸质审计，而是对区块间数据链的数据跟踪审计。

2．审计程序出现变化

传统审计程序始于确定目标，终于发表审计意见，其中包含有制订计划以及执行审计等各项流程。在区块链技术影响之下，区块链技术下的审计主要是通过技术跟踪手段对数据的准确性和客观性进行审计。

3．有助于提高审计效率，降低审计成本

基于区块链审计比传统审计更加高效，区块链技术可以确保审计的完整性，同时还可以确保审计的客观性，有助于达到审计目标。基于区块链技术审计可以解决传统证据审计不及时的现象，还可以更好地满足公众对审计证据真实性和准确性的要求。与此同时，在区块链技术影响下，各个区块之间数据可以连接在一起实现数据共享追踪，而这种共享追踪维护成本非常低廉，最终有助于降低审计成本。

4．内部控制内容和方法不同

在传统审计模式之下，审计更多的是以制度作为基石，大量使用概率统计技术进行抽样审计。但是在区块链的技术下，人们可以通过计算机来提高审计效率。虽然通过计算机可以提升审计效率，但是计算机本身也存在安全性问题，为此，区块链下的审计风险依旧客观存在，人们需要重视加强系统安全维护，注重操作人员监督，加强内部职能分工，作好事后评估，加强对审计过程的实时监控。

5．区块链技术实现了信息的高速复向，有助于降低信息出现不对称的现象

对于审计人员来说，审计人员可以获得每个区块节点的数据，这些数据已经确认之后不得随意更改，保证了数据本身的完整性和真实性。与此同时，区块链的共识机制也避免了数据被篡改的可能，使审计人员可以快速发现数据中出现的舞弊行为，提高审计质量。

（四）区块链技术在财务和审计领域的应用展望

为了加强区块链技术在财务领域和审计领域的应用，本文提出以下展望。

1. 加强重视程度，提高对区块链技术的认知

目前，很多单位的财务工作人员对区块链技术并不了解，一些财务人员存在着畏难的情绪，并没有发现区块链技术给财务和审计带来的巨大红利，也没有认识到区块链技术对于企业发展的重要意义，因此并没有积极地将区块链技术运用到自身的工作中。为此，工作人员需要加强对区块链技术的认知，了解区块链技术的特点，了解区块链技术给审计以及财务领域带来的变革，加强区块链技术在财务审计领域中的应用。

2. 加强工作人员的培训，进一步提升区块链技术在财务和审计领域中的应用

为了使区块链技术更好地运用于财务审计领域，公司需要加强工作人员的培训，使工作人员可以认识到区块链技术的本质，同时也可以将区块链技术熟练地运用于财务审计之中，以便提升区块链技术在公司中的运用程度，做好公司财务审计管理工作，提高公司的发展效益。

3. 通过区块链技术实现财务审计与业务的融合

对于任何一家公司而言，财务审计工作常常是以业务作为基石。因此，公司可以通过区块链技术加强财务审计与业务之间的融合，以提高区块链技术在业务中的使用，同时加大财务审计的范围和质量，以便更好地提高公司财务审计质量。

第六章 长期股权投资

第一节 长期股权投资相关的基本概念

一、权益投资的定义及分类

长期股权投资又称权益性投资，就是通过支付对价取得被投资企业的股份或股权，享有一定比例的权益份额所代表的资产。对价可以是现金，也可以是非货币性资产，如固定资产、无形资产、存货等。

股权投资从大的范畴上来说属于"金融工具"，但是需根据投资方对被投资企业能够施加影响的程度，进而判断其盈利的模式，以对股权投资作进一步分类。

（一）长期股权投资（成本法）

如果投资方能够控制被投资企业，则形成长期股权投资，在个别报表中应用成本法进行后续计量，并且需要合并报表，即将子公司的资产、负债并入到到企业集团的合并资产负债表，将子公司的利润表并入到集团的合并利润表。在此，控制是根本。

（二）长期股权投资（权益法）

如果是投资方能够施加重大影响的联营企业或者共同控制下的合营企业，则形成长期股权投资，应用权益法进行后续计量，在个别报表中，长期股权投资将随着联营企业或合营企业权益的变化而变化，被投资企业的权益（净资产）发生变化，投资企业的长期股权投资也发生同比例的同向变化。

（三）金融资产（公允价值）

如果不属于上面两种情况（控制、共同控制或者重大影响），应当按照金融工具确认，应用公允价值进行后续计量。

按照最新适用的金融工具确认和计量准则，将其分类为金融工具的权益工具有两种：

第一种，属于交易性的权益工具分类为"以公允价值计量且变动计入当期损益的金融资产"，以公允价值进行初始和后续计量，初始交易费用计入投资收益，已经宣告但尚未发放的现金股利确认为应收股利，其对应的会计科目为"交易性金融资产"。

第二种，属于非交易性的权益工具可以分类为"以公允价值计量且变动计入当期损益的金融资产"，其对应的会计科目为"交易性金融资产"；也可以分类为"为以公允价值计量且其变动计入其他综合收益的金融资产"，而且一旦指定就不可撤销，其对应的会计科目或者列报项目为"其他权益工具投资"。以公允价值和初始费用之和作为其投资成本，后续公允价值的变动计入其他综合收益，未来处置时，累计计入其他综合收益的公允价值变动转入留存收益。

二、联营企业投资的定义及判断

（一）联营企业投资的定义

联营企业投资是指投资方能够对被投资企业施加重大影响的股权投资。

这里的"重大影响"是指投资方对被投资企业的财务和生产经营决策有参与决策的权利，但并不能控制或与其他方一起共同控制这些政策的制定。投资方有权力参与被投资企业的财务和生产经营决策，但并不要求投资方一定要行使这项权利；换言之，不管投资方是否行使这项权利，只要行使参与财务和经营决策的权利没有实质障碍，存在着现时的权利，均视为能够对被投资企业施加重大影响。

（二）重大影响的判断

一般而言，在董事会或类似机构派有代表，股权比例在20%～50%，我们可以认为是重大影响。但是不能笼统地这样进行判断，还要根据准则进行实质性判断。

根据实质高于形式的原则判断是否存在重大影响，企业通常可以通过以下一种或几种情况进行判断：

1. 股权比例在20%～50%

（1）从股权比例来看，投资方在直接或是通过子公司间接持有被投资企业20%以上但低于50%的表决权股份时，一般认为对被投资企业具有重大影响，除非有确凿的证据表明投资方在该种情况下不能参与被投资企业的生产经营决策，则不形成重大影响。

但是，20% 的比例不是绝对的比例，仅是一个参照，例如，虽然持股比例为10%，但是可能也会对被投资企业施加重大影响。

（2）"重大影响"的定义，强调能够对被投资企业施加重大影响，即具有重大影响的现实能力，所以，在判断重大影响时，应综合考虑现时的和潜在的因素：一方面是投资方自身持有的股权和通过子公司间接持有的股权；另一方面是投资方或其他方持有的可转换为对被投资企业股权的其他潜在因素影响，该类潜在因素通常包括被投资企业发行的当期可转换的认股权证、股份期权及可转换公司债券等的影响。但是，在应用权益法核算时，不考虑潜在因素的影响。

2. 在被投资企业的董事会或类似权力机构中派有代表

实务中，较为常见的重大影响体现为投资方在被投资企业的董事会或类似权力机构中派有代表，通过在被投资企业财务和经营决策过程中享有的发言权实施重大影响；反之，即使派有代表，但是在被投资企业财务和经营决策过程中没有发言权，或者有发言权但是根本不被采纳，则不能判断为有重大影响。

3. 参与被投资企业财务和经营政策，包括股利分配政策等的制定

参与政策的制定过程，可以从自身利益考虑提出建议和意见，进而影响到自身利益，从而对被投资企业有重大影响；如果参与政策制定过程，但是所提的建议和意见不被采纳，或者参与制定的政策与财务和经营没有关系，则没有重大影响。

4. 与被投资企业之间发生重大交易

注意，这里的交易是重大的，即对被投资企业的日常经营具有重要性，进而在一定程度上可以影响被投资企业的生产经营决策；反之，如果交易不是重大的，被投资企业对投资方没有依赖关系，则可能没有重大影响。

5. 向被投资企业派出参与生产经营决策的管理人员

注意，派出的管理人员有权力并负责被投资企业的财务和经营活动，进而对被投资企业施加重大影响；反之，如果派出的管理人员并不能参与被投资企业的财务和经营决策，则可能没有重大影响。

6. 向被投资企业提供关键技术资料

注意，这里的核心是"关键"技术资料，被投资企业由此对投资方形成依赖，表明投资方有重大影响；如果投资方仅是向被投资企业提供一般性的、很容易被替代的技术资料，则可能没有重大影响。

三、合营企业的定义及判断

（一）合营安排的定义和特征

合营安排是指由两个或两个以上的参与方共同控制的安排。合营安排的主要特征包括：各参与方受到该安排的约束；两个或两个以上的参与方对该安排实施共同控制。

1. 各参与方受到该安排的约束

（1）合营安排通过相关约定对各参与方予以约束。

相关约定是指据以判断是否存在共同控制的一系列具有执行力的合约。一般来说，相关约定可以是明确的契约，也可以是法律形式本身所隐含的有效约束。

①从形式上来看，相关约定通常包括合营安排各参与方达成的合同安排，如合同、协议、会议纪要、契约等，也包括对该安排构成约束的法律形式本身。

②从内容上来看，有关约定可能涵盖以下方面：对合营安排的目的、业务活动及期限的约定；对合营安排的治理机构（如董事会或类似机构）成员的任命方式的约定；对合营安排相关事项的决策方式的约定，包括哪些事项需要参与决策、参与方的表决权情况、决策事项所需的表决权比例等内容，合理安排相关事项的决策方式是否存在共同控制的重要因素；对参与方需要提供的资本或其他投入的约定；对合营安排的资产、负债、收入、费用、损益在参与方之间的分配方式的约定。相关约定约束的内容包括但不仅限于以上内容的约定。

（2）当合营安排通过单独主体达成时，该单独主体所制定的条款、章程或其他法律文件有时会涵盖相关约定的全部或部分内容。

（3）单独主体是指具有单独可辨认的财务架构的主体，包括单独的法人主体和不具备法人主体资格但被法律所认可的主体。

①单独主体不一定具备法人资格，但必须具有法律所认可的单独可辨认的财务架构，确认某主体是否属于单独主体，必须考虑适用的法律规定。

②具有可单独辨认的资产、负债、收入、费用、财务安排和会计记录，并且具有一定法律形式的主体，构成法律认可的单独可辨认的财务架构。

2. 两个或两个以上的参与方对该安排实施共同控制

任何一个参与方都不能够单独控制该安排，对该安排具有共同控制的任何一个参与方均能够阻止其他参与方或参与方组合单独控制该安排。

（二）共同控制及其判断

合营安排的一个重要特征是共同控制，是否存在共同控制是判断一项安排是否为合营安排的关键。要认定一项安排是否为合营安排，需要准确把握"相关活动""集体控制""共同控制""参与方"等概念。

1. 共同控制、控制与重大影响的比较

（1）共同控制与控制

共同控制不同于控制，共同控制是由两个或两个以上的参与方实施的，而控制只由单一参与方实施。

（2）重大影响与共同控制

重大影响也不同于共同控制，享有重大影响的参与方只拥有参与安排的财务和经营决策的决策权，但并不能够控制或者与其他方一起共同控制这些政策的制定。

（3）共同控制

共同控制：按照相关约定对某项安排所共有的控制，并且该安排的相关活动必须经过分享控制权的参与方一致同意后才能决策。

（4）控制

控制：投资方拥有控制被投资方的权力，通过参与被投资方的相关活动而享有可变回报，并且有能力运用对被投资方的权力影响其回报金额。

（5）重大影响

重大影响：投资方对被投资企业的财务和经营政策有参与决策的权利，但并不能够控制或者与其他方一起共同控制这些政策的制定。投资方能够对被投资企业施加重大影响的，被投资企业为其联营企业。

2. 共同控制的判断原则

要判断是不是共同控制，还需要进一步判断：首先，判断该安排是否由所有参与方或参与方组合集体控制；其次，判断该安排相关活动的决策是否必须经过这些参与方一致同意。

（1）相关活动

相关活动：对某项安排的回报产生重大影响的活动。

某项安排的相关活动应当根据具体情况进行判断，通常包括商品或劳务的销售和购买、金融资产的管理、资产的购买和处置、研究与开发活动以及融资活动等。

为了确定相关约定是否赋予参与方对该安排的共同控制，主体应首先识别该安排的相关活动，然后确定哪些能够赋予参与方主导相关活动的权利。

（2）集体控制

如果所有参与方或一组参与方必须一致行动才能决定某项安排的相关活动，则称所有参与方或一组参与方集体控制该安排。集体控制有两个重要特征：第一，集体控制不是单独一方的控制，即集体控制的参与人数至少有两个；第二，集体控制是参与方数量最少的组合。

①集体控制不是单独一方的控制。集体控制是所有参与方或一组参与方对安排进行控制，也就是说参与方数量多。如果某一个参与方能够单独主导该安排中的相关活动，则为控制；如果一组参与方或所有参与方联合起来才能够主导该安排中的相关活动，则为集体控制。在集体控制下，不存在任何一个参与方能够单独控制某安排，而是由一组参与方或所有参与方联合起来才能控制该安排。

②集体控制是参与方数量最少的组合。尽管所有参与方联合起来一定能够控制该安排，但在集体控制下，集体控制该安排的组合指的是那些既能联合起来控制该安排，又使得参与方数量最少的一个或几个参与方组合。"参与方组合"仅泛指参与方的不同联合方式，并不是一个专门的术语。

（3）相关活动的决策

在参与方组合集体控制该安排的前提下，当相关活动的决策要求集体控制该安排的参与方一致同意时，才存在共同控制。也就是说，存在共同控制时，有关合营安排相关活动的所有重大决策必须经享有控制权的各方一致同意。"一致同意"保证了对合营安排中具有共同控制的任何一方都有权利阻止其他参与方在未经其同意的情况下，就相关活动单方面作出决策。

"一致同意"并不要求其中一方必须具备主动提出议案的权力，只要具备对合营安排相关活动的所有重大方面决策予以否决的权力即可；"一致同意"不需要该安排的每个参与方都一致同意，只要那些能够集体控制该安排的参与方意见一致，就可以达成一致同意。有时，相关约定中设定的决策方式也可能暗含需要达成一致同意。

（4）争议解决机制

在分析合营安排的各方是否共同分享控制权时，要关注对于争议解决机制的安排。一般来说，处理纠纷的条款和保护性权利不会影响合营安排的判断。

①相关约定可能包括处理纠纷的条款，一般来说，不会妨碍合营安排的判断。例如，关于仲裁的约定，这些条款可能允许具有共同控制权的各参与方在没有达成一致意见的情况下进行决策。这些条款的存在不会妨碍该安排构成共同控制的判断，因此，也不会妨碍该安排成为合营安排。

②如果在各方未就相关活动的重大决策达成一致意见的情况下，其中一方具备一票通过权或者潜在表决权等特殊权力，则需要仔细分析，很可能具有特殊权力的一方实质上就具备控制权。

③在分析争议解决机制时，还需要关注参与方是否拥有期权等潜在表决权。

④有时，协议中可能约定，各参与方意见均不一致时，由哪个参与方拥有最终决策权。在判断合营安排的合营方时，也需要考虑最终决策者，但最终决策者未必就是控制方。

（5）仅享有保护性权利的参与方不享有共同控制

保护性权利：仅为了保护权利持有人利益却没有赋予持有人对相关活动进行决策的一项权利。保护性权利通常只能在合营安排发生根本性改变或发生某些例外情况时才能够行使，它既没有赋予持有人对合营安排的权力，也不能阻止其他参与方对合营安排的权力。

对于某些安排，相关活动仅在特定情况或特定事项发生时开展。例如，如果一致同意的要求仅仅与向某些参与方提供保护性权利的决策有关。而与该安排的相关活动的决策无关，那么拥有该保护性权利的参与方不会仅仅因为该保护性权利而成为该项安排的合营方。

因此，在评估参与方能否共同控制合营安排时，必须具体区别参与方持有的权利是否为保护性权利，且该权利不影响其他参与方控制或共同控制该安排。

（6）一项安排的不同活动可能分别由不同的参与方或参与方组合主导

在不同阶段，一项安排可能发生不同的活动，从而导致不同参与方可能主导不同相关活动，或者共同主导所有相关活动。不同参与方分别主导不同相关活动时，相关的参与方需要分别评估自身是否拥有主导对回报产生最重大影响的活动的权利，从而确定是否能够控制该项安排，而不是其他参与方共同控制该项安排。

（7）综合评估多项相关协议。

有时，一项安排的各参与方之间可能存在多项相关协议。在单独考虑一份协议时，某参与方可能对合营安排具有共同控制，但在综合考虑该安排的目的和设计的所有情况时，该参与方实际上并不一定对该安排具有共同控制。

因此，在判断是否存在共同控制时，需要综合考虑多项相关协议。

（三）合营安排的参与方

只要两个或两个以上的参与方对该安排实施共同控制，一项安排就可以被认定为合营安排，并不要求所有参与方都对该安排享有共同控制。对合营安排享有共同控制的参与方被称为"合营方"。对合营安排不享有共同控制的参与方被称为"非合营方"。

（四）合营安排的分类

1. 合营安排分为共同经营和合营企业

（1）共同经营

共同经营是指合营方享有该安排相关资产且承担该安排相关负债的合营安排，所以，其会计处理应当按比例合并。

（2）合营企业

合营企业是指合营方仅对该安排的净资产享有权利的合营安排，所以，其会计处理采用权益法，合营企业的判断最为严格，要求两个条件同时满足：合营企业是单独主体；合约、条款、相关事实和情况都说明投资方享有的是此单独主体的净资产。

（3）区分有关合营安排是共同经营还是合营企业

在因具有共同控制形成合营安排的情况下，进一步区分有关合营安排是共同经营还是合营企业。

①判断依据：根据合营安排的合同、协议以及基于其法律形式确定的各投资方的权利、义务关系。

②判断结果：如果合营安排是单独主体，并且投资方拥有的是对合营安排净资产的要求权，则分类为合营企业，形成长期股权投资，后续计量采用权益法；如果合营安排不是单独主体，或者是单独主体但是投资方对单独主体持有有关资产份额的要求权并基于其所承担负债的份额承担责任，则此时形成共同经营，后续按照约定合并资产或负债剩余资产和负债、合营安排的收入和费用等损益按比例合并。

2. 共同经营与合营企业的比较

在定义上，共同经营定义为合营方享有该安排相关资产且承担该安排相关负债的合营安排；合营企业定义为参与方仅对该安排的净资产享有权利的合营安排。在具有共同控制的参与方上，共同经营对合营方的定义是对共同经营具有共同控制权的共同经营参与方；合营企业对合营方的定义是共同控制合营企业的合营企业参与方。在会计处理上，共同经营指合营方按照相关适用准则的规定对"按比例合并"方面进行会计处理；合营企业指合营方采用权益法核算对合营企业的投资。

3. 单独主体

（1）单独主体是指具有单独可辨认的财务架构的主体。包括单独的法人主体和不具备法人主体资格但被法律所认可的主体。单独主体的特征主要包括：并不一定要具备法人资格，但必须具有被法律所认可的单独可辨认的财务架构；确认某主体是否属于单独主体，必须考虑其适用的法律法规。

（2）具有可单独辨认的资产、负债、收入、费用、财务安排和会计记录。并且具有一定法律形式的主体，构成法律认可的单独可辨认的财务架构。

（3）合营安排最常见的形式包括有限责任公司、合伙企业、合作企业等。某些情况下，信托、基金也可被视为单独主体。

4. 未通过单独主体达成的合营安排

当合营安排未通过单独主体达成时，该合营安排为共同经营。

在这种情况下，合营方通常通过相关约定享有与该安排相关资产的权利，并承担与该安排相关负债的义务，同时，享有相应收入的权利，并承担相应费用的责任，因此，该合营安排应当划分为共同经营。

5. 通过单独主体达成的合营安排

合营安排通过单独主体达成。在判断该合营安排是共同经营还是合营企业时，通常需要考虑以下因素：单独主体的法律形式；合同安排的条款；其他相关的事实和情况；重新评估。

（1）分析单独主体的法律形式

一旦确定存在单独主体，下一步是分析单独主体的法律形式。

各参与方应当根据该单独主体的法律形式，判断该安排是赋予参与方享有与安排相关资产的权利，并承担与安排相关负债的义务，还是赋予参与方享有该安排的净资产的权利。也就是说，各参与方应当依据单独主体的法律形式判断是否能将参与方和单独主体分离。

在各参与方通过单独主体达成合营安排的情形下，当且仅当单独主体的法律形式没有将参与方和单独主体分离时，基于单独主体的法律形式赋予参与方权利和义务的判断，足以说明该合营安排是共同经营。

（2）分析合同安排

当单独主体的法律形式并不能将对合营安排资产的权利和对合营安排负债的义务授予该安排的参与方时，还需要进一步分析各参与方之间是否通过合同安排赋予该安排的参与方对合营安排资产的权利和对合营安排负债的义务。

合同安排中常见的某些特征或者条款可能表明该安排为共同经营或者合营企业。

有时，法律形式和合同安排均表明一项合营安排中的合营方对该安排的净资产享有权利，此时，若不存在相反的其他事实和情况，则该合营安排应当被划分为合营企业。

有时，仅需要从法律形式判断一项合营安排符合合营企业的特征，但是，综合考虑合同安排后，合营方享有该合营安排相关资产并且承担该安排相关负债，此时，该合营安排应当被划分为共同经营。

（3）分析其他事实和情况

如果一项安排的法律形式与合同安排均没有规定该安排的参与方享有对该安排的资产的权利和对负债的义务，则应考虑其他事实和情况，包括合营安排的目的和设计、其与参与方的关系及其现金流的来源等。

①判断现金流的来源。在某些情况下，合营安排设立的主要目的是为参与方提供产出，这表明参与方可能按照约定实质上享有合营安排所持资产几乎全部的经济利益。在这种安排下，参与方根据相关合同或法律约定有购买产出的义务，并往往通过阻止合营安排将其产出出售给其他第三方的方式来确保自己能获得产出。这样，该安排产生的负债实质上是由参与方通过购买产出支付的现金流量而得以清偿。因此，如果参与方实质上是该安排持续经营和清偿债务所需现金流的唯一来源，则表明参与方承担了与该安排相关的负债。

综合考虑该合营安排的其他相关事实和情况，参与方实质上享有合营安排所持资产几乎全部的经济利益，合营安排所产生的负债的清偿实质上也持续依赖于向参与方收取的产出的销售现金流，该合营安排的实质为共同经营。

②需要了解该安排的目的和设计。如果合营安排同时具有以下特征，则表明该安排是共同经营：各参与方实质上有权享有，并有义务接受由该安排资产产生的几乎所有经济利益，如该安排所从事的活动主要是向合营方提供产出等。持续依赖于合营方清偿该安排活动产生的负债，并维持该安排的运营。

（4）重新评估

企业对合营安排是否拥有共同控制权，以及评估该合营安排是共同经营还是合营企业，需要在初始判断的基础上持续评估。在进行判断时，企业需要对所有相关的事实和情况加以考虑。如果法律形式、合同条款等相关事实和情况发生变化，合营安排参与方应当对合营安排进行重新评估：

①评估原合营方是否仍对该安排拥有共同控制权。

②评估合营安排的类型是否发生变化。

相关事实和情况的变化有时可能导致某一参与方控制该安排，从而使该安排不再是合营安排。由于相关事实和情况发生变化，合营安排的分类也可能发生变化，可能由合营企业转变为共同经营，或者由共同经营转变为合营企业。例如，经重新协商、修订后的合营安排的合同条款约定参与方拥有对资产的权利，并承担对负债的义务，这种情况下，该安排的分类就可能发生了变化，应重新评估该安排是否由合营企业转为共同经营。

四、对子公司投资

对子公司投资是指投资方持有的能够对被投资企业施加控制的股权投资。对子公司投资的取得一般是通过企业合并方式。

（一）企业合并的界定

企业合并是指将两个或两个以上单独的企业（主体）合并形成一个报告主体的交易或事项。从会计角度来说，交易是否构成企业合并，是否能够按照企业合并准则进行会计处理，主要应关注两个方面：一是对被购买方是否构成业务；二是交易发生前后是否涉及标的业务控制权的转移。

1. 被购买方是否构成业务

企业合并本质上其实是一种购买行为，但其不同于单项资产的购买，而是一组有内在联系、为了某一既定的生产经营目的而存在的多项资产组合或是多项资产、负债构成的净资产的购买。企业合并的结果通常是一个企业取得了对一个或多个业务的控制权。

业务指企业内部某些生产经营活动或资产负债的组合，该组合具有投入、加工处理过程和产出能力，能够独立计算其成本费用或所产生的收入。

（1）是否构成业务的判断依据

要构成业务，不需要有关资产、负债的组合一定构成一个企业，或是具有某一具体法律形式。实务中，一般情况下，企业的分公司、独立的生产车间、不具有独立法人资格的分部等也会构成业务；当然，也有可能企业只经营单一业务。要判断有关的资产组合或资产、负债组合是否构成业务，其判断依据如下：

①不看：不看其在出售方手中如何经营，也不看购买方在购入该部分资产或资产、负债组合后准备如何使用。

②看：为保持业务判断的客观性，要看正常的市场条件下，从一定的商业常识和行业惯例等出发，有关的资产或资产、负债的组合能否被作为一项具有内在关联度的生产经营目的整合起来使用，从而产生独立的现金流量。

（2）是否构成业务的会计处理

构成业务与不构成业务的会计处理是不同的，其具体处理如下：

①构成业务的购买。如构成业务，应用购买法，即运用企业合并准则进行会计处理；在购买法下，又进一步分为同一控制和非同一控制。被购买资产构成业务时，需要确认计量时点。在构成非同一控制下的企业合并的情况下，合并中自被购买方取得的各项可辨认资产、负债应当按照其在购买日的公允价值计量，合并成本与取得的可辨认净资产公允价值份额的差额应当确认为单独的一项资产，或是在企业成本小于合并中取得可辨认净资产公允价值份额的情况下，确认计入当期损益。在同一控制下，沿用最终控制方的视角，按照"一体化存续"的理念，长期股权投资的成本为"合并日被合并方的净资产在最终控制方合并报表中账面价值的份额"，如果最终控制方最初投资被合并时存在商誉，还要考虑商誉。

②不构成业务的购买。如不构成业务，则相当于企业购买了一组资产或者资产和负债组，按资产购买的原则进行会计处理。如果不构成业务，此时不会产生新的资产和负债，并且支付的总价将基于资产或负债的公允价值分配到对应的资产或负债中。

2. 交易发生前后是否涉及对标的业务控制权的转移

从企业合并的定义看，是否形成企业合并除要看取得的资产或资产、负债组合是否构成业务之外，还要看有关交易或事项发生前后是否引起报告主体的变化。

如果产生了控制，根据合并财务报表准则，则需要合并报表，将形成购买方与被购买业务（非同一控制下）、合并方与被合并业务（同一控制下）这样新的报告主体。

根据控制的定义，在交易或事项发生以后，如果满足以下条件，则投资方对被投资方具有控制，构成母子公司关系，涉及控制权的转移：投资方拥有对被投资方的权力；通过参与被投资方的相关活动享有可变回报；且有能力运用对被投资方的权力影响其回报金额。此时，该交易或事项发生以后，业务需要纳入母公司合并财务报表的范围中，从合并财务报告角度形成报告主体的变化，形成控股合并；交易或事项发生以后，一方能够控制另一方的全部净资产，被合并的企业在合并后失去其法人资格，也涉及控制权及报告主体的变化，形成吸收合并。

（二）企业合并方式

企业合并方式包括控股合并、吸收合并和新设合并。

1. 控股合并

合并方（或购买方，下同）通过企业合并交易或事项取得对被合并方（或被购买方，下同）的控制权，企业合并后能够通过所取得的股权等主导被合并方的生产经营决策并自被合并方的生产经营活动中获益，被合并方在企业合并后仍维持其独立法人资格继续经营的，为控股合并。

该类企业合并中，因合并方通过企业合并交易或事项取得了对被合并方的控制权，被合并方成为其子公司，在企业合并发生后，被合并方应当纳入合并方合并财务报表的编制范围，从合并财务报表角度，形成报告主体的变化。

2. 吸收合并

合并方在企业合并中取得被合并方的全部净资产，并将有关资产、负债并入合并方自身的账簿和报表进行核算。企业合并后，注销被合并方的法人资格，由合并方持有合并中取得的被合并方的资产、负债，并在新的基础上继续经营。

吸收合并中，因被合并方（或被购买方）在合并发生以后被注销，从合并方（或购买方）的角度需要解决的问题是其在合并日（或购买日）取得的被合并方有关资产、负债入账价值的确定，以及为了进行企业合并支付的对价与所取得被合并方资产、负债的入账价值之间存在差额的处理。

企业合并继后期间，合并方应将合并中取得的资产、负债作为本企业的资产、负债核算。

如果属于同一控制下的吸收合并，则被合并企业的资产和负债的类别及其计量不发生变化，即站在最终控制方的角度来看待被合并企业，不会增加或减少资产和负债，也不会改变资产和负债原账面价值（最终控制方合并报表下的）；如果属于非同一控制下的吸收合并，则要确认被购买企业的可辨认资产和负债，并按公允价值重新计量，有可能产生商誉。

3. 新设合并

参与合并的各方在企业合并后法人资格均被注销，重新注册成立一家新的企业，由新注册成立的企业持有参与合并各企业的资产、负债，并在新的基础上经营。

新设合并中，各参与合并企业投入到新设企业的资产、负债价值以及相关构成新设企业的资本等，一般应按照有关法律法规及各参与合并方的合同和协议执行。

（三）企业合并的类型

我国企业合并准则中将企业合并按照一定的标准划分为两大基本类型：同一控制下的企业合并与非同一控制下的企业合并。企业合并的类型不同，所遵循的会计处理原则也不同。

1. 同一控制下的企业合并

同一控制下的企业合并是指参与合并的企业在合并前后均受同一方或相同的多方最终控制且该控制并非暂时性的。

（1）能够对参与合并各方在合并前后均实施最终控制的一方通常指企业集团的母公司。

同一控制下的企业合并一般发生于企业集团内部，如集团内母公司和子公司之间、子公司与子公司之间等，因为该类合并从本质上是集团内部企业之间的资产或权益的转移，不涉及自集团外购入子公司或是向集团外其他企业出售子公司的情况。

（2）能够对参与合并的企业在合并前后均实施最终控制的相同多方，是指根据合同或协议的约定，拥有最终决定参与合并企业的财务和经营政策，并从中获取利益的投资者群体。

（3）实施控制的时间性要求，是指参与合并各方在合并前后较长时间内为最终控制方所控制。具体是指在企业合并之前（合并日之前），参与合并各方在最终控制方的控制时间一般在一年以上（含一年），企业合并后所形成的报告主体在最终控制方的控制时间也应达到一年以上（含一年）。

（4）企业之间的合并是否属于同一控制下的企业合并，应综合构成企业合并交易的各方面情况，按照实质重于形式的原则进行判断。通常情况下，同一控制下的企业合并是指发生在同一企业集团内部企业之间的合并。

2. 非同一控制下的企业合并

非同一控制下的企业合并指参与合并各方在合并前后不受同一方或相同的多方最终控制的合并交易，即除判断属于同一控制下企业合并的情况以外其他的企业合并。

要判断形成企业合并前的最终控制方，以及形成企业合并后的最终控制方，如果两者不相同，则属于非同一控制下的企业合并。

第二节　长期股权投资的确认和初始计量

一、长期股权投资的确认

1. 长期股权投资的确认

长期股权投资的确认，应当遵从相关准则中关于资产的界定，即有关股权投资必须首先符合资产的定义。

2. 何时确认

确认时首先要解决确认时点的问题，即何时确认。企业会计准则体系中，仅就对子公司投资的确认时点进行了明确规定，即购买方应于购买日确认对子公司的长期股权投资，要求同时满足"控制日的五个条件"；对于联营企业、合营企业等投资，一般会参照对子公司长期股权投资的确认时点进行。

3. 子公司投资应当在企业合并的合并日确认

对子公司投资应当在企业合并的合并日确认。其中，合并日是指合并方（或购买方）实际取得对被合并方控制权的日期，即投资方拥有对被投资方的权力。通过参与被投资方的相关活动而享有可变回报，且有能力运用对被投资方的权力影响其回报金额。

4. 合并日的判断

对于合并日的判断，同时满足以下五个条件，通常可认为实现了控制权的转移：

（1）通过：企业合并合同或协议已获股东大会通过。

（2）批准：企业合并事项需要经过国家有关主管部门审批的，已获得批准。

（3）转移：参与合并各方已办理了必要的财产权转移手续。

（4）支付：合并方或购买方已支付了合并价款的大部分，并且有能力、有计划支付剩余款项。

（5）控制：合并方或购买方实际上已经控制了被合并方或被购买方的财务和经营政策，并享有相应的利益、承担相应的风险。

5. 交易中，在确定购买日时注意事项

在交易中，在确定购买日时，要注意三个问题：一是"控制日的五个条件"是否必须全部满足；二是在对标的资产的评估基准日至股权转移之间标的资产的净损益归属问题是否影响购买日的确定；三是对子公司控制权的判断。

（1）"控制日的五个条件"是否必须全部满足

"控制日的五个条件"是通常情况下的判断条件，关键在于是否实质控制。如果办

理股权登记手续不会影响控制实质，即办理登记是程序性的，登记过程不会对交易构成实质障碍，则此条件不影响控制的判断；但是，如果办理股权登记会影响到控制实质，如法律法规要求必须办理登记，此时办理股权登记手续将会影响到控制的判断。

（2）购买日的确定

在对标的资产的评估基准日至股权转移日之间标的资产的净损益归属问题是否影响购买日的确定。不能将评估基准日确定为企业合并的购买日，因为控制权没有转移。购买日的确定基础是对于标的股权的控制权于何时转移，本交易中，虽然购买方与出售方签订的协议约定评估基准日至股权转移日之间被购买企业实现的净损益归属于购买方所有，但在评估基准日，该项交易尚未实质性进行，有关审批程序、资产转移、对被购买企业生产经营决策权的主导等均未实际发生，控制权没有转移。

①被购买企业在此期间实现盈利且归属于购买方的，该盈利应被视为对购买方支付的企业合并成本的抵减。

②被购买企业在此期间发生亏损的，如该亏损由购买方负担，则应认为是购买方实际付出企业合并成本的增加。

二、联营或合营企业投资的初始计量

联营企业投资是指投资方能够对被投资企业施加重大影响的股权投资。

合营企业投资是指投资方持有的对构成合营企业的合营安排的投资。

（一）以支付现金取得的长期股权投资

以支付现金取得的长期股权投资，应当按照实际支付的购买价款作为长期股权投资的初始投资成本，包括与取得长期股权投资直接相关的费用、税金及其他必要支出，但所支付价款中包含的被投资企业已宣告但尚未发放的现金股利或利润应作为应收项目核算，不构成取得长期股权投资的成本。

（二）以发行权益性证券方式取得的长期股权投资

以发行权益性证券取得长期股权投资的，应当按照所发行证券的公允价值作为初始投资成本，但不包括应被投资企业收取的已宣告但尚未发放的现金股利或利润。

1.投资方通过发行权益性证券取得长期股权投资的，所发行权益性工具的公允价值，应按相关准则确定。

2.为发行权益性工具支付给有关证券承销机构等的手续费、佣金等与工具发行直接相关的费用，不构成取得长期股权投资的成本。该部分费用应从所发行证券的溢价发行收入中扣除，溢价收入不足以冲减的，应冲减盈余公积和未分配利润。

（三）以债务重组和非货币性资产交换形成的长期股权投资

以债务重组和非货币性资产交换形成的长期股权投资，如果形成企业合并，按企业合并准则，除此之外，分别按照债务重组准则和非货币性资产交换准则计量长期股权投资的成本。

三、对子公司投资的初始计量

对于形成控股合并的长期股权投资企业，应分别形成同一控制下控股合并与非同一控制下控股合并，确定形成长期股权投资的初始投资成本。

（一）非同一控制下控股合并形成的长期股权投资

1. 非同一控制下控股合并本质上应用购买法的异同

非同一控制下控股合并本质上应用购买法，其处理原则与一般的单项资产购买相比，有相同之处，同时亦有区别。

（1）相同之处：以公允价值作为计量基础。因为交易本身是按照市场化原则进行的，购买方在支付有关对价后，对于该项交易中自被购买方取得的各项资产、负债应当按照其在购买日的公允价值计量。

（2）不同之处：企业合并中支付对价有可能不等于被投资企业可辨认净资产公允价值的份额。企业合并是构成业务的多项资产及负债的整体购买，由于在交易价格形成过程中购买方与出售方之间议价等因素的影响，交易的最终价格与通过交易取得被购买方持有的有关单项资产、负债的公允价值之和一般会存在差异。该差异主要是源于两种情况：

①购买方支付的成本大于通过该项交易自被购买方取得的各单项可辨认资产、负债的公允价值所对应的份额，差额部分是交易各方在作价时出于对被购买业务整合获利能力等因素的考虑，即被购买业务中有关资产、负债整合在一起预期会产生高于其中单项资产、负债的价值，即为商誉的价值。根据准则的规定，在取得对子公司长期股权投资以后，对于正商誉，在个别财务报表中，其包含在相关对子公司长期股权投资的初始投资成本中，不单独列报；而在合并报表中，商誉单独列报。

②购买方支付的成本小于该项交易中自被购买方取得的各单项资产、负债的公允价值所对应的份额,差额部分是购买方在交易作价过程中通过自身的议价能力得到的折让，形成了"负商誉"。对于负商誉，在个别财务报表中，不影响母公司账面及个别财务报表中持有的对子公司初始投资成本的确定；在编制合并财务报表时，体现为企业合并发生当期合并利润表的损益或者以后年度的期初未分配利润。

2. 企业通过一次交易实现非同一控制下控股合并

（1）合并成本

购买方应当按照确定的企业合并成本作为长期股权投资的初始投资成本。

根据企业合并准则，合并成本 = 支付价款或付出资产的公允价值（含税）+ 发生或承担负债的公允价值 + 发行的权益性证券公允价值。

（2）三个费用的会计处理原则

①合并中介费：非同一控制下的企业合并中，购买方为企业合并发生的审计、法律

服务、评估咨询等中介费用，作为管理费用，应当于发生时计入当期损益。

②发行债券的费用：以发行债券方式进行的企业合并，与发行债券相关的佣金、手续费等应计入债券的初始计量金额（减少负债的账面价值）。

③发行权益证券的费用：发行权益性证券作为合并对价的，与所发行权益性证券相关的佣金、手续费等均应计入权益性证券的初始计量金额（减少资本公积——股权溢价）。

非同一控制下初始成本计量时，要解决"一个合并成本（公允价）+三个费用"，其中合并中介费计入管理费用，债券发行费用冲减应付债券的初始金额，股票发行费冲减溢价收入。需要特别指出的是，对于投资者来说，债券和权益证券的公允价值是确定的，不会因为发行者的交易费用而改变；对于发行者来说，债券和权益证券的初始融资金额将因为对应的发行费用而减少。

3. 企业通过多次交换交易分步实现非同一控制下控股合并

（1）在个别财务报表中的会计处理

①投资方因追加投资等原因能够对非同一控制下的被投资企业实施控制的，在编制个别财务报表时，应当按照原持有的股权投资账面价值加上新增投资成本之和作为按成本法核算的初始投资成本。购买日初始投资成本=购买日之前所持被购买方的股权投资的账面价值+购买日新增投资成本。

②购买日之前持有的股权投资如果为金融工具，应作如下会计处理：

如果股权投资为交易性金融资产，在个别报表中"跨越"，视同处置，公允价值与账面价值的差额转为投资收益，并将视同处置前的累计公允价值变动转为投资收益。

如果股权投资为其他权益工具投资，在个别报表中"跨越"，视同处置，即借记"长期股权投资"，贷记"其他股权投资工具"，贷记"留存收益"；并将累计计入其他综合收益的公允价值变动转入留存收益，即借记"其他综合收益"，贷记"留存收益"。

③购买日之前持有的股权投资如果采用权益法核算，在个别报表中没有"跨越"，不作处理。

（2）在合并财务报表中的会计处理

应当按照有关规定进行会计处理。通过多次交易分步实现非同一控制下的企业合并的长期股权投资，在合并财务报表中形成"跨越"，原有的股权投资要视同处置。如果原股权投资作为金融工具，在个别财务报表中已经视同处置，则合并财务报表中不再处理，所以，合并财务报表不需要进行调整。如果原权益投资采用权益法，在个别报表中没有视同处置，合并报表中"跨越"，要视同处置。原权益法下的长期股权投资公允价值与其账面价值的差额计入投资收益；对于原权益法核算下确认的其他综合收益，应该采用与被投资企业直接处置相关资产或负债相同的基础进行会计处理，按比例分类别结转为当期损益或权益。

（二）同一控制下控股合并形成的长期股权投资

1. 同一控制下的会计处理原理

（1）同一控制下企业合并中，交易发生前后合并方、被合并方都受相同的一方或多方最终控制方控制。从最终控制方的角度来看，只是由于合并方的加入，其所控制的子公司相互层级、直接或间接关系发生变化，但是，最终控制方在企业合并前及合并后能够控制的资产并没有发生变化，即其所能够支配和运用的经济资源是不变的，一般不会增加新的资产和负债，也不改记相关资产、负债的价值。

因此，站在合并财务报表的层面，无论是最终控制方的合并财务报表，还是合并方编制的以最终控制方作为最主要使用者的合并财务报表，都应该体现从最终控制方角度自其实施控制开始延续下来的至合并发生时有关资产、负债的应有价值。合并方对于被合并方的确认和计量延续最终控制方合并财务报表的看法，直接"沿用"最终控制方合并财务报表中对于被合并方的看法，即"一体化存续下来"。

（2）在同一控制下，长期股权投资初始成本 = 在合并日按照被合并方净资产在最终控制方合并财务报表中的账面价值的份额 + 商誉；另外，此处账面价值应该是被合并方自其被最终控制方开始控制时持续计算至合并日的账面价值。需要注意的是，该账面净资产并非是指被合并方个别财务报表中体现的有关资产、负债的价值，而是合并日被合并方在最终控制方合并财务报表中自最终控制方控制日起至合并日持续计算的净资产的账面价值。

2. 合并方以支付现金、转让非现金资产或承担债务方式作为合并对价

（1）以在合并日按照被合并方净资产在最终控制方合并财务报表中的账面价值的份额作为长期股权投资的初始投资成本。长期股权投资初始投资成本与支付的现金、转让的非现金资产以及所承担债务账面价值之间的差额，应当调整资本公积；资本公积不足冲减的，应按比例冲减留存收益。

（2）长期股权投资成本 = 合并日被合并方净资产在最终控制方合并财务报表中的账面价值的份额 + 商誉。

（3）形成同一控制下控股合并的长期股权投资。

假设被合并方在最终控制方合并财务报表中净资产的账面价值为 15 万元，这个账面价值是从最终控制方的角度来考虑的。以在控制日子公司可辨认净资产的公允价值持续计算的账面价值为基础，还要考虑商誉（如果最终控制方在购买被合并方时存在商誉的话，假设商誉为 10 万元）。另外，合并方取得被合并方 8% 的股权。

（4）合并方发生的审计、法律服务、评估咨询等中介费用以及其他直接相关的管理费用，应当于发生时计入当期管理费用。

（5）对于与股票发行相关的支出，计入股本溢价，如果不够冲减的，依次冲减盈余公积和未分配利润。

（6）对于与债券发行相关的支出，计入应付债券的账面价值。

（7）对于或有对价，则按或有事项准则计量，后续变化计入资本公积，如果资本

公积不够冲减的，则冲减留存收益。

3. 合并方以发行权益性证券作为对价

合并方以发行权益性证券作为对价的，应在合并日按照被合并方净资产在最终控制方合并财务报表中的账面价值的份额作为长期股权投资的成本，按该成本与所发行股份面值总额之间的差额调整资本公积和留存收益。

4. 确定被合并方账面所有者权益应考虑的因素

在按照合并日应享有被合并方账面所有者权益的份额确定长期股权投资的初始投资成本时，对于被合并方账面所有者权益，在计算确定形成长期股权投资的初始投资成本时，还要考虑下列因素：

（1）被合并方与合并方的会计政策和会计期间是否一致。如果合并前合并方与被合并方的会计政策、会计期间不同，应首先按照合并方的会计政策、会计期间对被合并方资产、负债的账面价值进行调整，在此基础上计算确定被合并方的账面所有者权益，并计算确定长期股权投资的初始投资成本。

（2）被合并方账面所有者权益是指被合并方净资产账面价值相对于最终控制方而言的账面价值，即站在最终控制方的角度持续计算的被合并净资产的账面价值。

（3）同一控制下企业合并所形成的长期股权投资初始成本＝合并日被合并方净资产在最终控制方合并报表账面价值的对应的份额＋商誉。

5. 同一控制下需要特别关注的成本和费用

（1）初始投资成本＝合并日按照被合并方净资产在最终控制方合并财务报表中的账面价值的份额＋商誉。

（2）与合并相关的中介费用，计入管理费用。

（3）与债券发行相关的费用，计入应付债券的账面价值。

（4）与股票发行相关费用，计入资本公积（股本溢价或者资本溢价）。

（5）所支付的对价都以账面价值进行计量，最终与初始投资成本的差额都计入资本公积（股本溢价或者资本溢价），资本公积不够冲减的，冲减留存收益（盈余公积：未分配利润＝10%：90%）。

6. 非一揽子多步交易最终形成同一控制下的长期股权投资

（1）确定同一控制下企业合并形成的长期股权投资初始投资成本

①在合并日，无论是在个别财务报表还是合并财务报表中，原投资不视同处置以其账面价值作为计量基础。

②在合并日，个别财务报表中的长期股权投资初始成本＝享有的在最终控制方角度下被合并方净资产在最终控制方合并财务报表中账面价值的份额＋商誉。

③在合并日，个别财务报表中新增长期投资成本＝个别财务报表中的长期股权投资初始成本－原权益投资账面价值。

④新增长期股权投资成本与其对价账面价值的差额，调整资本公积（资本溢价或股

本溢价），资本公积不足冲减的，冲减留存收益。

（2）对于合并日之前持有的股权投资，分情况进行会计处理

①对于原投资分类为交易性金融资产的会计处理。在个别财务报表中，原计入公允价值变动损益的部分，暂不进行会计处理。如果后续处置投资从同一控制转为金融工具，在个别财务报表中，原公允价值变动损益全部转为投资收益。如果后续处置投资从同一控制转为权益法，在个别财务报表中，按处置比例将原公允价值变动损益转为投资收益。如果后续处置投资将同一控制保持为成本法，在个别财务报表中，按处置比例将原公允价值变动损益转为投资收益。

②对于原投资分类为其他权益工具投资（指定以公允价值计量且其变动计入其他综合收益的非交易性权益工具）的会计会理，在个别财务报表中，原计入其他综合收益的累计公允价值变动的部分，暂不进行会计处理。如果后续处置投资从同一控制转为金融工具，在个别财务报表中，原计入其他综合收益的累计公允价值变动全部转为留存收益。如果后续处置投资从同一控制转为权益法，在个别财务报表中，按处置比例将原计入其他综合收益的累计公允价值变动转为留存收益。如果后续处置投资将同一控制保持为成本法，在个别财务报表中，按处置比例将原计入其他综合收益的累计公允价值变动转为留存收益。

③权益法下核算的长期股权投资。因采用权益法核算而确认的其他综合收益，暂不进行会计处理，直至处置该项投资时采用与被投资企业直接处置相关资产或负债相同的基础进行会计处理；因采用权益法核算而确认的被投资企业净资产中除净损益、其他综合收益和利润分配以外的所有者权益其他变动（其他资本公积），暂不进行会计处理，直至处置该项投资时转入当期损益。如果后续处置投资从同一控制转为金融工具，在个别财务报表中，原权益法下长期股权投资相关的可重分类进损益的其他综合收益和其他资本公积，按全额转为当期有损益；不可重分类进损益的其他综合收益，分类别全额转为权益（留存收益或未分配利润）。如果后续处置投资从同一控制转为权益法或者仍为控制，在个别财务报表中，原权益法下长期股权投资相关的可重分类进损益的其他综合收益和其他资本公积，按处置比例转为当期损益；不可重分类进损益的其他综合收益，分类别按处置比例转为权益（留存收益或未分配利润）。

7. 一揽子多步交易形成同一控制子公司下的长期股权投资

（1）一揽子交易的定义

通常应将多次交易事项作为一揽子交易进行会计处理。

①这些交易是同时订立的或者在考虑了彼此影响的情况下订立的。

②一项交易的发生取决于其他至少一项交易的发生。

③这些交易整体才能达成一项完整的商业结果。

④一项交易单独考虑时是不经济的，但是和其他交易一并考虑时是经济的。

（2）判断一揽子交易

在股权投资中，应当判断多次交易是否属于一揽子交易。如果属于一揽子交易，合

并方应当将各项交易作为一项取得控制权的交易进行会计处理。

①第一笔投资在个别报表中的长期股权投资成本＝第一笔投资日享有的在最终控制方角度下被合并方净资产账面价值的份额。

②第一笔投资的长期股权投资成本与第一笔投资支付对价账面价值的差额计入资本公积。

③第二笔投资在个别报表中长期股权累计投资成本＝第二笔投资时享有的在最终控制方角度下被合并方净资产账面价值的份额（第一笔和第二笔的累计份额）。

④第二笔投资在个别报表中长期股权累计投资成本与第一笔长期股权投资成本和第二笔投资支付对价之和的差额计入资本公积。依次类推，直至达到控制。

⑤达到控制时最后一笔投资在个别财务报表中长期股权累计投资成本＝最后一笔投资时享有的在最终控制方角度下被合并方净资产账面价值的份额（累计投资的份额）＋商誉。

⑥每笔投资调整资本公积（资本溢价或股本溢价），资本公积不足冲减的，冲减留存收益。

（三）企业合并涉及的或有对价

1. 或有对价的定义

或有对价通常是指如果特定的未来事项发生或满足特定条件，作为换取控制被购买方交易的一部分，购买方有向被购买方的原所有者转移额外资产或权益的义务。或有对价使用的原因主要包括：第一，买方和卖方不能就所购买业务的价值达成一致意见；第二，买方和卖方希望分担业务或具体项目价值变化的风险。

2. 或有对价的判断

要确定购买方和原股东之间的或有付款，应该区分是"一项补偿""股份支付"（购买本企业职工的服务，包括现金结算和权益结算）还是"或有对价"来进行会计处理，需要仔细地分析该或有付款的实质。

①如果付款是买方和卖方（原股东）之间就某一未来事件而做出的，那么其可能是"一项补偿""股份支付"或者"或有对价"。

②简单来说，在通常情况下，原股东因作为职工提供服务而给予的补偿属于"股份支付"，当然需要根据协议的实质条款进行判断；如果或有支付与被购买方现有的特定资产或负债相关，则属于"一项补偿"，并且是卖方的义务（形成购买方的补偿性资产）；如果不属于上述两种情况，则属于"或有对价"，构成长期股权投资成本的一部分。

3. 同一控制下或有对价的初始计量和后续计量

同一控制下企业合并形成的控股合并，在确认长期股权投资初始投资成本时，应按照相关的规定进行判断和会计处理。

（1）初始计量。判断是否应就或有对价确认预计负债或者确认资产，以及确认的金额。

（2）后续计量。如果确认预计负债或资产的，该预计负债或资产金额与后续或有对价结算金额的差额不影响当期损益，应当调整资本公积（资本溢价或股本溢价），资本公积（资本溢价或股本溢价）不足冲减的，调整留存收益。

4. 非同一控制下或有对价的会计处理

（1）或有对价

在非同一控制下企业合并中，如果有支付属于"或有对价"，此对价将会影响长期股权投资成本的计量。

①根据支付条款将或有对价分类为资产或负债。比如，在某些情况下，在合并协议中约定，根据未来一项或多项或有对价的发生时，购买方通过发行额外证券、支付额外现金或其他资产等方式追加合并对价，这属于买方的义务，需要进一步区别是属于负债还是权益；如果买方要求卖方返还之前已经支付的对价或权益，这是购买方收取或有对价的权利，需要进一步区分是资产还是权益。

②或有对价应按照购买日的公允价值计量。要考虑到各种不同结果的概率、买方的信用风险和货币时间等因素，确定或有对价的公允价值，进行初始计量。

（2）初始计量

会计准则规定，购买方应当将合并协议约定的或有对价作为企业合并转移对价的一部分，按照其在购买日的公允价值计入企业合并成本。

①对于购买方支付或有对价的义务，应根据有关规定中有关权益工具和金融负债的定义进行分类。如果或有对价符合权益工具的，即对于同一个风险事项支付固定数量的购买方权益，则应当将支付或有对价的义务确认为一项权益；如果属于金融负债定义的，即购买方存在着"不能无条件地避免交付现金或金融资产的合同义务"，简言之，购买方必须支付现金或者金融资产的，购买方应当将支付或有对价的义务确认为一项负债。

②如果或有对价符合资产定义并满足资产确认条件的，购买方应当将符合合并协议约定条件的、可收回的部分已支付合并对价的权利确认为一项资产。

③对企业合并交易，原则上确认和计量时点应限定为购买日。但是，如果购买日后12个月内取得新的或进一步的证据表明购买日的初始成本需要调整的，还需要调整初始合并成本。

（3）后续计量

①根据相关规定，在非同一控制下的企业合并中，企业作为购买方确认的或有对价形成金融资产或金融负债的，相应的金融工具按照公允价值计量且其变动计入当期损益进行会计处理。

②无论购买日后12月内还是其他时点，如果是由于出现的新情况导致对估计或有对价进行调整的，则不能视为购买日的状况，此时不能根据企业合并成本进行调整，应当根据或有对价的不同分类进行会计处理。或有对价分类为权益工具，不进行会计处理。或有对价分类为金融工具（金融资产或金融负债），如果属于会计准则规定的金融工具，应当采用公允价值计量且公允价值变动计入当期损益。或有对价如不属于会计准则规定

的金融工具或者权益工具，则根据相关准则的规定处理。确认预计负债或资产。

（四）同时涉及自最终控制方和其他外部独立第三方购买股权形成同一控制

在有些股权交易中，合并方除自最终控制方取得集团内企业的股权外，还会涉及自外部独立第三方购买被合并方额外的股权。

如果自集团内取得的股权能够形成控制的，相关股权投资成本的确定按照同一控制下企业合并的有关规定处理；而自外部独立第三方取得的股权，则视为在取得对被投资企业的控制权、形成同一控制下企业合并后少数股权的购买，该部分少数股权的购买不管与形成同一控制下企业合并的交易是否同时进行，在与同一控制下企业合并不构成一揽子交易的情况下，有关股权投资成本即应按照实际支付的购买价款确定。

在个别财务报表中，在合并方最终持有对同一被投资企业的股权中，不同部分的计量基础会存在差异。也就是说，从集团内取得的长期股权投资以合并日最终控制方合并财务报表中的账面价值作为计量基础；从集团外取得的长期股权投资以支付的对价之和作为初始计量基础（成本）。

在合并财务报表中，从集团外取得的长期股权投资要调整为被合并在最终控制方合并财务报表中的净资产账面价值对应比例的金额，然后再进行合并抵销。

（五）反向购买

1. 反向购买的判断

非同一控制下的企业合并，以发行权益性证券交换股权的方式进行的，如果发行权益性证券的一方（A 公司）控制了被购买方（B 公司），并且原被购买方的控股股东（B 公司控股股东）并没有控制发行权益性证券的一方（A 公司），则此交易为正常的企业合并，即 A 公司为购买方，B 公司为被购买方。但是，如果发行权益性证券的一方（A 公司）因其生产经营决策在合并后被参与合并的另一方（B 公司控股股东）所控制，发行权益性证券的一方（A 公司）虽然为法律上的母公司，但其为会计上的被购买方，法律上的被合并方（B 公司）实质上是会计上的购买方，则该类企业合并通常称为"反向购买"。

2. 企业合并成本

（1）反向购买中的企业合并成本

反向购买中，法律上的子公司（会计上的购买方、母公司，我们称为"B 公司"）的企业合并成本，是指会计上的母公司 B 如果以发行权益性证券的方式为获取在合并后报告主体的股权比例。

（2）会计上的母公司 B 股票公允价值的确定

①如果购买方 B 公司的权益性证券在购买日存在公开报价，通常应以公开报价作为其公允价值。

②如果购买方的权益性证券在购买日不存在可靠公开报价，应参照购买方的公允价值和被购买方的公允价值两者之中有更为明显证据支持的一个作为基础，即选择 A 公司、B 公司中更加"公允"的价值，确定购买方假定应发行权益性证券的公允价值。

3. 长期股权投资成本的确定

在个别财务报表中，法律上母公司 A 在该项合并中形成的对法律上子公司 B 的长期股权投资成本的确定，应当遵从相关规定，以支付对价的公允价值作为长期股权投资初始成本，并且把与购买相关的费用计入管理费用，发行股票的费用计入资本公积，发行债券的费用计入应付债券的初始计量中，即解决"一个成本 + 三个费用"的问题。

4. 合并财务报表的编制

反向购买后，由法律上的母公司 A 编制合并财务报表，但是 A 公司是以 B 公司的角度来进行编制的，即"好像是 B 公司来编制合并财务报表"，只不过是由 A 公司来完成编制合并财务报表的"动作"，应用的是 B 公司的"角度"，可以看作"B 公司的合并财务报表"。

（1）冲销法律上母公司 A 对于 B 公司的长期股权投资，借记"股本"，借记"资本公积 —— 股本溢价"，贷记"长期股权投资 ——B 公司"。

（2）假设会计上的母公司 B 发行股票购买 A 公司，并形成长期股权投资，借记"长期股权投资 ——A 公司"，贷记"股本"，贷记"资本公积 —— 股本溢价"。

（3）在法律上母公司 A 的合并财务报表（B 公司的合并财务报表）中，应该以法律上子公司 B 的资产和负债在合并前的账面价值进行确认和计量。

（4）在法律上母公司 A 的合并财务报表（B 公司的合并财务报表）中，留存收益和其他权益余额应当反映的是法律上子公司 B 在合并前的留存收益和其他权益余额。

（5）在法律上母公司 A 的合并财务报表（B 公司的合并财务报表）中，权益性工具的金额应当反映法律上子公司合并前发行在外的股份面值以及假定在确定该项企业合并成本过程中新发行的权益性工具的金额，即在"B 公司的合并财务报表"中，B 公司权益性工具金额 = B 公司原权益的金额 + 假设新发行权益工具的公允价值。

（6）在法律上母公司 A 的合并财务报表（B 公司的合并财务报表）中，权益结构应当反映法律上母公司 A 的权益结构，即法律上母公司发行在外权益性证券的数量和种类仍然使用的是法律上母公司 A 的"名义"或者"形式"。

（7）在法律上母公司 A 的合并财务报表（B 公司的合并财务报表）中，法律上母公司 A 的有关可辨认资产和负债应以其在购买日确定的公允价值进行合并，即"好像是 B 公司购买了 A 公司"。

（8）在法律上母公司 A 的合并财务报表（B 公司的合并财务报表）中，站在 B 公司的角度按权益法"1 + 4 步"进行调整后，对于 B 公司的长期股权投资与 A 公司的权益进行抵销，则公司间内部交易也要进行抵销。

（9）在法律上母公司 A 的合并财务报表（B 公司的合并财务报表）的比较信息，应当是法律上子公司 B 的比较信息，可以视作"好像是 B 公司在编制合并财务报表"，则比较报表也就是法律上子公司 B 的比较信息（B 公司在反向购买之前的报表）。

（10）在合并过程中，法律上子公司 B 的有关股东未将其持有的股份转换为法律上母公司 A 股份的。在法律上母公司 A 的合并财务报表（B 公司的合并财务报表）中，该部分股东享有的权益份额应作为少数股东权益列示。因法律上子公司的部分股东未将其持有的股份转换为法律上母公司的股权，其享有的权益份额仍仅限于对法律上子公司的部分，该部分少数股东权益反映的是少数股东按持股比例计算的享有法律上子公司合并前净资产账面价值的份额。

（11）在合并过程中，对于法律上母公司 A 的所有股东，虽然该项合并中其被认为是被购买方，但其享有合并形成报告主体的净资产及损益，不应作为少数股东权益列示。相当于会计上的母公司 B 以假设发行权益工具的方式，1% 地购买了法律上母公司 B 的所有股权，在合并抵销时，会计上母公司 B 假设发行股票所形成的长期股权投资与会计上子公司 A 的所有者权益要全部抵销，则法律上母公司 A 实质上没有少数股东权益（A 公司的所有者权益都被抵销了）。

5. 每股收益的计算

（1）反向购买当期的发行在外普通股加权平均数的计算

①自当期期初至购买日，发行在外的普通股数量应假定为在该项合并中法律上母公司 A 向法律上子公司 B 的股东发行的普通股数量。使用"名义"上 A 公司的股份数，可以视为：自当期期初至购买日，会计上的母公司 B "所持有"的股份数 =A 公司新发行的股份数。

②自购买日至期末发行在外的普通股数量为法律上母公司实际发行在外的普通股股数。使用"名义"上的 A 公司的股份数，可以视为：自购买日至期末，会计上的母公司所持有的股份数 = A 公司新发行的股份数 + A 公司原有的股份数（站在 B 公司角度好像是"新发行"的股份数）。

（2）反向购买当期

反向购买当期，在计算基本每股收益时，分子是归属于母公司的净利润，不考虑其他情况，分子 = B 公司的全年利润 + 经过调整后的 A 公司利润 × 9/12（以上面的例子为基础）。

（3）反向购买后

反向购买后，对外提供比较合并财务报表时，计算反向购买日前一年基本每股收益。

①在计算比较前期合并财务报表中的基本每股收益时，分子 = 法律上子公司 B 在每一比较报表期间归属于普通股股东的净损益。分母 = 反向购买中法律上母公司 A 向法律上子公司 B 的股东发行的普通股股数。假定法律上子公司 B 发行的普通股股数在比较期间内和自反向购买发生期间的期初至购买日之间未发生变化。

②在比较期间内和自反向购买发生期间的期初至购买日之间，如果法律上子公司 B 发行的普通股股数发生了变动，则计算每股收益时应适当考虑其影响进行调整。

（4）编制合并报表中的相应会计分录

在购买日，A公司要编制合并资产负债表（站在B企业角度的合并资产负债表）；在购买日后的资产负债表日，A公司（要站在B企业的角度）要编制合并资产负债表、合并利润表、合并现金流量表和合并股东权益变动表。在编制报表时，要将各对应报表中的列报项目相加，得到合计数；再调整和抵销后，计算得到合并数。

6. 非上市公司购买上市公司股权实现间接上市的会计处理

非上市公司（C公司）以所持有的对子公司（B企业）投资等资产为对价，取得上市公司（A公司）的控制权，构成反向购买的。上市公司（A公司）编制合并财务报表时应当区别以下情况：

（1）交易发生时，上市公司（A公司）未持有任何资产和负债或仅持有现金、交易性金融资产等不构成业务的资产或负债的，上市公司(A公司)在编制合并财务报表时，会计上的购买企业（B企业）应按照权益性交易的原则进行处理，不得确认商誉或确认计入当期损益。从反向购买的角度来看，好像是B公司全资收购了上市A公司，由于A公司不构成业务，不能应用企业合并下的购买法，而适用权益性交易原则。

（2）交易发生时，上市公司（A公司）保留的资产、负债构成业务的对于形成非同一控制下企业合并的，企业合并成本与取得的上市公司可辨认净资产公允价值份额的差额应当确认为商誉或是计入当期损益。当然，如果是同一控制下的企业合并，则没有反向购买的问题。

（六）被购买方的会计处理

1. 非同一控制下的企业合并中的会计方法

非同一控制下的企业合并中，被购买方在企业合并后仍持续经营的，如购买方取得被购买方100%股权，有两种可供选择的会计方法：

第一种，被购买方可以以原有的账面价值持续计量。

第二种，被购买方可以按合并中确定的有关资产和负债的公允价值调账。

2. 非同一控制下的企业合并中，被购买方在企业合并后仍持续经营的，如果购买方取得被购买方小于100%的股权，则被购买方不应因企业合并而改计资产和负债的账面价值。

第三节 长期股权投资的后续计量

一、长期股权投资后续计量方法的划分

长期股权投资本质上为一项金融资产，对其核算特别是在投资方个别财务报表中的

核算视看待问题的角度而有所不同，从准则上来看有两种方法可供选择：如果将其作为金融资产，则投资方可选择在个别财务报表中对持有的股权投资采用公允价值计量，公允价值变动计入损益（交易性的或非交易性的权益工具）或者其他综合收益（指定以公允价值计量且其变动计入其他综合收益的非交易性权益工具），适用金融工具准则；对于具有重大影响以上的股权投资，在作为长期股权投资的情况下，则可以选择采用成本法或是权益法，适用长期股权投资准则。

长期股权投资在持有期间，根据投资企业对被投资企业能够施加的影响程度进行划分。在个别财务报表中应当分别采用成本法和权益法进行核算。

成本法是指投资按成本计价的方法。

权益法是指投资以初始投资成本计量后，在投资持有期间根据投资企业享有被投资企业所有者权益的份额的变动对投资的账面价值进行调整的方法。

（一）成本法的适用范围

投资方能够对被投资企业实施控制的长期股权投资应当采用成本法核算。

控制是指投资方拥有对被投资方的权力，通过参与被投资方的相关活动而享有可变回报，并且有能力运用对被投资方的权力从而影响其回报金额。

可以通过以下一种或几种情形判定是否控制：

1. 通过与其他投资者的协议，投资企业拥有被投资企业50%以上表决权资本的控制权。

2. 根据章程或协议，投资企业有权控制被投资企业的财务和经营政策。

3. 有权任免被投资企业董事会等类似权力机构的多数成员。

4. 在被投资企业董事会或类似权力机构会议上有半数以上投票权。

（二）权益法的适用范围

投资企业对被投资企业具有共同控制或重大影响的长期股权投资，应当采用权益法核算。重大影响是指投资方对被投资企业的财务和经营政策有参与决策的权力，但并不能够控制或者与其他方一起共同控制这些政策的制定。

在确定能否对被投资企业施加重大影响时，应当考虑投资方和其他方持有的被投资企业当期可转换公司债券、当期可执行认股权证等潜在表决权因素。投资方能够对被投资企业施加重大影响的，被投资企业为其联营企业。

共同控制：按照合同约定对某项经济活动共有的控制，仅在与该项经济活动相关的重要财务和经营政策需要分享控制权的投资方一致同意时存在。一般而言，一项安排通过单独主体构造，且该单独主体的法律形式并未赋予各参与方享有与安排相关资产的权利，并承担与安排相关负债的义务，则该安排为合营企业；反之为共同经营。

二、长期股权投资的成本法

（一）成本法的定义

成本法是指投资按成本计价的方法。长期股权投资的成本法适用于企业持有的、能够对被投资企业实施控制的长期股权投资。

在成本法下，长期股权投资按照取得成本计量，持有过程中除发生减值等情况外，对其账面价值不予调整。

（二）成本法后续计量方法

1. "长期股权投资"科目反映取得时的成本。

2. 除取得投资时实际支付的价款或对价中包含的已宣告但尚未发放的现金股利或利润外，投资企业应当按照享有被投资企业宣告发放的现金股利或利润确认投资收益，不管有关利润分配是属于对取得投资前还是取得投资后被投资企业实现净利润的分配。

3. 投资企业在确认自被投资企业应分得的现金股利或利润后，应当考虑有关长期股权投资是否发生减值。

如果投资方在取得投资以后，自被投资企业分得的现金股利或利润大于在其获取投资以后被投资企业实现的净利润，可能涉及相关长期股权投资时，应当考虑减值的问题，但这只是判断有关长期股权投资可能存在减值的一个因素而已。企业应于每个资产负债表日，根据减值迹象判断，如果账面价值大于可收回金额，则准备计提减值。

4. 子公司将未分配利润或盈余公积转增股本（实收资本），且未向投资方提供等值现金股利或利润的选择权时，投资方并没有获得收取现金或者利润的权利，该项交易通常属于子公司自身权益结构的重分类，会计准则规定投资方不应确认相关的投资收益。

我国目前会计准则及实务处理认为，对于股票股利，因为投资方并未取得实际的现金流，该种被投资企业自身在净资产范围内所进行的权益调整，投资方按照持股比例计算享有的份额并未发生变化，被投资企业所有者权益内部资本性项目与留存收益的调整的现象，可以认为是投资企业投资资本的变化，因而无须进行会计处理。

5. 判断减值迹象：长期股权投资的账面价值是否大于享有被投资企业净资产（包括相关商誉）账面价值的份额。

可收回金额：资产可收回金额的估计，应当根据其公允价值减去处置费用后的净额与资产预计未来现金流量的现值两者之间较高者确定。

6. 被投资权益的变动不影响长期股权投资账面价值，对成本法核算下被投资者单位盈利、亏损或者其他所有者权益的变动，投资方都不进行会计处理，维持取得时的投资成本。

三、长期股权投资的权益法

（一）权益法的定义

权益法是指投资以初始投资成本计量后，在持有期间内，根据被投资企业所有者权益的变动，投资企业按应享有（或应分担）被投资企业所有者权益的份额调整其投资账面价值的方法。其基本理念是投资方按照持股比例应当享有被投资企业因实现损益或其他原因导致的净资产变动的份额。投资方最终总会取得，因而应计入长期股权投资账面价值。

1. 权益法的核算理念与合并财务报表的编制对比

（1）个别财务报表中的权益法又称"完全权益法"

完全权益法有如下特征：第一，以投资日被投资企业可辨认资产的公允价值持续计算的账面价值作为计量基础。第二，投资之后，对被投资企业的投资体现为个别财务报表中的一个列报项目"长期股权投资"。第三，如果存在公司间内部交易未实现的损益，要按照投资比例进行抵销，即个别报表中的"完全权益法"考虑了公允价值调整和公司间内部交易未实现损益的调整。

（2）合并财务报表中的权益法又称"不完全权益法"

不完全权益法的特征如下：第一，权益法仅是为抵销目的在合并财务报表中的"中间过渡"，通过合并抵销后，不存在"长期股权投资"列报项目，对子公司的投资体现为合并资产负债表中的"子公司资产、子公司负债和少数股东权益"，对子公司的投资收益体现为合并利润表中的"子公司收入、成本、费用和少数股东损益"。第二，根据投资日子公司可辨认净资产的公允价值持续计算的账面价值作为计量基础。在合并财务报表中，在抵销之前的长期股权投资由成本法调整为权益法，只考虑了公允价值的调整，所以，此权益法为"不完全权益法"。当然，公司间内部交易未实现损益部分也要进行抵销，但是不必通过长期股权投资的权益法进行调整，而是单独进行抵销。合并财务报表中"不完全权益法"只考虑了公允价值调整，对于公司间内部交易（包括实现部分和未实现部分），不在长期股权投资中抵销，而进行了专门抵销。

2. 权益法下长期股权投资的公允价值计量选择权

（1）会计准则规定，投资企业持有的对合营企业投资及联营企业投资，应当采用权益法核算。

（2）风险投资机构、共同基金以及类似主体持有的、在初始确认时按照相关准则的规定以公允价值计量且其变动计入当期损益的金融资产，无论以上主体是否对这部分投资具有重大影响，应按照相关准则进行确认和计量。

（3）投资方对联营企业的权益投资分为两部分：一部分通过风险投资机构、共同基金、信托公司或包括投资连结保险基金在内的类似主体间接持有；另外一部分直接持有。无论以上主体是否对这部分投资具有重大影响，投资方有两种会计处理方法：

①全部采用权益法进行后续计量。

②投资方可以按照相关准则的有关规定，对间接持有的该部分投资，指定以公允价值计量且其变动计入当期损益；对直接持有的长期股权投资，采用权益法核算。

3. 在评估投资方对被投资企业是否具有重大影响时

在评估投资方对被投资企业是否具有重大影响时，应当考虑潜在表决权的影响，但在确定应享有的被投资企业实现的净损益、其他综合收益和其他所有者权益变动的份额时，潜在表决权所对应的权益份额不应予以考虑。

（二）长期股权投资权益法"1＋4 步"

1. 长期股权投资在权益法下核算使用的明细科目

长期股权投资 —— 投资成本

长期股权投资 —— 损益调整

长期股权投资 —— 其他综合收益

长期股权投资 —— 其他权益变动

2. "1+4 步"之"1"：初始投资成本的调整

投资企业取得对联营企业或合营企业的投资以后，对于取得投资时投资成本与应享有被投资企业可辨认净资产公允价值份额之间的差额，应视情况分别处理。

（1）初始投资成本大于取得投资时应享有被投资企业可辨认净资产公允价值的份额

①本质上，该部分差额是投资企业在取得投资过程中通过购买作价体现出的与所取得股权份额相对应的商誉，由于其不可辨认，则不符合无形资产的确认条件。

②两者之间的差额不要求对长期股权投资的成本进行调整。

（2）初始投资成本小于取得投资时应享有被投资企业可辨认净资产公允价值的份额

两者之间的差额体现为双方在交易作价过程中转让方的让步，该部分经济利益流入应作为收益处理，计入取得当期的"营业外收入"，同时调整增加长期股权投资的账面价值。

3. "1+4 步"之"4"之第 1 步：投资损益的确认

投资企业取得长期股权投资后，应当按照应享有或应分担的被投资企业实现的净损益的份额，确认投资损益，并调整长期股权投资的账面价值。

4. "1+4 步"之"4"之第 2 步：取得现金股利或利润的处理

按照权益法核算的长期股权投资，投资企业自被投资企业取得的现金股利或利润，应抵减长期股权投资（损益调整）的账面价值。超过已确认损益调整的部分应视同投资成本的收回，冲减长期股权投资（投资成本）的账面价值。

5. "1+4 步"之"4"之第 3 步：其他综合收益的处理

在权益法核算下，被投资企业确认的其他综合收益及其变动也会影响被投资企业所有者权益总额，进而影响投资企业应享有被投资企业所有者权益的份额。因此，当被投资企业其他综合收益发生变动时，投资企业应当按照归属于本企业的部分相应调整长期股权投资的账面价值，同时增加或减少其他综合收益。

其他综合收益是指企业根据其他会计准则规定未在当期损益中确认的各项利得和损失。其他综合收益项目应当根据其他相关会计准则的规定分为下列两类列报：

（1）以后会计期间不能重分类进损益的其他综合收益项目

主要包括：

①按照权益法核算的在被投资企业以后会计期间不能重分类进损益的其他综合收益中所享有的份额等。

②重新计量设定受益计划导致变动而形成的其他综合收益。

③指定以公允价值计量且其变动计入其他综合收益的非交易性权益工具的公允价值累计变动形成的其他综合收益。

④指定以公允价值计量且其变动计入当期损益的金融负债，且自身信用风险变动引起该金融负债公允价值变动而形成的其他综合收益。

（2）以后会计期间在满足规定条件时将重分类进损益的其他综合收益项目

主要包括：

①按照权益法核算的在被投资企业以后会计期间在满足规定条件时，将重分类进损益的其他综合收益中所享有的份额。

②自用房地产转为以公允价值后续计量的投资性房地产时，公允价值大于账面价值的部分形成的其他综合收益。

③现金流量套期工具产生的利得或损失中，属于有效套期的部分形成的其他综合收益（现金流量套期储备）。

④外币财务报表折算差额。

⑤其他债权投资（以公允价值计量且其变动计入其他综合收益的债务工具）的累计公允价值变动形成的其他综合收益。

6. "1+4 步"之"4"之第 4 步：被投资企业所有者权益其他变动的处理

采用权益法核算时，投资企业对于被投资企业除净损益、其他综合收益以及利润分配以外所有者权益的其他变动。在持股比例不变的情况下，应按照持股比例与被投资企业除净损益以外所有者权益的其他变动中归属于本企业的部分，相应调整长期股权投资的账面价值，同时增加或减少资本公积。

被投资企业所有者权益其他变动主要包括：被投资企业接受其他股东的资本性投入、被投资企业发行可分离交易的可转换公司债券中包含的权益成分、以权益结算的股份支付等所带来的所有者权益变动。

（三）对被投资企业利润的公允价值调整

被投资企业的利润是以被投资企业的相应账面价值计算的。由于投资企业以公允价值计量被投资企业的净资产，所以要将以账面价值为基础的被投资企业利润调整为以公允价值为基础的被投资企业利润，因此，被投资企业的净资产是以投资之日公允价值持续计算的账面价值。

要取得被投资企业的公允利润，投资企业必须考虑如下因素：被以取得投资时被投资企业固定资产、无形资产的公允价值为基础计提的折旧额或摊销额，以被投资企业存货的公允价值为基础计算营业成本，以及以投资企业取得投资时的公允价值为基础计算确定的资产减值准备金额。

1. 被投资企业个别利润表中的净利润是以其持有的资产、负债账面价值为基础持续计算的

而投资企业在取得投资时，以被投资企业有关资产、负债的公允价值为基础确定投资成本。

2. 取得投资时被投资企业有关资产、负债的公允价值与其账面价值不同的

未来期间在计算归属于投资企业应享有的净利润或应承担的净亏损时，应以取得投资时有关资产的公允价值为基础计算确定，从而产生了需要对被投资企业净利润进行调整的情况。从基本的会计理论来讲，该调整要遵循"资本保全原则"。

（1）对于被投资企业来说

对于被投资企业来说，股东之间发生的有关股权性交易不会影响到被投资企业作为一个独立的会计主体日常核算，被投资企业自身原已持有的资产、负债在持续经营情况下应保持原有账面价值不变。

（2）对于投资方来说

对于投资方来说，其所获得的投资背后包含的被投资企业每一单项资产、负债的成本为投资取得时点的公允价值，如以被投资企业的资产、负债账面价值为基础计算确认投资损益，则可能产生投资方的有关成本未能得到完全补偿的情况，进而违背资本保全原则。

3. 在针对上述事项对被投资企业实现的净利润进行调整时

在针对上述事项对被投资企业实现的净利润进行调整时，出于实务操作考虑，如果对所有投资时对公允价值与账面价值不同的资产、负债项目均进行调整，一方面调整的工作量较大且有些资产、负债项目的跟踪相对较为困难，另一方面相关所得税等因素的影响也较难计算确定，因此，有关调整应立足重要性原则，不具重要性的项目可不予调整。

4. 其他情况

存在下列情况之一的，可以按照被投资企业的账面净损益与持股比例计算确认投资损益，但应当在附注中说明这一事实及其原因：

（1）无法可靠确定投资时被投资企业各项可辨认资产等的公允价值。

（2）投资时被投资企业可辨认资产等的公允价值与其账面价值之间的差额较小。

（3）其他原因导致无法对被投资企业净损益进行调整。

（四）公司间内部交易未实现损益的调整

1. 内部交易未实现损益抵销的原理

被投资企业和投资企业之间可能发生内部交易。如果交易所包含的损益没有实现，则被投资企业利润就要减少。比如，一家企业将存货卖给另外一家企业，另外一家企业也作为购入商品，但是还未对外销售；或者另外一家企业将购入的商品作为固定资产使用，都存在内部交易未实现损益调整的问题。

与联营企业及合营企业之间发生的内部交易损益按照持股比例计算归属于投资企业的部分，投资企业应予以抵销，在此基础上确认投资损益。

长期股权投资采用权益法后续计量，其计量和记账的最终结果是"单行合并"，即被投资企业利润表中的各列报项目表现为单个数字即"单行"，在投资企业的利润表中列示为"投资收益"（单行）；被投资企业资产负债表的各个列报项目之和表现为单个数字即"单行"，在投资企业的资产负债表中列示为"长期股权投资"（单行）。

2. 权益法下公司间内部顺流交易未实现损益的抵销

（1）投资企业向联营或合营企业出售商品或固定资产，形成了顺流交易，联营或合营企业已经对外出售或者全部使用的，则属于实现，即不存在未实现内部交易损益，不需要抵销。

（2）投资企业向联营或合营企业出售商品或固定资产。形成了顺流交易，联营或合营企业没有全部对外出售或者没有全部耗用的，投资方因出售资产应确认的损益仅限于联营或合营企业与其他投资者交易的部分，按照持股比例计算确定归属于本企业的部分不予确认，即如果存在着未实现内部交易损益，需要抵销，在抵销时只要"盯住"未实现内部交易损益的部分即可。

（3）对于公司间内部顺流交易未实现损益，于发生当期。在个别财务报表中借记"投资收益"，贷记"长期股权投资"。另外，如果投资企业存在子公司，需要编制合并财务报表时对于公司间内部商品的销售，则借记"营业收入"，贷记"营业成本"，贷记"投资收益"；对于公司间内部固定资产的出售，则借记"资产处置收益"，贷记"投资收益"。

（4）对于以前年度公司间内部顺流交易未实现损益，在以后年度如果没有实现，则在个别财务报表和合并财务报表中不进行会计处理；在以后年度如果实现了，在实现的当期对于已经实现的部分，在个别财务报表中借记"长期股权投资"，贷记"投资收益"。另外，如果投资企业存在子公司，需要编制合并财务报表时对于公司间内部商品的销售，则借记"营业成本"，借记"投资收益"，贷记"营业收入"；对于公司间内部固定资产的出售，则借记"投资收益"，贷记"资产处置收益"。

3. 权益法下公司间内部逆流交易

（1）逆流交易是指联营企业或合营企业向投资企业出售资产。如果投资企业已经对外出售或者全部耗用，则属于实现，即不存在未实现内部交易损益，从而不需要抵销。

（2）对于联营企业或合营企业向投资企业出售资产的逆流交易，在该交易存在未实现内部交易损益的情况下，投资企业在采用权益法计算确认应享有联营企业或合营企业的投资损益时，应抵销该未实现内部交易损益的影响，即不应确认联营企业或合营企业因该交易产生的损益中本企业应享有的部分，只要"盯住"逆流交易未实现损益，进行抵销即可。

（3）对于未实现内部逆流交易损益，于发生当期，在个别财务报表中借记"投资收益"，贷记"长期股权投资"；同时，如果投资企业存在子公司，需要编制合并财务报表，则借记"长期股权投资"，贷记"存货"等资产类列报项目。比如，被投资企业将商品卖给投资企业，如果投资企业作为商品的，则"存货"科目包含了未实现损益；如果投资企业形成固定资产，则"固定资产"科目包含了未实现损益。同理，被投资企业将固定资产卖给投资企业，如果投资企业作为商品的，则"存货"列报项目包含了未实现损益；如果投资企业形成固定资产，则"固定资产"列报项目包含了未实现损益。

（4）对于以前年度公司间内部逆流交易未实现损益，在以后年度如果没有实现，则在个别财务报表中不进行会计处理，但是，在合并财务报表中，"盯住"未实现的部分，借记"长期股权投资"，贷记"存货"等资产类报表列报项目；在以后年度如果实现了，在实现的当期，对于已经实现的部分，在个别财务报表中借记"长期股权投资"，贷记"投资收益"，但是，在合并财务报表中对于实现的部分不需要进行会计处理。

对于公司间逆流交易，在合并财务报表中抵销的资产类列报项目，取决于投资企业对于从联营或合营企业购买资产的分类，如果投资企业作为存货，则抵销的资产为"存货"；如果投资企业作为固定资产，则抵销的资产为"固定资产"。

4. 权益法下公司间内部交易未实现损益不需要抵销的特殊情况

（1）投资企业与其联营或合营企业之间发生的无论是顺流交易还是逆流交易产生的未实现内部交易损失，属于所转让资产发生减值损失的，有关的未实现内部交易损失不应予以抵销。因为该损失原则上是客观存在的，相关损失与转让交易无关，即使有关，但资产未发生实际交易，有证据表明其可收回金额低于账面价值的，无论资产持有方是哪个企业，均应按照会计准则规定计提相应的减值损失。

（2）公司间内部交易形成业务的，在个别财务报表中确认的交易损益不进行抵销。

在购买业务的情况下，因构成企业合并，其会计处理遵从企业合并的处理原则，此时无论交易是否发生在投资方与其联营或合营企业之间，有关损益均需全额确认，不再作为权益法下与长期股权投资相关投资损益的调整因素。

5. 合营方向合营企业投出非货币性资产产生损益的处理

（1）合营方向合营企业投出或出售非货币性资产的相关损益，应当按照以下原则处理。

①符合下列情况之一的，合营方不应确认该类交易的损益：与投出非货币性资产所有权有关的重大风险和报酬没有转移给合营企业；投出非货币性资产的损益无法可靠计量；投出非货币性资产交易不具有商业实质。

②合营方转移了与投出非货币性资产所有权有关的重大风险和报酬并且投出资产留给合营企业使用的，应在该项交易中确认属于合营企业其他合营方的利得和损失。交易表明投出或出售非货币性资产发生减值损失的，合营方应当全额确认该部分损失。

③在投出非货币性资产的过程中，合营方除了取得合营企业的长期股权投资外，还取得了其他货币性或非货币性资产的，应当确认该项交易中与所取得其他货币性、非货币性资产相关的损益。

（2）合营方向合营企业投出或出售非货币性资产相当于顺流交易时

合营方向合营企业投出或出售非货币性资产相当于顺流交易，其中的相关损益分别处理：如果是上述第①种情况，不确认损益；如果是上述第②种情况，要确认损益，存在着内部交易未实现损益抵销的问题；如果是上述第③种情况，要确认损益，并按照相对比例计算出内部交易的未实现损益，并按规定进行抵销。

（3）如果合营方向合营企业投出固定资产，并且属于上述第②种情况，则会计处理如下：

①交易当年：在个别财务报表中，对于内部交易未实现损益。要借记"投资收益"，贷记"长期股权投资"；在合并财务报表中，借记"资产处置损益"，贷记"投资收益"。

②以后年度：如果内部交易损益实现了，则对于已经实现的内部交易损益，在个别财务报表中，要借记"长期股权投资"，贷记"投资收益"；在合并财务报表中，要借记"投资收益"，贷记"资产处置损益"。

当然，如果合营方向合营企业投出商品，则对应的损益类列报项目为"营业收入"和"营业成本"；如果合营方向合营企业投出投资性房地产，则对应的损益类列报项目为"其他业务收入"和"其他业务成本"。

（五）股票股利

1. 被投资企业分派股票股利和提取盈余公积，在权益法下不用进行会计处理

对于被投资企业分派的股票股利，投资企业不作会计处理，但应于除权日注明所增加的股数，以反映股份的变化情况。被投资企业分派股票股利，不会导致投资企业所有权权益变动，所以不需要做会计处理；同理，如果被投资企业提取盈余公积，也不需要做会计处理。

2. 如果有选择现金分红或转股选择权，要按照现金股利进行会计处理

如果在宣告发放股利时授予全体股东选择领取现金分红或者转增股份的选择权，则此时的交易实质上相当于被投资企业首先对各股东分配现金股利，然后各股东再自行决定是否以现金方式向被投资企业增资，分配股利和增资不是"一揽子交易"，股东无论是领取现金股利还是获得转增的股份，均可确认相应的投资收益。

（六）超额亏损的确认

1.投资企业确认被投资企业发生的净亏损，以长期股权投资的账面价值以及其他实质上构成对被投资企业净投资的长期权益减记至零为限，投资企业负有承担额外损失义

务的除外。

这里所讲的"其他实质上构成对被投资企业净投资的长期权益"通常是指长期应收项目。比如，企业对被投资企业的长期债权，该债权没有明确的清收计划，且在可预见的未来期间不准备收回的，实质上构成对被投资企业的净投资，但不包括投资企业与被投资企业之间因销售商品、提供劳务等日常活动所产生的长期债权。

2.投资企业在确认应分担被投资企业发生的亏损时，具体应按照以下顺序处理：

（1）冲减长期股权投资账面价值。

（2）冲减长期应收（如果有）。

（3）确认预计负债（如果有）。

（4）备查登记。

（5）会计处理。

①在发生投资损失时。

借：投资收益

贷：长期股权投资 —— 损益调整。

②在长期股权投资账面价值减记至零以后。

在长期股权投资账面价值减记至零以后，考虑其他实质上构成对被投资企业净投资的长期权益，继续确认投资损失。

借：投资收益

贷：长期应收款

③因投资合同或协议约定导致投资企业需要承担额外义务的。

因投资合同或协议约定导致投资企业需要承担额外义务的，需确认预计负债。

借：投资收益

贷：预计负债

④除上述情况外应分担被投资企业的损失，应在账外备查登记。

四、权益法下与所得税相关的会计处理

（一）与子公司、联营企业、合营企业投资等相关的应纳税暂时性

1. 一般应确认相应的递延所得税负债

除非同时满足以下两个条件：一是投资企业能够控制暂时性差异转回的时间；二是该暂时性差异在可预见的未来很可能不会转回。如果同时满足以上两个条件，对于企业来说，属于可以无条件避免交付现金或者其他资产的合同义务。而不符合负债的定义，也就不符合负债确认的条件。

2. 在投资企业拟长期持有长期股权投资的情况下

在投资企业拟长期持有长期股权投资的情况下，对于采用权益法核算的长期股权投资账面价值与计税基础之间的差异，投资企业一般不确认相关的所得税影响。

3. 在投资企业改变持有意图拟对外出售的情况下

在投资企业改变持有意图拟对外出售的情况下，按照税法规定，企业在转让或者处置资产时，资产的成本准予扣除。如果投资企业拟近期出售，对于因长期股权投资的账面价值与计税基础不同产生的有关暂时性差异，均应确认相关的所得税影响。

（1）根据被投资企业净利润的比例确认投资收益并相应增加长期股权投资的账面价值，账面价值大于计税基础，产生递延所得税负债。

（2）根据被投资企业其他综合收益变化的比例确认其他综合收益并相应增加长期股权投资的账面价值，账面价值大于计税基础，产生递延所得税负债。

（3）根据被投资企业的现金股利确认应收股利并相应减少长期股权投资的账面价值，账面价值小于计税基础，不确认递延所得税。根据税法规定，公司间内部分红不用交税，这是永久性差异。

（二）与子公司、联营企业、合营企业投资等相关的可抵扣暂时性差异

1. 如果同时满足两个条件

如果同时满足两个条件，则确认为递延所得税资产：一是暂时性差异在可预见的未来很可能转回；二是未来很可能获得用来抵扣可抵扣暂时性差异的应纳税所得额。

2. 投资企业对有关长期股权投资在计提减值准备的情况下

投资企业对有关长期股权投资在计提减值准备的情况下，会产生可抵扣暂时性差异。

3. 被投资企业有亏损时

被投资企业有亏损时，投资企业按照持股比例确认应予承担的部分，并相应地减少长期股权投资。

4. 公司间内部交易未实现损益部分

公司间内部交易未实现损益部分，投资企业按照对应的持股比例减少长期股权投资，税法规定按长期股权投资初始成本在持有期间不会发生变化，则产生可抵扣暂时性差异。

第七章 企业合并

第一节 企业合并概述

一、企业合并的定义

（一）一般来讲，企业合并包括企业兼并与收购两个方面

兼并通常有狭义和广义两个层次的含义。狭义的兼并是指在市场机制作用下，企业通过产权交易获得其他企业的产权，使这些企业的法人资格丧失，并获得它们控制权的经济行为。广义的兼并是指在市场机制作用下，企业通过产权交易获得其他企业产权，并企图获得其控制权的经济行为。狭义的兼并相当于公司法和会计学中的吸收合并，而广义的兼并除了包括吸收合并以外，还包括新设合并与控股合并等形式。

收购是指对企业的资产和股份的购买行为。收购涵盖的内容较广，其结果可能是拥有目标企业几乎全部的股份或资产，从而将其吞并；也可能是获得企业较大一部分股份或资产，从而控制该企业；还有可能是仅拥有较少一部分股份或资产，而作为该企业股东中的一个。

收购和广义的兼并常作为同义词使用，尤其是当兼并与收购同时使用时，泛指在市场机制下，企业为了获得其他企业的控制权而进行的产权交易活动。

理论规范上，对企业合并也有不同定义：

1. 企业合并是将独立的主体或业务集合为一个报告主体。几乎所有企业合并的结果都是一个主体（购买方）获得一个或多个其他业务（被购方）的控制权。如果一个主体获得一个或多个其他非业务的主体的控制权，则这些主体的结合不是企业合并。

2. 企业合并指通过一个企业与另一个企业的联合或获得对另一个企业净资产和经营活动控制权，而将各单独的企业组成一个经济实体。

3. 企业合并是指一个实体收购组成企业的净资产，或收购一个或多个实体的股权并对该实体或多个实体进行控制。对于通过除收购净资产或股权以外的方式获得的控制。

4. 企业合并是将两个或两个以上单独的企业合并形成一个报告主体的交易或事项。从以上关于企业合并的定义看，表述虽有一定差异，但其本质定性是一致的，即企业合并的结果通常是一个企业取得了对另一个或多个业务的控制权。构成企业合并至少包括两层含义：

第一层含义，取得对另一个或多个企业（或业务）的控制权，其关键要看有关交易或事项发生前后，是否引起报告主体的变化。报告主体的变化产生于控制权的变化。在交易事项发生以后，一方能够对另一方的生产经营决策实施控制，形成母子公司关系，就涉及控制权的转移，从合并财务报告角度形成报告主体的变化；交易事项发生以后，一方能够控制另一方的全部净资产，被合并的企业在合并后失去其法人资格，也涉及控制权及报告主体的变化，形成企业合并。实务中，对于交易或事项发生前后是否形成控制权的转移，应当遵循实质重于形式原则，综合可获得的各方面情况进行判断。

第二层含义，所合并的企业必须构成业务。业务是指企业内部某些生产经营活动或资产负债的组合，该组合具有投入、加工处理和产出能力，能够独立计算其成本费用或所产生的收入。如果一个企业取得了对另一个或多个企业的控制权，而被购买方（或被合并方）并不构成业务，则该交易或事项不形成企业合并。企业取得了不形成业务的一组资产或是净资产时，应将购买成本按购买日所取得各项可辨认资产、负债的相对公允价值基础进行分配，不按照企业合并准则进行处理。

（二）不包括在企业合并准则规范范围内的交易或事项

实务中，某些交易或事项因不符合企业合并的界定，不属于企业合并准则的规范范围，或者虽然定义上属于企业合并，但因交易条件等各方面的限制，不包括在企业合并准则的规范范围之内。

1. 购买子公司的少数股权

购买子公司的少数股权是指在一个企业已经能够对另一个企业实施控制，双方存在母子公司关系的基础上，为增加持股比例，母公司自子公司的少数股东处购买少数股东持有的对该子公司全部或部分股权。根据企业合并的定义，考虑到该交易或事项发生前后，不涉及控制权的转移，不形成报告主体的变化。因此不属于准则中所称的企业合并。

2. 其他不按照企业合并准则核算的情况

（1）两方或多方形成合营企业的情况

该情况主要是指作为合营方将其拥有的资产、负债等投入所成立的合营企业，按照合营企业章程或是合营合同、协议的规定，在合营企业成立以后，由合营各方对其生产经营活动实施共同控制。在这种情况下，因合营企业的各合营方中，并不存在占主导作用的控制方，不属于企业合并。因合营企业的各合营方中，并不存在占主导作用的控制方，所以不属于准则中界定的企业合并。

（2）仅通过合同而不是所有权份额将两个或者两个以上的企业合并形成一个报告主体的情况

在这种情况下，一个企业能够对另一个企业实施控制，但该控制并非产生于持有另一个企业的股权，而是通过一些非股权因素产生的，例如，通过签订委托受托经营合同，作为受托方虽不拥有受托经营企业的所有权，但按照合同协议的约定能够对受托经营企业的生产经营活动实施控制。这样的交易由于无法明确计量企业合并成本，有时甚至不发生任何成本，因此即使涉及控制权的转移，也不属于企业合并。

二、企业合并的动机

市场经济环境下，企业作为独立的经济主体，其一切经济行为都受到利益动机驱使，并购行为的目的也是为实现财务目标——股东财富最大化。同时，企业并购的另一动力来源于市场竞争的巨大压力。这两大原始动力在现实经济生活中以不同的具体形态表现出来。即在多数情况下企业并非仅仅出于某一个目的进行并购，而是将多种因素综合平衡。这些因素主要表现为：

（一）扩大经营规模，增强经济实力

在市场竞争中，资本数量的多少对竞争实力有着重大影响。合并后的公司比过去具有更雄厚的财力和物力，它更容易取得资本。吸收最佳经营管理人员、技术顾问和其他人员，容易形成规模经济，从而增强公司的经济实力。

（二）实现多角化经营，分散经营风险

不同行业的公司合并后，能够发挥其各自优势，促进产品结构调整，增强对市场的适应能力，并创造发展机遇，从而减少公司为了发展各种经营而投资于其他行业的风险。

（三）提高市场份额，扩大市场销售

销售企业与生产企业的合并，有利于扩大产品销售，增大市场份额，从而抓住有利时机获取最大利润。

（四）消除相互竞争

这主要是针对直接竞争者之间的合并而言的。通过合并减少竞争对手，避免两败俱伤，从而联手开发新产品，开拓市场。

（五）优化资源配置

某一方可能为了获取对方的技术、设备、人才及品牌，也可能是看中了对方优越的地理位置条件，或者为了获取某一公司所拥有的专利或其他专有技术，通过合并的方式可以较为顺利地实现，从而使社会资源得到有效配置。

（六）防止被其他公司吞并

背靠大公司，不仅可以获得外在的推动力，而且在依靠大公司注入资金、输入人才、改造设备、改善管理，以及利用大公司的品牌、信誉及行销通道等方面，可以扩充自己的实力，防止被别人收购。

（七）减少各种开支，节约税金

合并可提高公司内部的专业化协作水平，减少内部交易费用，从而以较少的日常管理费用换取较大的生产能力和较高的效益。同时，将两个或两个以上的纳税主体合为一个，可以减少分户设立的税费，还可以获取政府的有关税费减免及优惠政策。

（八）获得股票升值的好处

大公司依据其较强的经济实力和信誉，往往股价较高，小公司与其合并，可提高自身股价。此外，有些有限责任公司的股东希望通过被股份有限公司兼并，从而使他们所拥有的股份能够上市流通，股东就有可能获得股票升值的好处。

三、企业合并的类别

（一）企业合并按法律形式分类

按照企业合并的法律形式，企业合并可分为吸收合并、新设合并和控股合并。

1. 吸收合并

吸收合并是指一个或一个以上企业加入另一个企业，加入方解散，接纳方存续，加入方财产转给存续公司，又称"兼并"或"并吞合并"。

吸收合并可以由继续存在的企业以现款购买、发给股票或签发出资证明书等形式换取不复存在的被合并方的各种资产，并承担后者的全部债务，被吸收的企业解散，失去原有法人资格。如果存续企业是以现金购买被吸收公司的股份，则被吸收公司应把所得现金支付给各股东，然后宣布解散。与此同时，吸收方或兼并方往往保留公司的原有名称、机构、品牌等，以充分发挥无形资产的作用。

2. 新设合并

新设合并是指两个或两个以上的企业合并设立一个新的企业，原有企业不复存在，都被解散的一种合并方式，又称"创设合并"。

在新设合并方式下，参与合并的各方企业均被解散，失去原有法人资格，它们共同组成一个新的法人实体。新设企业无偿地接收了原来各企业的资产，同时也承担原来各企业的债务，它全面接管了原来各企业的权利、责任与业务关系。在新公司设立后，原有各公司股东的股份应折算为新设公司的股份，然后换发新股。同时，新设立的公司还应到工商行政管理机关办理设立登记手续，取得法人资格。

就上述两种合并方式的比较来看，吸收合并方式相对来说手续简单，操作便利，费用低廉，所引起的震动，包括心理上的震动也比较小。吸收合并往往是一方在经营中遇到重重困难，迫切希望得到解脱、新生，而另一方又正雄心勃勃地谋求扩张时，双方一拍即合，政府也全力支持，因而比较顺利地实现合并。而新设合并的各方动机往往比较复杂，牵涉的法律手续更多，各方的谋合也不太容易，但新设合并在开拓新领域等方面仍是一种重要的方式，故在现实经济生活中也经常被采用。

3. 控股合并

控股合并是指一家企业买入或取得了另一家有投票表决权的企业股份或出资证明书，且已达到能控制后者经营和财务方针的持股比例。例如，当甲公司购入乙公司50%以上股份时，可完全控制乙公司的生产经营管理大权，甲公司成为控股公司，也称母公司，乙公司成为甲公司的附属公司，也称子公司。由于在甲公司对乙公司控股的情形下，甲、乙公司各自仍以独立的法律主体存续，并未合并为一个独立的法律主体，有时人们也认为控股不是一种合并方式。但从会计角度看，为了反映整体财务状况，需要以甲、乙公司组成的企业集团作为一个会计主体编制集团的财务报告，即合并财务报告。因此从会计角度来看，控股合并也作为一种合并方式，遵循合并会计准则的规范进行会计处理。当今经济环境下，控股合并成为企业控制资源的一种重要方式，较之吸收合并和新设合并付出的合并成本更低。

（二）企业合并按经济实质分类

按照企业合并的性质进行分类，企业合并可以分为购买性质的合并和股权联合性质的合并。

1. 购买

购买指通过转让资产、承担负债或发行股票等方式，由一个企业（购买企业）获得对另一个企业（被购买企业）净资产和经营控制权的合并行为。在企业合并活动中，通常总有一个参与合并的企业能够控制其他参与合并的企业，只要一个参与合并的企业能够控制其他参与合并的企业，就能够辨别出哪个企业是购买方。

2. 股权联合

股权联合是指各参与合并企业的股东联合控制他们的全部或实际上是全部净资产和经营，以便共同对合并实体分享利益和分担风险的企业合并。当参与合并的企业根据签订平等协议共同控制其全部或实际上是全部的净资产和经营，参与合并的企业管理者共同管理合并企业，并且参与合并企业的股东共同分担合并后主体的风险和利益时，这种企业合并属于股权联合性质的企业合并。

四、企业合并程序

（一）企业合并的一般程序

一般来说，企业并购都要经过前期准备阶段、方案设计阶段、谈判签约阶段、接管整合阶段共四个阶段。

第一阶段：前期准备阶段。企业根据发展战略的要求制定并购策略，初步勾画出拟并购的目标企业的轮廓，如所属行业、资产规模、生产能力、技术水平、市场占有率等等。据此进行目标企业的搜寻，捕捉并购对象，并对可供选择的目标企业进行初步的比较。当选定一个"适当"对象后，开始深入调查了解，并就目标企业的资产、财务、税务、技术、管理、人员、法律等方方面面进行评价。

第二阶段：方案设计阶段。方案设计阶段就是根据评价结果、限定条件（最高支付成本、支付方式等）及目标企业意图，对各种资料进行深入分析，统筹考虑，设计出数种并购方案，包括并购范围（资产、债务、契约、客户等）、并购程序、支付成本、支付方式、融资方式、税务安排、会计处理等。

第三阶段：谈判签约阶段。通过分析、甄选、修改并购方案，最后确定具体可行的并购方案。并购方案确定后并以此为核心内容编制收购建议书或意向，作为与对方谈判的基础；若并购方案设计将买卖双方利益拉得很近，则双方可能进入谈判签约阶段；反之，若并购方案设计远离对方要求，则会被拒绝，并购活动又回到起点。

第四阶段：接管与整合阶段。双方签约后，进行接管并在业务、人员、技术等方面进行整合。并购后的整合是并购程序的最后环节，也是决定并购是否成功的重要环节。

（二）我国上市公司的合并程序

上市公司合并可以采取协议收购或者要约收购方式。采取协议收购方式，并购方必须通过与目标公司的管理层或者目标公司的股东反复磋商，达成协议，并按照协议所规定的收购条件、收购价格、收购期限，以及其他规定事项运作以达到收购目标公司股份的目的。协议收购必须事先与目标公司的管理层或者目标公司的股东达成书面的转让股份的协议。要约收购不需要事先征得目标公司管理层的同意。

1. 协议收购

协议收购的程序如下：并购方根据有关法律、行政法规的规定可以采取协议收购方式。采用协议收购方式收购上市公司时达成协议后必须在法定期限内向有关机构作出书面报告，同时予以公告。采用协议收购方式必须按照法律、行政法规有关的规定进行。通常，根据相关规定，以协议方式收购上市公司，通常需要三个基本步骤：

（1）达成收购的协议

即并购方通过向目标公司董事会提出收购意向。双方就收购事项进行磋商和谈判，最终就收购事宜达成一致意见。在大多数情况下，这些工作是在并购方与目标公司之间秘密进行的。

（2）作出书面的报告并公告

收购协议达成后，应该在达成协议后3天内以书面的形式向国务院报告并进行公告。这是为了便于证券监督管理机构进行监督管理，也是为了保证信息披露的及时性。

（3）收购协议的履行

采取协议收购方式的，协议双方可以临时委托证券登记结算机构保管协议转让的股票。并将资金存放于指定的银行。这是由于上市公司收购协议的履行中有时会涉及较多股东而且通常不是一次性完成的，需要经过一段时间。因此，为了便于协议的履行，双方可以临时委托证券登记结算机构保管协议转让的股票。同时，将资金存放在指定的银行。这样既可以保证协议的有效履行，又可起到一定的监督作用。

2. 要约收购

相关规定对要约收购程序做了规定，其主要过程为：

（1）达到要约收购的条件

通过证券交易所的证券交易。投资者持有一个上市公司已发行股份的30%时，继续进行收购的，应当依法向该股份有限公司所有股东发出收购要约，但经国务院证券监督管理机构免除发出收购要约的除外。在大多数情况下，需要强制收购。强制收购是指当某一持股者比例达到法定数额时，强制其向目标公司同类股票的全体股东发出公开收购要约的法律制度。这种制度的理论依据是：在当前上市公司股权日益分散的情况下，持有一个上市公司30%股权的股东已基本上取得了该公司的控制权，这时，该股东不仅可以依据公司章程自由选派高级管理人员，对公司的日常经营、管理作出决定。而且在市场上进一步收购该公司的股票以达到绝对控制地位成了一件不太困难的事，小股东因此被剥夺K应享有的权利，实际上处于被支配的地位。从公平的角度看，小股东有权享有将其持有的股票以合理的价格卖给大股东的权利。因此，要求持股达到30%以上的大股东以合理价格作出全盘收购要约是完全必要的。另外，需要说明的是，通过证券交易所的股票交易的持资者持有一上市公司已发行股份的5%时，应当在交易发生之日起3日内，向国务院证券监督管理机构、证券交易所做出书面报告。通过该股份有限公司并予以公告；在上述规定的期限内，不得再买卖股份有限公司的股票。持资者持有上市公司已发行的股份的5%后，其所持该上市公司已发行的股份比例每增加或减少5%，应当依照上述规定进行报告和公告。同样，在报告期限内和作出报告、公告后2日内，不得再买卖上市公司的股票。所以，当一个持资者持有某上市公司股票不足5%时，要达到30%的要约收购条件还需要一段较长的时间。

（2）报送上市公司收购报告书

在发出收购要约时，并购方必须事先向国务院证券监督管理机构报送上市公司收购报告书。

（3）发出收购要约

并购方在依照规定报送上市公司收购报告书之日起15日后，发出其收购要约，收购要约的发出通常采用公告的形式。收购要约通常包含收购要约的期限，即并购方发出收购要约并接受目标公司股东转让股份的承诺。这一期限在我国不得少于 30 日，并且不得超过 60 日。收购要约是不可撤回的，但可依法变更。收购要约作为收购中一个极为重要的法律文件，表达了并购方进行收购行为的准确意思，其一旦发出并予以公告，并购方在有效期限内不得撤回。这既是为了保护目标公司其他股东的利益，也是为了防止有人利用收购行为操纵股市。但是，在收购要约的有效期限内，并购方可以对要约中的有关事项进行变更，如提高收购出价。但收购要约中，有关事项的变更必须事先向国务院证券监督管理机构和证券交易所提出变更收购，要约中有关事项的报告经国务院证券监督管理机构和证券交易所获准后，予以公告。收购要约对目标公司所有股东一律平等，这意味着不论持股比例大小，所有目标公司股东一律根据收购要约约定的条件，享受同等待遇。

（4）终止上市交易

收购要约的期限届满，并购方持有的目标公司的股份达到该上市公司已发行的股份总额的75%以上的，表示收购成功。该上市公司的股票应当在证券交易所终止上市交易。这样的规定主要是因为市场股票流通量大大降低，会对股票价格产生较大的影响。不利于股市稳定和防止利用这一特点操纵股票价格。如果收购要约期限届满，并购方持有股票份额超过该公司已发行股份的90%以上，其余仍持有目标公司股票的股东有权向并购方以收购要约的同等条件出售其股票，并购方则必须收购。当然，那些不主张此项权利的股东除外。收购上市公司的行为结束后，并购方应当在 15 日内将收购情况报告国务院证券监督管理机构和证券交易所，并予以公告。

另外，需要说明的是，在上市公司收购中，并购方对所持有的被收购的上市公司的股票，在收购行为完成后的 6 个月内不得转让。如果收购要约期限届满，并购方持有股票份额不足75%的，则收购失败。

第二节　企业合并会计处理方法

正确理解合并按法律形式分类和按经济实质分类，是正确选择会计处理方法的钥匙。我们不能将两种分类简单地联系起来，认为吸收合并属于购买性质的，兼并方属于购买方，而被兼并方属于被购买方；新设合并就是股权联合形式的合并。因为它们是联合成立一个新企业。事实上，这两种分类之间没有必然的内在联系。吸收合并从法律上看，一方被取消法律资格并入另一方从而成为另一方的下属单位。另一方则以原来的法律实体和地位继续从事生产经营活动。但是在实质上，双方股东可能是以平起平坐的身份通过股权的联合、董事会的构成和高管人员的安排共同控制并购后的企业。因此在实务操作中，会计方法选择的基础是经济实质而非法律形式。对企业合并的会计处理有购买法和权益结合法两种方法。

一、购买法

购买法认为，企业合并是一个企业主体通过购买方式取得其他参与合并企业净资产的一种交易，合并后被购买的企业丧失法人地位不再继续经营，被购买企业资产的风险和收益转移到购买方。在购买法下对于所收到的资产与承担的负债。用与之交换的资产或权益的公允价值来衡量，购买成本超过所取得的被购买企业净资产公允价值的差额，确认为商誉。合并企业的收益包括购买企业当年本身实现的收益以及购买日后被购买企业所实现的收益。

购买法主要有以下特点：

1.实施合并的企业要按公允价值记录所收到的资产和承担的债务。

2.合并成本可以是支付有形资产（如现金等），也可以是新发行的权益性证券（如股票）换取原股份的方式。

3.合并成本超过所取得净资产公允价值的差额，计入商誉。但在控股合并方式下，在控股投资的分录中不记录商誉。合并商誉在集团的合并报表中反映。

4.合并时支付的相关费用分几种情况处理：若以发行权益证券（股票）为代价。登记和发行成本直接冲减股票的公允价值，即减少超面值缴入资本；法律费、咨询费和佣金等其他直接费用归属于合并成本增加净资产或投资的成本；合并的间接费用作为期间费用处理。

5.实施合并企业的收益包括当年合并方自身实现的收益，以及合并日后被合并企业所实现的收益。

权益结合法是处理企业合并的另一种会计方法。权益结合法认为，企业合并是权益结合而不是购买，其实质是参与合并的各方企业的所有股东联合起来控制他们全部的净资产，以继续共同分担合并后企业主体的风险和收益，是原企业所有者风险和利益的联合。在权益结合法下，资产和负债采用账面成本核算，不存在商誉确认问题。由于合并后的企业视同一开始就存在，不论合并发生在年度的哪一个时点，参与合并企业整个年度的损益都要包括在合并后企业的损益中。

基于企业合并是权益结合而不是购买这一认识，权益结合法具有以下特点：

1.不论合并发生在会计年度的哪一个时点，参与合并企业的整个年度的损益都要全部包括在合并后的企业的损益中。

2.参与合并企业的整个年度留存利润均应转入合并后的企业。

3.所发生的与股权联合有关的支出应在发生的当期确认为费用。

4.参与合并的企业，会计报表通常无须作变动，依然按账面价值反映；换言之，不应将其反映为公允价值，也不确认商誉。

5.已登记入账的发行股本的面值加上以现金或其他资产形式支付的额外价款，与取得的被合并企业净资产账面价值之间的差额，应调整股东权益。

二、购买法与权益结合法的比较

在购买法下，重估后资产的公允价值通常高于其账面价值，这些增值的资产将在以后年度通过折旧或摊销等形式转化为成本或费用，从而导致购买法下的成本费用要高于权益结合法的。购买法下合并企业当年的利润仅仅包括被合并企业购买日后实现的利润，而权益结合法下合并企业当年的利润包括被合并企业整个年度的利润，而不管合并发生在哪一天。因此，权益结合法下的利润要高于购买法的。因为合并后权益结合法仍以资产的原账面价值核算，而购买法以资产的公允价值核算，购买法下资产账面金额高于权益结合法的，利润却低于权益结合法的，所以权益结合法下的净资产收益率也要高于购买法的。

国际会计准则委员会提出，当参与合并的企业的股东共同分担和分享合并后主体的风险和利益时，企业合并作为股权联合核算，采用权益结合法。但后来国际会计准则委员会认为，尽管通过权益性工具的交换会导致所有者权益的存在，但这些权益会在合并后发生变化，而权益结合法并没有反映所有者权益的变化，并且该方法忽略了企业合并中交换的价值。鉴于采用权益结合法不能反映管理层对所进行的投资及其后续绩效的受托责任。购买法采用公允价值对购入的资产和负债进行计量，更能反映合并的经济实质，也便于投资者预测合并后企业未来的现金流量。而权益结合法虽然核算简单，但缺乏合理的概念基础，容易导致利润操纵行为。因此，国际上的做法是逐渐取消权益结合法，将购买法作为企业合并唯一的会计处理方法。

我国将企业合并划分为两大基本类型——同一控制下的企业合并与非同一控制下的企业合并。企业合并的类型划分不同，所遵循的会计处理原则也不同。

（一）同一控制下的企业合并

同一控制下的企业合并是指参与合并的企业在合并前后均受同一方或相同的多方最终控制且该控制并非暂时性的。其中同一方是指对参与合并的企业在合并前后均实施控制的投资者；相同的多方是指根据投资者之间的协议约定，在对被投资单位的生产经营决策行使表决权时发表一致意见的两个或两个以上的投资者。

判断某一企业合并是否属于同一控制下的企业合并，应当把握以下要点：

1.能够对参与合并各方在合并前后均实施最终控制的一方通常指企业集团的母公司。同一控制下的企业合并一般发生于企业集团内部，如集团内母子公司之间、子公司与子公司之间等。因为该类合并从本质上是集团内部企业之间的资产或权益的转移，能够对参与合并企业在合并前后均实施最终控制的一方为集团的母公司。

2.能够对参与合并的企业在合并前后均实施最终控制的相同多方，是指根据合同或协议的约定拥有最终决定参与合并企业的财务和经营政策，并从中获取利益的投资者群体。

3.实施控制的时间性要求，是指参与合并各方在合并前后较长时间内为最终控制方所控制。具体是指在企业合并之前（合并日之前），参与合并各方在最终控制方的控制时间一般在 1 年以上（含 1 年）。企业合并后所形成的报告主体在最终控制方的控制时间也应达到 1 年以上（含 1 年）。

4. 企业之间的合并是否属于同一控制下的企业合并，应综合构成企业合并交易的各方面情况，按照实质重于形式的原则进行判断。控制是指投资方拥有对被投资方的权力。通过参与被投资方的相关活动而享有可变回报。并且有能力运用对被投资方的权力影响其回报金额。这种应该是实质性控制，即投资方虽持有小于 50% 的表决权，但综合考虑投资方拥有的表决权相对于其他各方拥有的表决权份额的大小、其他各方表决权的分散程度、潜在表决权、其他合约性安排、被投资方以往的表决权行使情况等所有因素和条件后仍可具有控制。通常情况下，同一控制下的企业合并是指发生在同一集团内部企业之间的合并，同受国家控制的企业之间发生的合并。不应仅仅因为参与合并各方在合并前后均受国家控制而将其作为同一控制下的企业合并。

因同一控制下的企业合并不一定是合并双方完全出于自愿的交易行为。合并对价也不是双方讨价还价的结果，不能代表公允价值。因此以账面价值作为会计处理的基础，我国会计规范采用类似权益结合法的方法。合并方在企业合并中取得的资产和负债，按照合并日被合并方的账面价值计量，合并方取得的净资产账面价值与支付的合并对价账面价值（或发行股份面值总额）的差额。调整资本公积和留存收益。在合并报表编制上，视同被合并企业在此前一直在合并范围之内，即合并后形成的主体在以前一直存在。合并资产负债表包括被合并方相关资产、负债的账面价值。合并利润表包括被合并方在合并前及合并后的收入、费用和利润，也就是说，合并的利润表不仅要包括被合并企业合并后的利润，而且要包括被合并企业合并前所实现的利润。

（二）非同一控制下的企业合并

非同一控制下的企业合并是指参与合并各方在合并前后不受同一方或相同的多方最终控制的合并交易，即同一控制下企业合并以外的其他企业合并。

非同一控制下的企业合并，可以有双方的讨价还价。是双方自愿交易的结果，因此有双方认可的公允价值，采用购买法处理。购买方在购买日对作为企业合并对价付出的资产、发生或承担的负债按照公允价值计量－公允价值与其账面价值的差额计入当期损益。购买方对合并成本大于合并中取得的被购买方可辨认净资产公允价值份额的差额，确认为商誉。经复核合并成本仍小于合并中取得的被购买方可辨认净资产公允价值份额的，其差额计入当期损益。在合并报表编制上，企业合并取得的被购买方各项可辨认资产、负债及或有负债以公允价值列示，母公司合并成本与取得的子公司可辨认净资产公允价值份额的差额，以商誉列示。

无论是国际会计准则还是美国会计准则，均将同一控制下的企业合并排除在准则规范范围外。而我国实务中出现的不少企业合并均为同一控制下的企业合并，如中央、地方国资委所控制的企业之间的合并，或者同一企业集团内两个或多个子公司的合并。如果将同一控制下的企业合并排除在准则的适用范围之外，将无法真正解决我国现实中的企业合并问题。因此，在综合考虑相关情况的基础上，企业合并准则按照参与合并的企业是否受同一方控制，将企业合并分为同一控制下的企业合并和非同一控制下的企业合并，并对两类企业合并的会计处理进行了不同的规范。

第三节　同一控制下企业合并的会计处理

一、同一控制下企业合并的处理要点

对于同一控制下的企业合并，企业合并准则中规定的会计处理方法基本上就是权益结合法。该方法下，将企业合并看作两个或多个参与合并企业权益的重新整合，由于最终控制方的存在，从最终控制方的角度看，该类企业合并一定程度上并不会造成企业集团整体的经济利益流入和流出，最终控制方在合并前后实际控制的经济资源并没有发生变化，因此有关交易事项不看作出售或购买行为。

（一）合并中不产生新的资产和负债

合并方在合并中确认取得的被合并方的资产，负债仅限于被合并方账面上原已确认的资产和负债，合并中不产生新的资产和负债。即不确认新的资产，一般也不产生新的商誉因素。但被合并方在企业合并前账面上原已确认的商誉应作为合并中取得的资产确认。

（二）不一致会计政策的调整

被合并方在企业合并前采用的会计政策与合并方不一致的，应基于重要性原则，首先统一会计政策，即合并方应当按照本企业会计政策对被合并方资产、负债的账面价值进行调整。进行上述调整的一个基本原因是该项合并中涉及的合并方及被合并方应作为一个整体对待，而作为一个完整的会计主体，其对相关交易事项应当采用相对统一的会计政策，在此基础上反映其财务状况和经营成果。

（三）取得的净资产按照账面价值并入合并方

合并方在合并中取得的被合并方各项资产、负债应维持其在被合并方的原账面价值不变。涉及会计政策调整的，以调整后的账面价值作为有关资产、负债的入账价值。被合并方同时进行改制并对资产负债进行评估调账的，应以评估调账后的账面价值并入合并方。

（四）取得的净资产的入账价值与对价账面价值之间的差额

合并方在合并中取得的净资产的入账价值与为进行企业合并支付的对价账面价值之间的差额，应当调整所有者权益相关项目，不计入企业合并当期损益。合并方在同一控制下的企业合并，本质上不看作购买行为，而是两个或多个会计主体权益的整合。合并方在企业合并中取得的价值量相对于所放弃的价值量，存在差额的，应当调整所有者权益。在根据合并差额调整合并方的所有者权益时，应首先调整资本公积（资本溢价或股本溢价），资本公积（资本溢价或股本溢价）的余额不足冲减的，应冲减留存收益。

（五）损益及留存收益的持续计算

对于同一控制下的控股合并，应视同合并后形成的报告主体自最终控制方开始实施控制时一直是一体化存续下来的，体现在其合并财务报表上，即由合并后形成的母子公司构成的报告主体，无论是其资产规模还是其经营成果，都应持续计算。不管该项合并发生在报告期的哪一时点，合并当期期初至合并日实现的损益及合并日前实现的留存收益归属于合并方的部分，都应并入合并后的主体中。

（六）合并发生的有关费用

合并方为进行企业合并发生的有关费用，指合并方为进行企业合并发生的各项直接相关费用，如为进行企业合并支付的审计费用、资产评估费用及有关的法律咨询费用等增量费用。同一控制下企业合并进行过程中发生的各项直接相关费用，应于发生时费用化计入当期损益。以发行债券方式进行的企业合并，与发行债券相关的佣金、手续费等有关的费用应计入发行债券及其他债务的初始计量金额；发行权益性证券作为合并对价的，与所发行权益性证券相关的佣金，手续费等，应从所发行权益性证券的发行溢价收入中扣除，在权益性证券发行无溢价或溢价金额不足以扣减的情况下，应当冲减盈余公积和未分配利润。

二、同一控制下企业合并的会计处理原则

对于同一控制下的企业合并，企业合并准则中规定的会计处理方法类似于权益结合法。该方法下，将企业合并看作两个或多个参与合并企业权益的重新整合。由于最终控制方的存在，从最终控制方的角度，该类企业合并一定程度上并不会造成企业集团整体的经济利益流入和流出，最终控制方在合并前后实际控制的经济资源并没有发生变化，有关交易事项不作出售或购买。

1.合并方在合并中确认取得的被合并方的资产、负债仅限于被合并方账面上原已确认的资产和负债，合并中不产生新的资产和负债。

同一控制下的企业合并，从最终控制方的角度，其在企业合并发生前后能够控制的净资产价值量并没有发生变化，因此即便是在合并过程中，取得的净资产入账价值与支付的合并对价账面价值之间存在差额，同一控制下的企业合并中一般也不产生新的商誉因素，即不确认新的资产，但被合并方在企业合并前账面上原已确认的商誉应作为合并中取得的资产确认。

2.合并方在合并中取得的被合并方各项资产、负债应维持其在被合并方的原账面价值不变。

被合并方在企业合并前采用的会计政策与合并方不一致的，应基于重要性原则，首

先统一会计政策，即合并方应当按照本企业会计政策对被合并方资产、负债的账面价值进行调整，并以调整后的账面价值作为有关资产、负债的入账价值。进行上述调整的一个基本原因是将该项合并中涉及的合并方及被合并方作为一个整体对待，对于一个完整的会计主体，其对相关交易、事项应当采用相对统一的会计政策，在此基础上反映其财务状况和经营成果。在同一控制下的企业合并中，被合并方同时进行改制并对资产负债进行评估调整的，应将评估调整后的账面价值并入合并方。

3.合并方在合并中取得的净资产的入账价值与为进行企业合并支付的对价账面价值之间的差额，应当调整所有者权益相关项目，不计入企业合并当期损益。合并方在同一控制下的企业合并，本质上不作为购买，而是两个或多个会计主体权益的整合。合并方在企业合并中取得的价值相对于所放弃价值量之间存在差额的，应当调整所有者权益。在根据合并差额调整合并方的所有者权益时，应首先调整资本公积（资本溢价或股本溢价），资本公积（资本溢价或股本溢价）的余额不足冲减的，应冲减留存收益。

4.对于同一控制下的控股合并，应视同合并后形成的报告主体自最终控制方开始实施控制时一直是一体化存续下来的，体现在其合并财务报表上，即由合并后形成的母子公司构成的报告主体，无论是其资产规模还是其经营成果都应持续计算。

编制合并财务报表时，无论该项合并发生在报告期的任一时点，合并利润表、合并现金流量表均反映的是由母子公司构成的报告主体自合并当期期初至合并日实现的损益及现金流量情况，相应地，合并资产负债表的留存收益项目应当反映母子公司如果一直作为一个整体运行至合并日应实现的盈余公积和未分配利润的情况。

对于同一控制下的控股合并，在合并当期编制合并财务报表时，应当对合并资产负债表的期初数进行调整，同时应当对比较报表的相关项目进行调整，视同合并后的报告主体在以前一直存在。

三、同一控制下企业合并的会计处理途径

同一控制下的企业合并，视合并方式不同，应当分别以下面情况进行会计处理。

（一）合并方为进行企业合并发生的有关费用的处理

合并方为进行企业合并发生的有关费用，指合并方为进行企业合并发生的各项直接相关费用，如为进行企业合并支付的审计费用、资产评估费用，以及有关的法律咨询费用等增量费用。同一控制下企业合并进行过程中发生的各项直接相关费用，应于发生时费用化计入当期损益。借记"管理费用"等科目，贷记"银行存款"等科目。但以下两种情况除外：

1.以发行债券方式进行的企业合并，与发行债券相关的佣金、手续费等应按照相关规定进行会计处理。该部分费用虽然与筹集用于企业合并的对价直接相关，但其会计处理应遵照金融工具准则的原则，有关的费用应计入负债的初始计量金额。

2.发行权益性证券作为合并对价的，与所发行权益性证券相关的佣金、手续费等应

按照相关规定处理。即与发行权益性证券相关的费用，不管其是否与企业合并直接相关，均应从所发行权益性证券的发行收入中扣减，在权益性工具发行有溢价的情况下，自溢价收入中扣除。在权益性证券发行无溢价或溢价金额不足以扣减的情况下，应当冲减盈余公积和未分配利润。

企业专设的并购部门发生的日常管理费用，如果该部门的设置并不是与某项企业合并直接相关，而是企业的一个常设部门，其设置目的是寻找相关的并购机会等维持该部门日常运转的有关费用，不属于与企业合并直接相关的费用，应当于发生时费用化计入当期损益。

（二）同一控制下的控股合并

同一控制下的控股合并中，合并方在合并日涉及两个方面的问题：一是对于因该项企业合并形成的对被合并方的长期股权投资的确认和计量；二是合并日合并财务报表的编制。

1. 长期股权投资的确认和计量

按照相关规定，同一控制下的企业合并，合并方以支付现金、转让非现金资产或承担债务方式作为合并对价的，应当在合并日按照被合并方所有者权益在最终控制方合并财务报表中的账面价值的份额作为长期股权投资的初始投资成本。长期股权投资初始投资成本与支付的现金、转让的非现金资产，以及所承担债务账面价值之间的差额，应当调整资本公积；资本公积不足冲减的，调整留存收益。合并方以发行权益性证券作为合并对价的，应当在合并日按照被合并方所有者权益在最终控制方合并财务报表中的账面价值的份额作为长期股权投资的初始投资成本。按照发行股份的面值总额作为股本，长期股权投资初始投资成本与所发行股份面值总额之间的差额，应当调整资本公积；资本公积不足冲减的，调整留存收益。

合并方为企业合并发生的审计、法律服务、评估咨询等中介费用，以及其他相关管理费用，应当于发生时计入当期损益。

2. 合并日合并财务报表的编制

同一控制下的企业合并形成母子公司关系的，合并方一般应在合并日编制合并财务报表。编制合并日的合并财务报表时，一般包括合并资产负债表、合并利润表、合并所有者权益变动表及合并现金流量表。有关合并日财务报表的编制，在第四章"控股权取得日的合并报表"有介绍。

（三）同一控制下的吸收合并

同一控制下的吸收合并中，合并方主要涉及合并日取得被合并方资产、负债入账价值的确定，以及合并中取得有关净资产的入账价值与支付的合并对价账面价值之间差额的处理。

合并方对同一控制下吸收合并中取得的资产、负债应当按照相关资产、负债在被合并方的原账面价值入账。

合并方在确认了合并中取得的被合并方的资产和负债后，以发行权益性证券方式进行的该类合并。所确认的净资产入账价值与发行股份面值总额的差额应记入资本公积（资本溢价或股本溢价），资本公积（资本溢价或股本溢价）的余额不足冲减的，相应冲减盈余公积和未分配利润，以支付现金、非现金资产方式进行的该类合并，所确认的净资产入账价值与支付的现金、非现金资产账面价值的差额。相应调整资本公积（资本溢价或股本溢价），资本公积（资本溢价或股本溢价）的余额不足冲减的，应冲减盈余公积和未分配利润。

第四节　非同一控制下企业合并的会计处理

一、非同一控制下企业合并的会计处理原则

（一）确定购买方

采用购买法核算企业合并的首要前提是确定购买方。购买方是指在企业合并中取得对另一方或多方控制权的一方。非同一控制下的企业合并中，一般应考虑企业合并合同、协议，以及其他相关因素来确定购买方。在判断企业合并中的购买方时应考虑所有相关的事实和情况，特别是企业合并后参与合并各方的相对投票权、合并后主体管理机构及高层管理人员的构成、权益互换的条款等。

（1）合并中的购买方确定

合并中一方取得了另一方半数以上有表决权股份的，除非有明确的证据表明不能形成控制，否则一般认为取得另一方半数以上表决权股份的一方为购买方。

（2）某些情况下的控制权

某些情况下，即使一方没有取得另一方半数以上有表决权股份，但存在以下情况时，一般也可认为其获得了对另一方的控制权，如

①通过与其他投资者签订协议。实质上拥有被购买企业半数以上表决权。

②按照章程或协议等的规定，具有主导被购买企业财务和经营决策的权力。

③有权任免被购买企业董事会或类似权力机构多数成员。这种情况是指，虽然投资企业拥有被投资单位50%或以下表决权资本，但根据章程、协议等有权任免被投资单位董事会或类似机构的绝大多数成员，以达到实质上控制的目的。

④在被购买企业董事会或类似权力机构中具有多数投票权。这种情况是指，虽然投资企业拥有被投资单位50%或以下表决权资本，但能够控制被投资单位董事会等类似权力机构的会议，从而能够控制其财务和经营政策，达到对被投资单位的控制。

（3）某些情况下，可能难以确定企业合并中的购买方

如参与合并的两家或多家企业规模相当，在这种情况下，往往可以结合一些迹象表明购买方的存在。在具体判断时，可以考虑下列相关因素：

①以支付现金、转让非现金资产或承担负债的方式进行的企业合并，一般支付现金、转让非现金资产或是承担负债的一方为购买方。

②考虑参与合并各方的股东在合并后主体的相对投票权，其中股东在合并后主体具有相对较高投票比例的一方一般为购买方。

③参与合并各方的管理层对合并后主体生产经营决策的主导能力，如果合并导致参与合并一方的管理层能够主导合并后主体生产经营政策的制定，其管理层能够实施主导作用的一方一般为购买方。

④参与合并一方的公允价值远远大于另一方的。公允价值较大的一方很可能为购买方。

⑤企业合并是通过以有表决权的股份换取另一方的现金及其他资产的，则付出现金或其他资产的一方很可能为购买方。

⑥通过权益互换实现的企业合并，发行权益性证券的一方通常为购买方。但如果有证据表明发行权益性证券的一方，其生产经营决策在合并后被参与合并的另一方控制，则其应为被购买方参与合并的另一方为购买方。该类合并通常称为反向购买。反向购买中，购买方的会计处理参见本章相关部分内容。

（二）确定购买日

购买日是购买方获得对被购买方控制权的日期，即企业合并交易进行过程中，发生控制权转移的日期。根据企业合并方式的不同，在控股合并的情况下，购买方应在购买日确认因企业合并形成的对被购买方的长期股权投资。在吸收合并的情况下，购买方应在购买日确认合并中取得的被购买方各项可辨认资产、负债等。

确定购买日的基本原则是控制权转移的时点。企业应当结合合并合同或协议的约定及其他有关的影响因素，按照实质重于形式的原则进行判断。同时满足了以下条件时，一般可认为实现了控制权的转移，形成购买日。有关的条件包括：

1. 企业合并合同或协议已获股东大会等内部权力机构通过。

2. 按照规定，合并事项需要经过国家有关主管部门审批的，已获得相关部门的批准。取得相关批准文件是对企业合并交易或事项进行会计处理的前提之一。

3. 参与合并各方已办理了必要的财产权交接手续。作为购买方，办理相关的财产权交接手续，能够形成与取得股权或净资产相关的风险和报酬的转移，从而从法律上保障有关风险和报酬的转移。

4. 购买方已支付了购买价款的大部分（一般应超过50%），并且有能力、有计划支付剩余款项。购买方要取得与被购买方净资产相关的风险和报酬。其前提是必须支付一定的对价。

5. 购买方实际上已经控制了被购买方的财务和经营政策，享有相应的收益并承担相

应的风险。

　　企业合并涉及一次以上交易的。例如，通过分阶段取得股份最终实现合并，企业应于每一交易日确认对被投资企业的各单项投资。"交易日"是指合并方或购买方在自身的账簿和报表中确认对被投资单位投资的日期。分步实现的企业合并中，购买日是指按照有关标准判断购买方最终取得对被购买企业控制权的日期。

（三）确定企业合并成本

　　企业合并成本包括购买方为进行企业合并支付的现金或非现金资产、发行或承担的债务、发行的权益性证券等在购买日的公允价值。通过多次交换交易分步实现的企业合并，其企业合并成本为每一单项交换交易的成本之和。

　　企业合并成本包括购买方在购买日支付的下列项目合计金额：

　　1. 作为合并对价的现金及非现金资产的公允价值

　　以非货币性资产作为合并对价的，其合并成本为所支付对价的公允价值，该公允价值与作为合并对价的非货币性资产账面价值的差额，作为资产的处置损益，计入合并当期的利润表。

　　2. 发行的权益性证券的公允价值

　　确定所发行权益性证券的公允价值时，对于购买日存在公开报价的权益性证券。其公开报价提供了确定公允价值的依据，除非在非常特殊的情况下，购买方能够证明权益性证券在购买日的公开报价不能可靠地代表其公允价值，并且用其他的证据和估价方法能够更好地计量公允价值时，可以考虑其他的证据和估价方法。如果购买日权益性证券的公开报价不可靠，或者购买方发行的权益性证券不存在公开报价，则该权益性证券的公允价值可以参照其在购买方公允价值中所占权益份额，或者是参照在被购买方公允价值中获得的权益份额，按两者当中有明确证据支持的一个进行估价。

　　3. 因企业合并发生或承担的债务的公允价值

　　因企业合并而承担的各项负债，应采用按照适用利率计算的未来现金流量的现值作为其公允价值。预期因企业合并可能发生的未来损失或其他成本不是购买方为取得对被购买方的控制权而承担的负债，不构成企业合并成本。

　　4. 当企业合并合同或协议中提供了根据未来或有事项的发生而对合并成本进行调整时

　　当企业合并合同或协议中提供了根据未来或有事项的发生而对合并成本进行调整时，符合相关规定的确认条件的，应确认的支出也应作为企业合并成本的一部分。某些情况下，合并各方可能在合并合同或协议中约定根据未来一项或多项或有事项的发生对合并成本进行一定的调整。例如，企业合并合同中规定，如果被购买方在未来特定期间实现利润达到既定水平，购买方需要在已经支付的企业合并对此基础上支付额外的对价。如果在购买日预计被购买方的盈利水平很可能会达到合同规定的标准。应将按照合同或协议约定需支付的金额计入企业合并成本。

企业在购买日对于可能需要支付的企业合并成本调整金额进行预计并且计入企业合并成本后，未来期间有关涉及调整成本的事项未实际发生或发生后需要对原估计入企业合并成本的金额进行调整的，或者在购买日因未来事项发生的可能性较小、金额无法可靠计量等原因导致有关调整金额未包括在企业合并成本中。未来期间因合并合同或协议中约定的事项很可能发生、金额能够可靠计量，符合有关确认条件的，应对企业合并成本进行相应调整。

（四）企业合并成本在取得的可辨认资产和负债之间的分配

非同一控制下的企业合并中，购买方取得了对被购买方净资产的控制权。视合并方式的不同，应分别在合并财务报表或个别财务报表中确认合并中取得的各项可辨认资产和负债。

1. 购买方在企业合并中取得的被购买方各项可辨认资产和负债

购买方在企业合并中取得的被购买方各项可辨认资产和负债，要作为本企业的资产、负债（或合并财务报表中的资产、负债）进行确认，在购买日，应当满足资产、负债的确认条件。有关的确认条件包括：

（1）合并中取得的被购买方的各项资产（无形资产除外）。其所带来的未来经济利益预期能够流入企业且公允价值能够可靠计量的，应单独作为资产确认。

（2）合并中取得的被购买方的各项负债（或有负债除外），履行有关的义务预期会导致经济利益流出企业且公允价值能够可靠计量的，应单独作为负债确认。

2. 企业合并中取得无形资产的确认

购买方在企业合并中取得的无形资产应符合相关规定中对于无形资产的界定且其在购买日的公允价值能够可靠计量。按照无形资产准则的规定没有实物形态的非货币性资产要符合无形资产的定义。关键要看其是否满足可辨认性标准，即是否能够从企业中分离或者划分出来，并能单独或者与相关合同、资产、负债一起，用于出售、转移、授予许可、租赁或者交换；或者应源自于合同性权利或其他法定权利，无论这些权利是否可以从企业或其他权利和义务中转移或分离。

公允价值能够可靠计量的情况下，应区别于商誉，单独确认的无形资产一般包括：商标、版权及与其相关的许可协议、特许权、分销权等类似权利、专利技术、专有技术等。

3. 企业合并中产生或有负债的确认

为了尽可能反映购买方因为进行企业合并可能承担的潜在义务，对于购买方在企业合并时可能需要代被购买方承担的或有负债。在购买日，相关的或有事项导致经济利益流出企业的可能性还比较小，但在其公允价值能够合理确定的情况下，即需要作为合并中取得的负债确认。

4. 对于被购买方在企业合并之前已经确认的商誉和递延所得税项目

对于被购买方在企业合并之前已经确认的商誉和递延所得税项目，购买方在对企业合并成本进行分配、确认合并中取得可辨认资产和负债时不应予以考虑。在按照规定确定了合并中应予确认的各项可辨认资产、负债的公允价值后，其计税基础与账面价值不同形成暂时性差异的，应当按照所得税会计准则的规定确认相应的递延所得税资产或递延所得税负债。

在非同一控制下的企业合并中，购买方确认在合并中取得的被购买方各项可辨认资产和负债不仅限于被购买方在合并前已经确认的资产和负债，还可能包括企业合并前被购买方在其资产负债表中未予确认的资产和负债，该类资产和负债在企业合并前可能由于不符合确认条件未确认为被购买方的资产和负债，但在企业合并发生后，因符合有关的确认条件，则需要作为合并中取得的可辨认资产和负债进行确认。例如，被购买方在企业合并前存在的未弥补亏损，在企业合并前因无法取得足够的应纳税所得额用于抵扣该亏损而未确认相关的递延所得税资产，如按照税法规定能够抵扣购买方未来期间实现的应纳税所得额而且购买方在未来期间预计很可能取得足够的应纳税所得额的情况下，有关的递延所得税资产应作为合并中取得的可辨认资产予以确认。

（五）企业合并成本与合并中取得的被购买方可辨认净资产公允价值份额之间差额的处理

购买方对于企业合并成本与确认的被购买方可辨认净资产公允价值份额的差额。应视情况分别处理：

1. 企业合并成本大于合并中取得的被购买方可辨认净资产公允价值份额的差额

企业合并成本大于合并中取得的被购买方可辨认净资产公允价值份额的差额，应确认为商誉。视企业合并方式不同，控股合并情况下，该差额在合并财务报表中列示为商誉；吸收合并情况下，该差额则由购买方在其账簿及个别财务报表中确认为商誉。

商誉在确认以后，持有期间不要求摊销，企业应当按照相关规定对其进行减值测试，对于可收回金额低于账面价值的部分，计提减值准备。

2. 企业合并成本小于合并中取得的被购买方可辨认净资产公允价值份额的差额

企业合并成本小于合并中取得的被购买方可辨认净资产公允价值份额的差额，应计入合并当期损益。

合并中取得的资产、负债的公允价值，作为合并对价的非现金资产或发行的权益性证券等的公允价值要进行复核，复核结果表明所确定的各项可辨认资产和负债的公允价值确定是恰当的，应将企业合并成本低于取得的被购买方可辨认净资产公允价值份额之间的差额，计入合并当期损益。并在会计报表附注中予以说明。

在吸收合并的情况下，上述企业合并成本小于合并中取得的被购买方可辨认净资产公允价值的差额，应计入合并当期购买方的个别利润表；在控股合并的情况下，上述差额应体现在合并当期的合并利润表中。

6. 合并中发生的各项直接相关费用

非同一控制下，企业合并中发生的与企业合并直接相关的费用包括为进行合并而发生的会计审计费用、法律服务费用、咨询费用等，应当计入当期损益。为进行企业合并发行的权益性证券或发行的债务相关的手续费、佣金等费用，比照同一控制下企业合并的处理原则进行处理。

7. 编制购买日合并财务报表

非同一控制下的控股合并中，购买方一般应于购买日编制合并资产负债表，反映其于购买日开始能够控制的经济资源情况。在合并资产负债表中，合并中取得的被购买方各项可辨认资产、负债应以其在购买日的公允价值计量，长期股权投资的成本大于合并中取得的被购买方可辨认净资产公允价值份额的差额，体现为合并财务报表中的商誉；长期股权投资的成本小于合并中取得的被购买方可辨认净资产公允价值份额的差额，企业合并准则中规定应计入合并当期损益，因购买日不需要编制合并利润表。该差额体现在合并资产负债表上，应调整合并资产负债表的盈余公积和未分配利润。

需要强调的是，非同一控制下的企业合并中，作为购买方的母公司在进行有关会计处理后，应单独设置备查簿，记录其在购买日取得的被购买方各项可辨认资产、负债的公允价值，以及因企业合并成本大于合并中取得的被购买方可辨认净资产公允价值的份额应确认的商誉金额。或因企业合并成本小于合并中取得的被购买方可辨认净资产公允价值的份额计入当期损益的金额，作为企业合并当期以及以后期间编制合并财务报表的基础。企业合并当期期末以及合并以后期间，应当纳入到合并财务报表中的被购买方资产、负债等，是以购买日确定的公允价值为基础持续计算的结果。

二、非同一控制下企业合并的会计处理方式

（一）非同一控制下的控股合并

1. 长期股权投资初始投资成本的确定

非同一控制下的控股合并中，购买方在购买日应当按照为取得对被购买方的控制权而付出的资产、发生或承担的负债，以及发行的权益性证券的公允价值，确定的企业合并成本（不包括应被投资单位收取的现金股利或利润），作为形成的对被购买方长期股权投资的初始投资成本。

2. 购买日合并财务报表的编制

非同一控制下的控股合并中，购买方一般应于购买日编制合并资产负债表，反映其于购买日开始能够控制的经济资源情况。

3. 通过多次交易分步实现的控股合并

通过多次交换交易分步实现的非同一控制下企业合并，企业在每一单项交换交易发生时，应确认对被购买方的投资。投资企业在持有被投资单位的部分股权后，通过增加

持股比例等达到对被投资单位形成控制的，应确定为控制合并。在合并日应确认以下内容：

（1）通过多次交换交易分步实现的企业合并，合并成本为每一单项交易成本之和

通过多次交换交易分步实现的企业合并，合并成本为每一单项交易成本之和。购买日初始投资成本 = 购买日之前所持被购买方的股权投资于购买日的账面价值（如原投资按公允价值计量，即购买日公允价值）+ 购买日新增投资成本。

（2）购买日之前持有的股权投资因采用权益法核算而确认的其他综合收益

购买日之前持有的股权投资因采用权益法核算而确认的其他综合收益，应当在处置该项投资时采用与被投资单位直接处置相关资产或负债相同的基础进行会计处理；确认的除净损益、其他综合收益和利润分配外的其他所有者权益变动，应当在处置该项投资时，转入处置当期投资收益。

（3）购买日之前持有的股权投资按照有关规定进行会计处理的，购买日公允价值与其账面价值的差额及原计入其他综合收益的累计公允价值变动应当在改按成本法核算时转入当期损益。

（二）非同一控制下的吸收合并

非同一控制下的吸收合并，即购买方在购买日应当将合并中取得的符合确认条件的各项可辨认资产、负债。按其公允价值确认为本企业的资产和负债；作为合并对价的有关非货币性资产在购买日的公允价值与其账面价值的差额，应作为资产处置损益计入合并当期的利润表；确定的企业合并成本与所取得的被购买方可辨认净资产公允价值之间的差额，视情况分别确认为商誉或是计入企业合并当期的损益。

四、被购买方的会计处理

在非同一控制下的企业合并中，购买方通过控股合并取得被购买方控制权的，被购买方不会因企业合并改记有关资产、负债的账面价值。若是吸收合并，被购买方则要按合并中确定的可辨认资产、负债的公允价值调整其账面价值，并最终结束所有账户记录，进行公司注销处理。

我国会计准则规范在综合考虑了我国国情的基础上，将企业合并分为同一控制下的企业合并和非同一控制下的企业合并，对于同一控制下的企业合并采用了类似于权益结合法的处理方法，非同一控制下的企业合并则采用购买法。

第八章 收入、费用和利润

第一节　企业所得税

一、企业所得税概述

（一）企业所得税的概念和特点

企业所得税是指国家对境内企业生产、经营所得和其他所得依法征收的一种税。它是国家参与企业利润分配的重要手段。

企业所得税与其他税种相比较，具有以下特点：

1. 企业所得税征收的多少受企业效益好坏影响

企业所得税的征税对象是境内企业实现的应纳税所得额，即总收入扣除总成本费用后的净所得额。所得多多征，所得少少征，无所得不征。而所得的多少则表明一个企业的经济效益好坏，因而企业的经济效益直接影响企业所得税的多少。

2. 税收负担比较合理

企业所得税采用比例税率，其税收负担与负担能力相适应，体现了合理负担的原则。

3. 税法对税基的约束力强

企业应纳税所得额的计算应严格按照有关规定进行，如果企业的财务会计处理办法与国家税收法规相抵触的，应当按照税法的规定计算纳税。这一规定弥补了原来税法服从于财务制度的缺陷，有利于保护税基，维护国家利益。

4. 收入及时均衡

企业所得税征收方式一般采用分期预征，年终汇算清缴的办法。由于所得额与纳税人的财务结算期有关，一般是按月或按季预缴，年终汇总清算，使得税收收入的取得比较及时、均衡，保证了稳定的财政收入。

（二）纳税人的一般规定、特殊规定和征税范围

在中华人民共和国境内，企业和其他取得收入的组织（以下统称企业）为企业所得税的纳税人，依照企业所得税法的规定缴纳企业所得税。个人独资企业、合伙企业不适用企业所得税法。

企业全部或部分被个人、其他企业、单位承租经营，但是未改变被承租企业的名称，未变更工商登记，并仍然以被承租企业名义对外从事生产经营活动，不论被承租企业与承租方如何分配经营成果，均以被承租企业为纳税义务人。企业全部或部分被个人、其他企业、单位承租经营，承租方承租后重新办理工商登记，并以承租方名义对外从事生产经营活动，其承租经营所得，应以重新办理工商登记的企业、单位为纳税义务人。

企业所得税的征税范围是纳税人源于中国境内外的生产、经营所得和其他所得。为此，可将应纳税所得额分为两类：

1. 生产、经营所得

生产、经营所得，是指纳税人从事主营业务活动取得的收入，包括从事物质生产、交通运输、商品流通、劳务服务及经国务院财政部门确认的其他盈利事业取得的所得。

2. 其他所得

其他所得，是指股息、利息、租金、转让各类资产、特许权使用费及营业外收益等所得。

（三）税率、征收方法、纳税年度及地点

企业所得税可以就地缴纳，也可以集中缴纳。采用集中缴纳所得税的，应当报经国家税务总局批准。企业纳税年度一般与公历年度一致，即自每年公历1月1日起至12月31日止。纳税人在一个纳税年度中间开业，或者由于合并、关闭等原因，使该纳税年度的实际经营期不足12个月的，应当以其实际经营期为一个纳税年度。纳税人清算时，应当以清算期间作为一个纳税年度。企业所得税实行按年计算，分月或分季预缴，年终汇算清缴，多退少补的征纳方法。具体纳税期限由主管税务机关根据纳税人应纳税额的多少，予以核定。

（四）税收优惠的规定

企业所得税的税收优惠，是指国家根据经济和社会的发展，在一定期限内对特定地区、行业和企业的纳税人应缴纳的企业所得税，给予减征或者免征的一种照顾和鼓励措施。税收优惠具有很强的政策导向作用，正确制定并运用这种措施，可以更好地发挥税收的调节功能，促进国民经济的健康发展。

目前，我国企业所得税的优惠规定主要如下：

1. 国家对重点扶持和鼓励发展的产业和项目，给予企业所得税优惠

2. 企业的下列收入为免税收入

（1）国债利息收入；

（2）符合条件的居民企业之间的股息、红利等权益性投资收益；

（3）在中国境内设立机构、场所的非居民企业从居民企业取得与该机构、场所有实际联系的股息、红利等权益性投资收益；

（4）符合条件的非营利组织的收入。

3. 企业的下列所得，可以免征、减征企业所得税

（1）从事农、林、牧、渔业项目的所得；

（2）从事国家重点扶持的公共基础设施项目投资经营的所得

（3）从事符合条件的环境保护、节能节水项目的所得；

（4）符合条件的技术转让所得；

（5）非居民企业在中国境内未设立机构、场所的，或者虽设立机构、场所但取得的所得与其所设机构、场所没有实际联系的。

4. 符合条件的小型微利企业，减按 20% 的税率征收企业所得税

国家需要重点扶持的高新技术企业，减按 15% 的税率征收企业所得税。

5. 民族自治地方企业征税

民族自治地方的自治机关对本民族自治地方的企业应缴纳的企业所得税中属于地方分享的部分，可以决定减征或者免征。自治州、自治县决定减征或者免征的，须报省、自治区、直辖市人民政府批准。

6. 企业的下列支出，可以在计算应纳税所得额时加计扣除

（1）开发新技术、新产品、新工艺发生的研究开发费用；

（2）安置残疾人员及国家鼓励安置的其他就业人员所支付的工资。

7. 创业投资企业应纳税所得额

创业投资企业从事国家需要重点扶持和鼓励的创业投资，可以按投资额的一定比例抵扣应纳税所得额。

8. 加速折旧

企业的固定资产由于技术进步等原因，确需加速折旧的，可以缩短折旧年限或者采

取加速折旧的方法。

9．减计收入

企业综合利用资源，生产符合国家产业政策规定的产品所取得的收入，可以在计算应纳税所得额时减计收入。

10．税额抵免

企业购置用于环境保护、节能节水、安全生产等专用设备的投资额，可以按一定比例实行税额抵免。

11．由于突发事件等原因对企业经营活动产生重大影响的

根据国民经济和社会发展的需要，或者由于突发事件等原因对企业经营活动产生重大影响的，国务院可以制定企业所得税专项优惠政策。

二、企业所得税的计税依据

企业所得税的计税依据是应纳税所得额，即企业每一纳税年度的应纳税收入总额减去准予扣除项目后的余额。应纳税所得额的计算以权责发生制原则为基础，按税法规定的程序和标准确定，其计算公式为：

应纳税所得额 = 收入总额 − 准予扣除项目金额

（一）收入总额的确定

收入总额是指企业在生产经营活动中以及其他行为取得的各项收入的总和。包括纳税人来源于中国境内、境外的生产经营收入和其他收入。

1．收入总额的一般规定

企业以货币形式和非货币形式从各种来源取得的收入，为收入总额。包括：

（1）销售货物收入

企业销售商品、产品、原材料、包装物、低值易耗品以及其他存货取得的收入，按权责发生制确认收入。

（2）提供劳务服务收入

企业从事建筑安装、修理修配、交通运输、仓储租赁、金融保险、邮电通信、咨询经纪、文化体育、科学研究、技术服务、教育培训、餐饮住宿、中介代理、卫生保健、社区服务、旅游、娱乐、加工以及其他劳务服务活动取得的收入，按权责发生制确认收入。

（3）转让财产收入

包括转让固定资产、有价证券、股权以及其他财产而取得的收入，按权责发生制确认收入。

（4）股息、红利等权益性投资收益

企业因权益性投资从被投资方取得的收入。股息、红利等权益性投资收益，除国务院财政、税务主管部门另有规定外，按照被投资方作出利润分配决定的日期确认收入的

实现。

（5）利息收入

企业将资金提供他人使用但不构成权益性投资，或者因他人占用企业资金取得的收入，包括存款利息、贷款利息、债券利息、欠款利息等收入。按合同规定的债务人应付利息的日期确认收入的实现。

（6）租金收入

按合同规定的承租人应付租金的日期确认收入的实现。

（7）特许权使用费收入

纳税人提供或者转让无形资产的使用权而取得的收入。按合同规定应付特许权使用费的日期确认收入的实现。

（8）接受捐赠收入

实际收到捐赠资产时确认收入的实现。

（9）其他收入

包括固定资产盘盈收入、罚款收入、因债权人缘故确实无法支付的应付款项，物资及现金的溢余收入，教育费附加返回款，包装物押金收入以及其他收入。

2. 特殊收入的确认

以分期收款方式销售货物的，按合同约定的收款日期确认收入的实现。

企业受托加工制造大型机械设备、船舶、飞机，以及从事建筑安装、装配工程或者提供其他劳务等，持续时间超过 12 个月的，按纳税年度内完工进度或者完成的工作量确认收入的实现。

采取产品分成方式取得收入的，按企业分得产品的日期确认收入的实现，其收入额按产品的公允价值确定。

企业发生的非货币性资产交换，以及将货物、财产、劳务用于捐赠、偿债、赞助、广告、样品、职工福利或者利润分配等用途的，应当视同销售货物、转让财产或者提供劳务计算收入。视同销售行为包括：企业将自产或委托加工的货物用于非应税项目；企业将自产、委托加工或购买的货物作为投资；企业将自产、委托加工的货物用于集体福利、个人消费等；企业将自产、委托加工或购买的货物无偿赠送他人。

3. 不征税收入

财政拨款。依法收取并纳入财政管理的行政事业性收费、政府性基金。国务院规定的其他不征税收入。

4. 免税收入

国债利息收入。纳税人购买国债的利息收入，不计入应纳税所得额；纳税人购买国家重点建设债券和金融债券的利息收入，应计入应纳税所得额。

符合条件的居民企业之间的股息、红利等权益性投资收益。在中国境内设立机构、场所的非居民企业从居民企业取得与该机构、场所有实际联系的股息、红利等权益性投资收益（不包括连续持有居民企业公开发行并上市流通的股票不足 12 个月取得的投资收益）。

符合条件的非营利组织的收入（不包括非营利组织从事营利性活动取得的收入）。

（二）准予扣除的项目

在计算应纳税所得额时准予从收入额中扣除的项目，是指纳税人每一纳税年度发生的与取得应纳税收入有关的所有必要和正常的成本、费用、税金和损失，以及其他支出。

1. 准予扣除项目

纳税年度企业实际发生的与取得收入有关的、合理的支出，包括成本、费用、税金、损失和其他支出。

（1）成本

企业在生产经营活动中发生的销售成本、销货成本、业务支出，以及其他耗费。

（2）费用

企业每一个纳税年度为生产、经营商品和提供劳务等所发生的销售（经营）费用、管理费用和财务费用。已计入成本的有关费用除外。

（3）税金

企业发生的除企业所得税和允许抵扣的增值税以外的企业缴纳的各项税金及其附加，即企业按规定缴纳的消费税、营业税、城市维护建设税、关税、资源税、土地增值税、房产税、车船税、土地使用税、印花税、教育费附加等产品销售税金及附加。

（4）损失

企业在生产经营活动中发生的固定资产和存货的盘亏、毁损、报废损失，转让财产损失，呆账损失，坏账损失，自然灾害等不可抗力因素造成的损失以及其他损失。

（5）扣除的其他支出

除成本、费用、税金、损失外，企业在生产经营活动中发生的与生产经营活动有关的、合理的支出。

2. 准予扣除项目的标准

（1）工资、薪金

企业发生的合理的工资、薪金支出准予据实扣除。包括基本工资、奖金、津贴、补贴、年终加薪、加班工资，以及与任职或者受雇有关的其他支出。

（2）职工福利费、工会经费、职工教育经费

按标准扣除，未超过标准的按实际数扣除，超过标准的只能按标准扣除。

企业实际发生的职工福利费支出，不超过工资薪金总额的14%的部分准予扣除。

企业拨缴的工会经费，不超过工资薪金总额的2%的部分准予扣除。

企业发生的职工教育经费支出，不超过工资薪金总额的2.5%的部分准予扣除，超过部分准予结转以后纳税年度扣除。

（3）保险费用

企业按规定的范围和标准为职工缴纳的"五险一金"，即基本养老保险费、基本医

疗保险费、失业保险费、工伤保险费、生育保险费等基本社会保险费和住房公积金，准予扣除。

企业为员工支付的补充养老保险费、补充医疗保险费准予扣除，按规定为特殊工种职工支付的人身安全保险费，在国务院财政、税务主管部门规定的范围和标准内，准予扣除。

企业参加财产保险，按规定缴纳的保险费准予扣除。

企业为职工支付的商业保险费不得扣除。

（4）利息费用

企业向金融机构的借款利息支出、企业经批准发行债券的利息支出可据实扣除。

企业向非金融机构的借款利息支出，不超过按金融企业同期同类贷款利率计算的数额的部分可据实扣除，超过部分不得扣除。

（5）借款费用

非资本化借款费用准予扣除。

企业为购置、建造固定资产、无形资产和经过 12 个月以上的建造才能达到预定可销售状态的存货发生借款的，在有关资产购置建造期间发生的合理的借款费用，应予以资本化，作为资本性支出计入有关资产的成本；有关资产交付使用后发生的借款利息，可在发生当期扣除。

（6）业务招待费

按发生额的 60% 扣除，但最高不得超过当年销售（营业）收入的 5%。

（7）广告费和业务宣传费

广告，是通过工商部门批准的、专门机构制作的、已实际支付费用并取得相应发票，通过一定的媒体传播。

企业发生的符合规定条件的广告费和业务宣传费支出，不超过当年销售（营业）收入 15% 的部分，准予扣除；超过部分，准予结转以后纳税年扣除。

（8）环境保护专项资金

按有关规定提取的用于环境保护、生态恢复等专项基金，准予扣除，但改变资金用途的不得扣除。

（9）保险费

企业参加财产保险，按规定缴纳的保险费，准予扣除。

（10）租赁费

经营租赁方式的租赁费按租赁期限均匀扣除；

融资租赁方式租入的租赁费不得扣除，但按期提取折旧的费用可分期扣除。

（11）劳保费

合理的劳动保护支出，准予扣除。

（12）公益性捐赠支出

公益性捐赠，是指企业通过公益性社会团体或者县级以上人民政府及其部门，用于相关规定内定的公益事业的捐赠。

企业发生的公益性捐赠支出，在年度利润总额 12% 以内的部分，准予在计算应纳税所得额时扣除。

公益性捐赠扣除限额 = 年度利润总额（会计利润）×12%

（13）有关资产费用的扣除

企业转让各类固定资产发生的费用，准予扣除；企业按规定计算的固定资产的折旧费、无形资产和递延资产的摊销费，准予扣除。

（14）总机构分摊的费用

非居民企业在中国境内设立的机构场所，就其中国境外总机构发生的与该机构场所生产经营有关的费用，能够提供总机构出具的费用汇集范围、定额、分配依据和方法等证明文件，并合理分摊的，准予扣除。

（15）资产损失

企业当期发生的固定资产盘亏、毁损净损失，由其提供清查盘存资料经主管税务机关审核后，准予扣除。企业因存货盘亏、毁损、报废等原因不得从销项税金中抵扣的进项税金，应视同企业财产损失，准予与存货损失一起在所得税前按规定扣除。

（16）其他费用

会员费、会议费、差旅费、违约金、诉讼费等，准予扣除。

3. 不得扣除项目

（1）向投资者支付的股息、红利等权益性投资收益款项。

（2）企业所得税税款。

（3）税收滞纳金。纳税人因违反税法规定，被处以的滞纳金，不得扣除。

（4）罚金、罚款和被没收财物的损失。行政性罚款，不得扣除。但纳税人逾期归还银行贷款，银行按规定加收的罚息，不属于行政性罚款，允许在税前扣除。

（5）企业发生的公益性捐赠支出，在年度利润总额 12% 以外的捐赠支出。

（6）赞助支出。

（7）未经核定的准备金支出。

（8）企业之间支付的管理费、企业内营业机构之间支付的租金和特许权使用费，以及非银行企业内营业机构之间支付的利息不得扣除。

（9）与取得收入无关的其他支出。

4. 亏损弥补

纳税人发生年度亏损的，可以用下一纳税年度的所得弥补；下一纳税年度的所得不足弥补的，可以逐年延续弥补，但是延续弥补期最长不得超过 5 年。5 年内不论是盈利或亏损，都作为实际弥补期限计算。

这里的亏损，是税务机关按税法规定核实调整后的金额，不是企业财务报表中反映的亏损额。如连续发生年度亏损，也必须从第一个亏损年度算起，先亏先补，按顺序连续计算亏损弥补期，不得将每个亏损年度的连续弥补期相加，更不得断开计算。企业境

外业务之间（企业境外业务在同一国家）的盈亏可以互相弥补，但企业境内外之间的盈亏不得相互弥补。

三、企业所得税的计算

财务会计和税收分别遵循不同的原则、服务于不同的对象，以达到不同的目的。财务会计核算是为了真实、完整地反映企业的财务状况、经营成果以及现金流量，为相关利益者提供与决策有用的经济信息。税法是以课税为目的，依照有关的税收法规确定一定时期内纳税人应缴纳的税额。财务会计制度与税收法规的区别在于确认收益实现和费用扣减的时间以及费用的可扣减性。由于财务会计是按照企业会计准则和企业会计制度对资产、负债、收益、费用和利润等进行核算的；而税法是按照税收法规确认资产、负债、收益、费用和利润等，因此按照财务会计方法计算的利润与按照税法规定计算的应税所得之间往往存在一定的差异。

（一）税前会计利润与应纳税所得额之间的差异

1. 永久性差异

永久性差异，指某一会计期间由于会计准则和税法在计算收益、费用或损失时的口径不同所产生的税前会计利润与应纳税所得额之间的差异。永久性差异有以下几种类型：

（1）按会计准则规定核算时作为收益计入会计报表，在计算应纳税所得额时不确认为收益。如技术转让收益（高等院校全部、企业 30 万元以下）；治理"三废"收益；国库券利息收入（国债）；经国务院、财政部、国家税务总局批准取得的补贴收入等。

（2）按会计准则规定核算时不作为收益计入会计报表，在计算应纳税所得额时确认为收益，需要交纳所得税。例如，将自产的商品用于固定资产工程、对外捐赠、售后回购、售后租回等。

（3）按会计准则规定核算时确认为费用或损失，在计算应纳税所得额时则不允许扣减。超过规定标准项目：工资支出、职工福利、职工教育经费、工会经费、利息支出、业务招待费、公益救济性捐赠等。

不允许扣除项目：违法经营罚款和被没收财务损失，税收滞纳金、罚金、罚款、非公益救济性捐赠、各种赞助支出、未使用的房屋建筑物以外的固定资产计提的折旧费等。

（4）按会计准则规定核算时不确认为费用或损失，在计算应纳税所得额时则允许扣减，如盈利企业技术开发费用的加计扣除等。

上述永久性差异中，第（1）（3）两项影响税前会计利润的计算而不影响应纳税所得额的计算，第（2）（4）两类则相反；另外，第（1）（4）两项会使税前会计利润大于应纳税所得额，而第（2）（3）两类则使税前会计利润小于应纳税所得额。

应纳税所得额 = 会计利润 –（1）–（4）+（2）+（3）

[（1）（2）（3）（4）分别对应上述永久性差异类别]

2. 时间性差异

时间性差异，指税法与会计准则在确认收益、费用或损失时的时间不同而产生税前会计利润与应纳税所得额之间的差异。

时间性差异主要有以下几种类型：

（1）企业取得的某项收益，在会计报表上确认为当期收益，但按照税法规定需待以后期间确认为应纳税所得额。如会计上采用权益法核算时，年末确认的投资收益。

（2）企业发生的某项费用或损失，在会计报表上确认为当期费用或损失，但按照税法规定需待以后期间从应纳税所得额中扣减。如会计上计提的"产品保修费"、计提各项资产减值准备等。

（3）企业取得的某项收益，在会计报表上于以后期间确认为收益，但按照税法规定需计入当期应纳税所得额。

（4）企业发生的某项费用或损失，在会计报表上于以后期间确认为费用或损失，但按照税法规定可以从当期应纳税所得额中扣减。

上述时间性差异中，第（1）（4）两项属于应纳税时间性差异，即将增加未来应纳税所得额的时间性差异；第（2）（3）两项属于可抵扣时间性差异，即将减少未来应纳税所得额的时间性差异。

应纳税所得额 = 会计利润 − （1）−（4）+（2）+（3）

［（1）（2）（3）（4）分别对应上述时间性差异类别］

（二）应纳税额的计算

根据上述分析，应纳税所得额计算公式概括如下：

应纳税所得额 = 会计利润 ± 永久性差异 + 本期形成的可抵扣时间性差异 − 本期形成的应纳税时间性差异 − 本期转回可抵扣时间性差异 + 本期转回应纳税时间性差异

应纳税额 = 应纳税所得额 × 税率

四、所得税会计

企业所得税会计是以企业的资产负债表及其附注为依据，结合相关的资料，分析计算各项资产、负债的计税基础，通过比较资产、负债的账面价值与其计税基础之间的差异，确定应纳税暂时性差异和可抵扣暂时性差异，进而按照暂时性差异与适用的所得税税率计算递延所得税资产、递延所得税负债，并在此基础上确认各期所得税费用。

企业的应纳税所得额是依据税法规定而确认的，税法对企业的资产、负债、收入、费用的确认有严格的界定，这与企业会计核算中的资产、负债、收入、费用所依据的企业会计准则有所不同。从而导致会计反映的资产、负债的账面价值与税法规定的计税基础之间存在差异，需要对其进行所得税会计处理。

企业所得税会计处理方法分为应付税款法和纳税影响会计法两种；纳税影响会计法又分为递延法和债务法两种；债务法进一步分为利润表债务法和资产负债表债务法两

种。现行相关法则规定：企业只能采用资产负债表债务法。

资产负债表债务法是从资产负债表出发，通过分析暂时性差异的原因及其性质，将其对未来所得税的影响分别确认为递延所得税负债和递延所得税资产，并在此基础上倒推出各期所得税费用的一种方法。该方法是以"资产负债观"为理论基础，通过合理确认资产负债表中的递延所得税资产和递延所得税负债，得出所得税费用。

（一）资产负债表债务法的基本核算程序

在资产负债表债务法下，企业应于资产负债表日进行所得税的会计处理。其基本核算程序如下：

1. 确定资产和负债的账面价值

资产、负债的账面价值是指按照会计准则的相关规定对资产、负债进行会计处理后确定在资产负债表中应列示的金额。

2. 确定资产和负债的计税基础

按照会计准则中对资产和负债计税基础的确定方法，以适用的税收法规为基础进行确定。

3. 确定递延所得税

比较资产、负债的账面价值和计税基础，对两者存在的差异，分析其性质，计算并确认递延所得税资产、递延所得税负债及递延所得税。

4. 确定当期所得税

按照税法规定，计算确定当期应纳税所得额，以应纳税所得额乘以适用的所得税税率，计算确定当期应交所得税，作为利润表中所得税费用的组成部分。

5. 确定利润表中的所得税费用

利润表中的所得税费用由当期所得税和递延所得税两部分构成。企业在计算确定当期所得税和递延所得税的基础上，将两者之和（或之差）作为利润表中的所得税费用。

（二）资产的计税基础

资产的计税基础，是指企业在收回资产账面价值的过程中，计算应纳税所得额时按照税法规定可以自应纳税经济利益中抵扣的金额。

在通常情况下，资产取得时其入账价值与计税基础是相同的，其计税基础一般为取得成本，即企业为取得某项资产支付的成本在未来期间准予税前扣除。只是在后续计量过程中，有可能因会计准则的有关规定与税法规定不同，产生资产的账面价值与其计税基础有差异。

在资产持续持有的过程中，其计税基础是指资产的取得成本减去以前期间按照税法规定已经累计税前扣除的金额后的余额。如固定资产、无形资产等长期资产在某一资产负债表日的计税基础，是指其成本扣除按照税法规定已在以前期间税前扣除的累计折旧额或累计摊销额后的金额。

1. 固定资产

以各种方式取得的固定资产，初始确认时其账面价值一般等于计税基础。固定资产在持有期间进行后续计量时，由于会计与税收规定就折旧方法、折旧年限以及固定资产减值准备的提取等处理的不同，可能造成固定资产的账面价值与计税基础的差异。固定资产在持续使用期间，由于会计准则是按照"初始成本—累计折旧—固定资产减值准备"进行后续计量，而税法按照"初始成本—按照税法规定已在以前期间从税前扣除的累计折旧"进行后续计量，两者在固定资产的账面价值与计税基础间产生差异，包括折旧方法、折旧年限、计提固定资产减值准备等方面产生差异。

与会计准则的规定不同，税法规定，固定资产一般按直线法计提折旧，由于技术进步等原因确需加速折旧的，也可以采用双倍余额递减法或年数总和法计提折旧；税法对每一类固定资产的最低折旧年限作了明确规定；税法对于企业计提的资产减值准备在发生实质性损失前不允许税前扣除。

2. 无形资产

除内部研究开发形成的无形资产以外，其他方式取得的无形资产，初始确认时按照会计准则规定确定的入账价值与按照税法规定确定的计税成本之间一般不存在差异。无形资产的账面价值与计税基础间的差异主要产生于企业内部研究开发形成的无形资产、使用寿命不确定的无形资产和计提无形资产减值准备。

（1）内部研究开发形成的无形资产

会计准则规定，成本为开发阶段符合资本化条件以后发生的支出，除此之外，研究开发过程中发生的其他支出应予费用化计入损益。税法对自行开发的无形资产，以开发过程中该资产符合资本化条件后至达到预定用途前发生的支出为计税基础。在研发形成的无形资产上，一般情况下会计准则确认的初始成本与计税基础是相同的。

但对于企业为开发新技术、新产品、新工艺发生的研究开发费用，税法规定，未形成无形资产计入当期损益的（费用化部分），在按照规定据实扣除的基础上，按研究开发费用的50%加计扣除；形成无形资产的，按无形资产成本的150%摊销。这种情况下，对于形成无形资产的（资本化部分），其计税基础应在会计入账价值的基础上加计50%，因而会产生账面价值与计税基础在初始确认时的差异。对于这类无形资产计税基础与账面价值形成的差异，不确认其所得税影响。

（2）无形资产在后续计量时，会计与税法的差异主要产生于是否需要摊销及无形资产减值准备的提取

会计准则规定，应根据无形资产的使用寿命情况，区分为使用寿命有限的无形资产与使用寿命不确定的无形资产。对于使用寿命有限的无形资产，不要求摊销，但持有期间每年应进行减值测试。税法规定，企业取得的无形资产成本，应在一定期限内摊销。对于使用寿命不确定的无形资产，会计处理时不予摊销，但计税时按照税法规定确定的摊销额允许税前扣除，造成该类无形资产账面价值与计税基础的差异。

对于无形资产计提减值准备，税法规定计提的无形资产减值准备在转变为实质性损

失前不允许税前扣除，即无形资产的计税基础不会随减值准备的提取发生变化，从而造成无形资产的账面价值与计税基础的差异。

3. 以公允价值计量且其变动计入当期损益的金融资产

税法规定，以公允价值计量的金融资产在持有期间市价的波动在计税时不予考虑，有关金融资产在某一会计期末的计税基础为其取得成本，从而造成在公允价值变动的情况下，对以公允价值计量的金融资产账面价值与计税基础之间的差异。

4. 其他资产

（1）投资性房地产

对于采用公允价值模式进行后续计量的投资性房地产，其计税基础的确定类似于以公允价值计量且其变动计入当期损益的金融资产。以成本模式进行后续计量的投资性房地产，其账面价值与计税基础的确定类似于固定资产、无形资产。

（2）其他计提了资产减值准备的各项资产

有关资产计提了减值准备后，其账面价值也会随之下降，而税法规定资产在发生实质性损失之前，不允许税前扣除，即其计税基础不会因减值准备的提取而变化，造成在计提资产减值准备以后，资产的账面价值与计税基础之间的差异。

（三）负债的计税基础

负债的计税基础，是指负债的账面价值减去未来期间计算应纳税所得额时按照税法规定可予抵扣的金额。用公式表示即为：

负债的计税基础＝账面价值－未来期间按照税法规定可予税前扣除的金额

通常情况下，负债的确认与偿还不会影响当期的损益，也不会影响企业的应纳税所得额，未来期间计算应纳税所得额时按照税法规定可予以税前扣除的金额为零，负债的计税基础一般等于账面价值。但在特殊情况下，负债的确认也可能会影响损益，影响应纳税所得额，从而导致其计税基础与账面价值产生差异。

1. 预计负债

（1）企业因销售商品提供售后服务等原因确认的预计负债

按照或有事项准则规定，企业对于预计提供售后服务将发生的支出在满足有关确认条件时，销售当期即应确认为费用，同时确认预计负债。但税法规定，与销售产品相关的支出应于发生时税前扣除。因该类事项产生的预计负债在期末的计税基础为其账面价值与未来期间可税前扣除的金额之间的差额，一般为零。其他交易或事项中确认的预计负债，应按照税法规定的计税原则确定其计税基础。

（2）未决诉讼

因其他事项确认的预计负债，应按照税法规定的计税原则确定其计税基础。某些情况下，因有些事项确认的预计负债，如果税法规定其支出无论是否实际发生均不允许税前扣除，即未来期间按照税法规定可予抵扣的金额为零，其账面价值与计税基础相同。

2. 预收账款

企业在预收客户款项时，因不符合收入确认条件，会计上将其确认为负债。税法中对于收入的确认原则一般与会计规定相同，即会计上未确认收入，计税时也一般不计入应纳税所得额。该预收账款形成的负债，其计税基础等于账面价值。

如果某些情况下，因不符合会计准则规定的收入确认条件，未确认为收入的预收款，按照税法规定应计入当期应纳税所得额时，有关预收账款的计税基础为零，即未来期间确认的收入可以全额税前扣除。

3. 应付职工薪酬

会计准则规定，企业为获得职工提供的服务给予的各种形式的报酬以及其他相关支出均应作为企业的职工薪酬，根据职工提供服务的受益对象，计入有关成本费用，并在未支付之前确认为负债。税法中对于职工薪酬的合理部分，允许税前扣除。例如，支付给职工的工资薪金、按国家规定的范围和标准为职工缴纳的基本社会保险费、住房公积金、补充养老保险费、补充医疗保险费等；对有些职工薪酬，税法中则规定了税前扣除的标准，如企业发生的职工福利费支出，不超过工资薪金总额14%的部分准予税前扣除；一些职工薪酬，如企业为职工支付的商业保险费，税法规定不得税前扣除。对于发生当期准予税前扣除的职工薪酬，以后期间不存在税前扣除，所确认的负债的账面价值等于计税基础；对于超过税前扣除标准支付的职工薪酬以及不得税前扣除的职工薪酬，在以后期间也不允许税前扣除，因此，所确认的负债的账面价值也等于计税基础。

税法规定，与辞退福利有关的补偿款于实际支付时可税前抵扣。辞退福利义务确认的预计负债形成的暂时性差异，应确认递延所得税。

4. 其他负债

其他负债如企业应交的罚款和滞纳金等，在尚未支付之前按照会计规定确认为费用，同时作为负债反映。税法规定，罚款和滞纳金不能税前扣除，即该部分费用无论是在发生当期还是在以后期间均不允许税前扣除，其计税基础为账面价值减去未来期间计税时可予税前扣除的金额，即计税基础等于账面价值。

（四）暂时性差异

企业应于每个资产负债表日，对资产、负债的账面价值与其计税基础进行分析比较，两者存在的差额就是暂时性差异。根据暂时性差异对未来期间应纳税所得额的影响，分为应纳税暂时性差异和可抵扣暂时性差异。

1. 应纳税暂时性差异

应纳税暂时性差异，是指在确定未来收回资产或清偿负债期间的应纳税所得额时，将导致产生应纳税金额的暂时性差异。例如，企业支付200万元取得交易性金融资产，资产负债表日期公允价值为250万元，该项资产的账面价值为250万元，其计税基础为200万元，差额50万元为应纳税暂时性差异。

2. 可抵扣暂时性差异

可抵扣暂时性差异，是指在确定未来收回资产或清偿负债期间的应纳税所得额时，将导致产生可抵扣金额的暂时性差异。如企业的某批存货成本为 500 万元，期末估计的可变现净值为 400 万元，会计处理中需计提 100 万元存货跌价准备；而税法对 100 万元的跌价准备不允许税前扣除，其计税基础仍为 500 万元。账面价值 400 万元与计税基础 500 万元间的 100 万元为可抵扣暂时性差异。

企业对发生的应纳税或可抵扣暂时性差异，可以根据以下规律加以区分：当资产的账面价值大于其计税基础，或负债的账面价值小于其计税基础，其差额为应纳税暂时性差异；当资产的账面价值小于其计税基础，或负债的账面价值大于其计税基础，其产生的差额则为可抵扣暂时性差异。另外，按税法规定的一些特殊项目，如广告费、业务宣传费的相关规定和允许抵减的各年度利润的可抵扣亏损等，也视同可抵扣暂时性差异。

（五）递延所得税负债及递延所得税资产

1. 递延所得税负债

应纳税暂时性差异在未来期间转回时，会增加转回期间的应纳税所得额和相应的应交所得税，导致经济利益流出企业，因而在其产生期间，相关的所得税影响金额构成一项未来的纳税义务，应确认为一项负债，所以递延所得税负债产生于应纳税暂时性差异。

除所得税准则中明确规定可不确认递延所得税负债的情况以外，企业对于所有的应纳税暂时性差异均应确认相关的递延所得税负债。除与直接计入所有者权益的交易或事项以及企业合并中取得资产、负债相关的以外，在确认递延所得税负债的同时，应增加利润表中的所得税费用。

在确认应纳税暂时性差异产生的递延所得税负债的同时，导致应纳税暂时性差异产生的交易或事项如果影响到会计利润或应纳税所得额的，其所得税影响应增加所得税费用；应纳税暂时性差异的产生与直接计入所有者权益的交易或事项相关的，相关的所得税影响应减少所有者权益（资本公积）；应纳税暂时性差异的产生与企业合并中取得的资产、负债相关的，所得税影响应增加购买日的商誉或减少计入合并当期损益（营业外收入）的金额。

资产负债表日，递延所得税负债应根据税法规定，按照预期清偿该负债期间的适用税率计量。无论应纳税暂时性差异的转回期间如何，相关的递延所得税负债均不要求折现。

2. 递延所得税资产

可抵扣暂时性差异在转回期间将减少企业的应纳税所得额和相应的应交税费，导致经济利益流入企业，因而在其产生期间，相关的所得税影响金额构成一项未来的经济利益，确认为一项资产。所以，递延所得税资产产生于可抵扣暂时性差异。

确认因可抵扣暂时性差异产生的递延所得税资产应以未来期间可能取得的应纳税所得额为限。对与子公司、联营企业、合营企业的投资相关的可抵扣暂时性差异，同时满足下列条件的，应当确认相关的递延所得税资产：一是暂时性差异在可预见的未来很可能转回；二是未来很可能获得用来抵扣可抵扣暂时性差异的应纳税所得额。对于按照税法规定可以结转以后年度的未弥补亏损和税款抵减，应视同可抵扣暂时性差异处理。

某些情况下，企业发生的某项交易或事项不属于企业合并，并且交易发生时既不影响会计利润也不影响应纳税所得额，且该项交易中产生的资产、负债的初始确认金额与其计税基础不同，产生可抵扣暂时性差异的，所得税准则中规定在交易或事项发生时不确认相应的递延所得税资产。例如，研发支出，虽然有可抵扣差异（资产账面价值小于计税基础），但是不应确认递延所得税资产。

确认递延所得税资产时，应当以预期收回该资产期间的适用所得税税率为基础计算确定。无论相关的可抵扣暂时性差异转回期间如何，递延所得税资产均不要求折现。确认和计量时，应采用与收回资产或清偿债务的预期方式相一致的税率和计税基础。

如果所得税率发生非预期变化，对期初已确认递延所得税做出相应的调整。因税法变化，导致企业在某一会计期间适用的所得税税率发生变化的，企业应对已确认的递延所得税资产和递延所得税负债按照新的税率进行重新计量，调整递延所得税负债及递延所得税资产金额，使之能反映未来期间应当承担的纳税义务或可以获得的抵税利益。

（六）所得税费用的确认和计量

在资产负债表债务法下，利润表中的所得税费用由当期所得税和递延所得税两部分组成。

1. 当期所得税

当期所得税，是指企业按照税法规定计算确定的针对当期发生的交易和事项，应交纳给税务部门的所得税金额，即当期交所得税。

企业在确定当期应交所得税时，对于当期发生的交易或事项，会计计算出当期应纳税所得额，按照应纳税所得额与使用所得税税率计算处理与纳税处理不同的，应在会计利润的基础上，按使用税法规定进行调整，计算当期应交所得税。即当期所得税（应交所得税）＝当期应纳税所得额 × 所得税税率。

应纳税所得额可在会计利润基础上，考虑会计处理与纳税处理之间的差异，按照下列公式计算：

应纳税所得额＝会计利润＋按照会计准则规定计入利润表但计税时不允许税前扣除的费用＋（或－）计入利润表的费用与按照税法规定可予税前抵扣的金额之间的差额＋（或－）计入利润表的收入与按照税法规定应计入应纳税所得的收入之间的差额－税法规定的不征税收入＋（或－）其他需要调整的因素

2. 递延所得税

递延所得税，是指按照所得税准则规定应当计入当期利润表的递延所得税费用（或收益），它是按照所得税准则规定的当期应予确认的递延所得税资产和递延所得税负债金额，即递延所得税资产和递延所得税负债当期发生额的综合结果，但不包括计入所有者权益的交易或事项的所得税影响。用公式表示如下：

递延所得税 = （递延所得税负债的期末余额 – 递延所得税负债的期初余额） – （递延所得税资产的期末余额 – 递延所得税资产的期初余额）

当期应予确认的递延所得税负债大于当期应予确认的递延所得税资产的差额，为当期应予确认的递延所得税费用，递延所得税费用应当计入当期所得税费用；当期应予确认的递延所得税负债小于当期应予确认的递延所得税资产的差额，为当期应予确认的递延所得税收益，递延所得收益费用应当抵减当期所得税费用。

需要注意的是递延所得税是指应当计入当期利润表的递延所得税费用（或收益），因此有两种情况除外，不计入递延所得税费用（或收益）：一是某项交易或事项按照会计准则规定应计入所有者权益的，由该交易或事项产生的递延所得税资产或递延所得税负债及其变化亦应计入所有者权益，不构成利润表中的递延所得税费用；二是企业合并中取得的资产、负债，其账面价值与计税基础不同，应确认相关递延所得税的，该递延所得税的确认影响合并中产生的商誉或是计入当期损益的金额，不影响所得税费用。这两种除外情况最后计入所有者权益（资本公积）。

3. 所得税费用

所得税费用，是指利润表中的所得税费用项目。计算确定了当期所得税及递延所得税以后，利润表中应予确认的所得税费用为两者之和，计算公式如下：

所得税费用 = 当期所得税 + （或 – ）递延所得税

五、企业所得税的申报与缴纳

（一）企业所得税纳税申报

企业所得税纳税申报分为月季报和年报，企业应在税法或主管税务机关规定的期限内进行纳税申报，提交纳税申报表和同期财务会计报表。

1. 企业所得税月季报

（1）企业所得税月季报方式

企业所得税月季报方式主要有直接申报和网上申报两种方式。

①直接申报方式。采用直接申报方式的企业应填写企业所得税月季报表，持该表、会计报表及税务机关要求报送的其他资料，到主管税务机关办理申报手续。

②网上申报方式。采用网上申报方式的企业应按照税务机关规定的方式进入税务机关网站的纳税申报系统，填写企业所得税月季报表和会计报表，通过互联网进行纳税申报。

（2）企业所得税月季报表

企业所得税月季报表因企业征收办法不同而使用不同的申报表。查账征收企业适用《企业所得税预缴纳税申报表》，查定征收企业和定额征收企业适用《企业所得税纳税申报表》。这里仅就常用的查账征收企业适用的《企业所得税预缴纳税申报表》的填写作说明。预缴所得税有三种方式：据实预缴、按照上一纳税年度应纳税所得额的平均额预缴、按照税务机关确定的其他方法预缴。据实预缴，即按照企业当季利润进行预缴，此种方式用得较多。

2. 企业所得税年报

纳税年度终了后，企业应在 5 个月内进行企业所得税的汇算清缴，填报企业所得税年度纳税申报表。

企业所得税年报方式。企业所得税年报一般采用直接申报方式，但有的税务机关要求企业同时提交电子报表，填写电子报表的软件由税务机关提供。

（二）企业所得税的缴纳

企业所得税按年计征，分月或者分季预缴，年终汇算清缴，多退少补。

企业所得税的纳税年度，自公历每年 1 月 1 日起至 12 月 31 日止。企业在一个纳税年度的中间开业，或者由于合并、关闭等原因终止经营活动，使该纳税年度的实际经营期不足 12 个月的，应当以其实际经营期为一个纳税年度。企业清算时，应当以清算期间作为一个纳税年度。自年度终了之日起 5 个月内，向税务机关报送年度企业所得税纳税申报表，并汇算清缴，结清应缴、应退税款。

企业在年度中间终止经营活动的，应当自实际经营终止之日起 60 日内，向税务机关办理当期企业所得税汇算清缴。

按月或按季预缴的，应当自月份或者季度终了之日起 15 日内，向税务机关报送预缴企业所得税纳税申报表，预缴税款。企业在报送企业所得税纳税申报表时，应当按照规定附送财务会计报告和其他有关资料。企业在纳税年度内无论盈利或者亏损，都应当依照企业所得税法第五十四条规定的期限，向税务机关报送预缴企业所得税纳税申报表、年度企业所得税纳税申报表、财务会计报告和税务机关规定应当报送的其他有关资料。

第二节　收入

一、收入概述

（一）收入及其特征

1. 收入的概念

收入是指企业在日常活动中形成的、会导致所有者权益增加的、与所有者投入资本无关的经济利益的总流入。

收入包括销售商品收入、提供劳务收入和让渡资产使用权收入等。企业代第三方收取的款项，应当作为负债处理，不应当确认为收入。企业应当根据其在向客户转让商品前是否拥有对该商品的控制权，来判断其从事交易时的身份是主要责任人还是代理人。企业在向客户转让商品前能够控制该商品的，该企业为主要责任人，应当按照已收或应收对价总额确认收入；否则，该企业为代理人，应当按照预期有权收取的佣金或手续费的金额确认收入，该金额应当按照已收或应收对价总额扣除应支付给其他相关方的价款后的净额，或者按照既定的佣金金额或比例等确定。

2. 收入的特征

（1）收入从企业的日常活动中产生，而不是从偶发的交易或事项中产生

如工商企业销售商品、提供劳务的收入等。有些交易或事项也能为企业带来经济利益，但不属于企业的日常活动，其流入的经济利益是利得，而不是收入，如出售固定资产，因固定资产是为使用而不是为出售而购入的，将固定资产出售并不是企业的经营目标，也不属于企业的日常活动，出售固定资产取得的收益不作为收入核算。

（2）收入会导致企业所有者权益的增加

收入可能表现为企业资产的增加，如增加银行存款、应收账款等；也可能表现为企业负债的减少，如以商品或劳务抵偿债务；或者两者兼而有之。例如，商品销售的货款中部分抵偿债务，部分收取现款。这里所指的以商品或劳务抵债不包括债务重组中的以商品抵债。

收入能增加资产或减少负债或两者兼而有之，因此，根据"资产－负债＝所有者权益"的公式，企业取得收入一定能增加所有者权益。但收入扣除相关成本费用后的净额，则可能增加所有者权益，也可能减少所有者权益。这里仅指收入本身导致的所有者权益的增加，而不是指收入扣除相关成本费用后的结果对所有者权益的影响。

（3）收入只包括本企业经济利益的流入，不包括为第三方代收的款项

企业代国家收取的增值税、代收利息等代收的款项，一方面增加企业的资产，另一方面增加企业的负债。因此，不增加企业的所有者权益，也不属于本企业的经济利益，不能作为本企业的收入。

（二）收入的分类

1. 收入按交易性质分类

收入按交易的性质分类可以分为销售商品收入、提供劳务收入、让渡资产使用权收入和建造合同收入等。

（1）销售商品收入

销售商品收入，是指企业通过销售产成品或商品而取得的收入。如制造企业销售产成品、半成品取得的收入，商品流通企业销售商品取得的收入，房地产经营商销售自行开发的房地产取得的收入等。

（2）提供劳务收入

提供劳务收入，是指企业通过提供劳务作业而取得的收入。如制造企业提供工业性劳务作业取得的收入，商品流通企业提供代购、代销劳务取得的收入等。

（3）让渡资产使用权收入

让渡资产使用权收入，是指企业通过让渡资产使用权而取得的收入。如金融企业发放贷款取得的收入等，企业让渡无形资产使用权取得的收入。

（4）建造合同收入

建造合同收入，是指企业通过签订建造合同，并按合同要求为客户设计和建造房屋、道路、桥梁、水坝等建筑物以及船舶、飞机、大型机器设备等而取得的收入。

2. 收入按其在企业经营业务中的主次分类

收入按照在企业经营业务中的主次分类可以分为主营业务收入和其他业务收入。

（1）主营业务收入

主营业务收入，是指企业通过主要经营业务所取得的收入。如制造企业以销售产成品、半成品和提供工业性劳务作业为主，商品流通企业以销售商品为主，旅游服务业以门票收入、客房收入、餐饮收入为主等。

（2）其他业务收入

其他业务收入，是指企业通过主要经营业务以外的其他经营活动取得的收入。如销售材料、代购代销、出租包装物等取得的收入。

二、销售商品收入的确认、计量和会计处理

（一）销售商品收入的确认

以控制权转移替代风险报酬转移作为收入确认时点的判断标准：

企业应当在履行了合同中的履约任务，即在客户取得相关商品控制权时确认收入。取得相关商品控制权，是指能够主导该商品的使用并从中获得几乎全部的经济利益。

当企业与客户之间的合同同时满足下列条件时，企业应当在客户取得相关商品控制权时确认收入。

1. 合同各方已批准该合同并承诺将履行各自义务；

2. 该合同明确了合同各方与所转让商品或提供劳务（以下简称转让商品）相关的权利和义务；

3. 该合同有明确的与所转让商品相关的支付条款；

4. 该合同具有商业实质，即履行该合同将改变企业未来现金流量的风险、时间分布或金额；

5. 企业因向客户转让商品而有权取得的对价很可能收回。在合同开始日即满足前述条件的合同，企业在后续期间无须对其进行重新评估，除非有迹象表明相关事实和情况发生重大变化，合同开始日通常是指合同生效日。

在合同开始日不符合本准则第五条规定的合同，企业应当对其进行持续评估，并在其满足本准则第五条规定时按照该条的规定进行会计处理。

对于不符合相关准则规定的合同，企业只有在不再负有向客户转让商品的剩余义

务，且已向客户收取的对价无须退还时，才能将已收取的对价确认为收入；否则，应当将已收取的对价作为负债进行会计处理。没有商业实质的非货币性资产交换，不确认收入。

（二）销售商品收入的计量

企业销售商品收入满足收入确认条件时，应当按照已收或应收合同或协议。

价款的公允价值确定销售商品收入的金额，已收或应收的合同或协议价款显失公允的除外。购货方已收或应收的合同或协议价款，通常为公允价值。

应收的合同或协议价款与其公允价值相差较大的，应按照应收的合同或协议价款的公允价值确定销售商品收入金额，应收的合同或协议价款与其公允价值之间的差额，应当在合同或协议期间内采用实际利率法进行摊销，计入当期损益。

某些情况下，合同或协议明确规定销售商品需要延期收取款项，如分期收款销售商品，实质上具有融资性质的，应当按照应收的合同或协议价款的现值确定其公允价值。应收的合同或协议价款与其公允价值之间的差额，应当在合同或协议期间内，按照应收款项的摊余成本和实际利率计算确定的摊销金额，冲减财务费用。

销售商品涉及商业折扣的，应当按照扣除商业折扣后的金额来确认销售商品收入金额。销售商品涉及现金折扣的，应当按照扣除现金折扣前的金额来确认销售商品收入金额。现金折扣在实际发生时计入当期损益。

企业已经确认销售商品收入的售出商品发生销售折让的，应当在发生时冲减当期销售商品收入。销售折让属于资产负债表日后事项的，适用资产负债表日后事项会计准则。企业已经确认销售商品收入的售出商品发生销售退回的，应当在发生时冲减当期的销售商品收入。销售退回属于资产负债表日后事项的，适用资产负债表日后事项会计准则。

总之，企业在确定销售商品收入时，不考虑各种预计可能发生的现金折扣、销售折让和销售退回。现金折扣在实际发生时计入发生当期财务费用，销售折让和销售退回在实际发生时作为当期销售收入的减项。

（三）销售商品收入的会计处理

销售商品业务主要是指企业以取得货币性资产方式的商品销售，它是制造企业和商品流通企业的主要经营业务。

企业应设置"主营业务收入"科目核算企业销售商品主营业务的收入。本科目可按主营业务的种类进行明细核算。期末，应将"主营业务收入"科目的余额转入"本年利润"科目，结转后本科目无余额。

不仅如此，企业还应当设置"主营业务成本"科目核算企业确认销售商品收入实现时应结转的成本。本科目可按主营业务的种类进行明细核算。期末，应将"主营业务成本"科目的余额转入"本年利润"科目，结转后本科目无余额。

1. 一般销售商品业务的会计处理

企业销售商品符合收入确认条件的，应在收入确认时，按确定的收入金额与应收取的增值税，借记"银行存款""应收账款""应收票据"等科目；按确认的收入金额，贷记"主营业务收入"科目；按应收取的增值税，贷记"应交税费 —— 应交增值税（销项税额）"科目。

企业销售商品，在销售商品收入实现时或月份终了，结算已销售商品的实际成本，借记"主营业务成本"科目，贷记"库存商品"等科目。

2. 销售商品涉及商业折扣、现金折扣和销售折让业务的会计处理

（1）销售商品涉及商业折扣业务的会计处理

商业折扣，是指企业为促进商品销售而在商品标价上给予的价格扣除。企业销售商品涉及商业折扣的，应当按照扣除商业折扣后的金额来确认销售商品收入金额，不需另做账务处理。

（2）销售商品涉及现金折扣业务的会计处理

现金折扣，是指债权人为鼓励债务人在规定的期限内付款而向债务人提供的债务扣除。

（3）销售商品涉及销售折让业务的会计处理

销售折让，是指企业因售出商品的质量不合格等原因而在售价上给予的减让。企业已经确认销售商品收入的售出商品发生销售折让的，应当在发生时冲减当期销售商品收入。销售折让属于资产负债表日后事项的，适用资产负债表日后事项会计准则。企业将商品销售后，如购货方发现商品在质量、规格等方面不符合要求，可能要求销货方在价格上给予一定的减让。销售折让应在实际发生时冲减当期的收入。发生销售折让时，按规定允许扣减当期的销项税额，应同时用红字冲减"应交税费 —— 应交增值税（销项税额）"科目。

3. 销售商品涉及销售退回业务的会计处理

销售退回，是指企业售出的商品由于质量、品种不符合要求等原因而发生的退货。销售商品涉及销售退回业务，企业应按不同情况进行会计处理。

（1）尚未确认销售收入的销货退回

销售退回可能发生在企业确认收入之前，这种处理比较简单，只需将已记入"发出商品"科目的商品成本转回"库存商品"科目。

（2）已确认收入实现的销货退回

如企业销售商品收入确认后，又发生销售退回的，不论是当年销售的，还是以前年度销售的，一般均应冲减退回当月的销售收入，同时冲减退回当月的销售成本；企业发生销售退回时，按规定允许扣减当月销项税额，应同时用红字冲减"应交税费 —— 应交增值税（销项税额）"科目。

（3）报告年度或以前年度售出的商品，在资产负债表日至财务报告批准报出日之间发生的退回

这种情况应作为资产负债表日后发生的调整事项，冲减报告年度的收入、成本和税金；如该项销售在资产负债表日及之前已发生现金折扣或销售折让的，还应同时冲减报告年度相关的折扣、折让。

4. 销售商品不符合收入确认条件的会计处理

如果企业售出的商品不符合销售收入确认的 5 个条件中的任何一条，均不应确认收入。对于企业未满足收入确认条件但已经发出商品的实际成本（或进价）或计划成本（或售价）时，企业应设置"发出商品"科目进行核算。本科目可按购货单位、商品类别和品种进行明细核算。"发出商品"科目期末借方余额，反映企业发出商品的实际成本（或进价）或计划成本（或售价）。

（四）特殊销售商品业务

企业会计实务中，可能遇到一些特殊的销售商品业务，在将销售商品收入确认和计量原则运用于特殊销售商品收入的会计处理时，应结合这些特殊销售商品交易的形式，并注重交易的实质。

1. 代销商品业务

代销商品是委托方委托受托方代售商品的销售方式，代销商品通常有"视同买断"和"收取手续费"代销两种方式。

（1）视同买断方式代销商品

视同买断方式，是指由委托方和受托方签订协议，委托方按协议价格收取委托代销商品的货款，实际售价可由受托方自定，实际售价与协议价之间的差额归受托方所有的销售方式。

如果委托方和受托方之间的协议明确标明，受托方在取得代销商品后，无论是否卖出、是否获利，均与委托方无关，此种代销商品交易，与委托方直接销售商品给受托方没有实质区别。在符合销售商品收入确认条件时，委托方应确认相关销售商品收入。

如果委托方和受托方之间的协议明确标明，将来受托方在没有将商品售出时可以将商品退回给委托方，或受托方因代销商品出现亏损时可以要求委托方补偿，那么委托方在交付商品时不确认收入，受托方也不作为购进商品处理；受托方将商品销售后，按实际售价确认销售收入，并向委托方开具代销清单；委托方收到代销清单时，再确认本企业的销售收入。

（2）收手续费方式代销商品

收手续费方式，是受托方根据所代销的商品数量向委托方收取手续费的方式。对于受托方来说，收取的手续费实际上是一种劳务收入。在这种代销方式下，委托方发出商品时，商品所有权上的主要风险和报酬未转移给受托方，因此，委托方在发出商品时通常不应确认销售商品收入，而应在收到受托方开出的代销清单时确认销售商品收入；受托方应在商品销售后，按合同或协议约定的方法计算确定的手续费确认收入。

2. 订货或预收款销售商品

订货销售，是指已收到全部或部分货款，而库存没有现货，需要通过制造等程序才能将商品交付购货方的销售方式。在这种方式下，企业通常在发出商品时确认收入实现，在此之前预收的货款应确认为负债。

预收款销售商品，是指购买方在商品尚未收到前按合同或协议约定分期付款，销售方在收到最后一笔款项时才交货的销售方式。在这种方式下，企业通常在发出商品时确认收入实现，在此之前预收的货款应确认为负债。企业向客户预收销售商品款项的，应当首先将该款项确认为负债，待履行了相关履约义务时再转为收入。当企业预收款项无须退回，且客户可能会放弃其全部或部分合同权利时，企业预期将有权获得与客户所放弃的合同权利相关的金额的，应当按照客户行使合同权利的模式按比例将上述金额确认为收入；否则，企业只有在客户要求其履行剩余履约任务的可能性极低时，才能将上述负债的相关余额转为收入。

3. 具有融资性质的递延方式分期收款销售商品

对于采用递延方式分期收款（通常为超过 3 年），具有融资性质的销售商品满足收入确认条件的，企业按应收合同或协议价款公允价值确定收入金额，借记"长期应收款"科目；按应收合同或协议价款的公允价值（折现值），贷记"主营业务收入"科目；按其差额，贷记"未实现融资收益"科目。应收的合同或协议价款与其公允价值之间的差额，应当在合同或协议期间内，按照应收款项摊余成本和实际利率计算确定的摊销金额，冲减财务费用。

4. 附有销售退回条件的销售

附有销售退回条件的销售，需同时确认退货权资产及预期退款负债。

对于附有销售退回条款的销售，企业应当在客户取得相关商品控制权时，按照因向客户转让商品而预期有权收取的对价金额（不包含预期因销售退回将退还的金额）确认收入，按照预期因销售退回将退还的金额确认负债；同时，按照预期将退回商品转让时的账面价值，扣除收回该商品预计发生的成本（包括退回商品的价值减损）后的余额，确认为一项资产，按照所转让商品转让时的账面价值，扣除上述资产成本的净额结转成本。

每一资产负债表日，企业应当重新估计未来销售退回情况，如有变化，应当作为会计估计变更进行会计处理。在这种销售方式下，如果企业能够按照以往的经验对退货的可能性作出合理估计，应在发出商品后，按估计不会发生退货的部分确认收入，估计可能发生退货的部分，不确认收入；如果企业不能合理地确定退货的可能性，则在所售商品的退货期满时确认收入。

5. 售后回购

售后回购，是指企业销售商品的同时承诺或有权选择日后再将该商品（包括相同或几乎相同的商品，或以该商品作为组成部分的商品）购回的销售方式。

对于售后回购交易，企业应当区分下列两种情形分别进行会计处理：

（1）企业因存在与客户的远期安排而负有回购义务或企业享有回购权利的

企业因存在与客户的远期安排而负有回购义务或企业享有回购权利的，表明客户在销售时并未取得相关商品控制权，企业应当作为租赁交易或融资交易进行相应的会计处理，其中，回购价格低于原售价的，应当视为租赁交易，按照相关规定进行会计处理；

回购价格不低于原售价的，应当视为融资交易，在收到客户款项时确认金融负债，并将该款项和回购价格的差额在回购期间内确认为利息费用等。企业到期末行使回购权利的，应当在该回购权利到期时终止确认金融负债，同时确认收入。

（2）企业负有应客户要求回购商品义务的

企业负有应客户要求回购商品义务的，应当在合同开始日评估客户是否具有行使该要求权的重大经济动因，客户具有行使该要求权重大经济动因的，企业应当将售后回购作为租赁交易或融资交易。

6. 售后租回

售后租回，是指销售商品的同时，销售方同意在日后再将同样的商品租回的销售方式。

在这种方式下，销售方应根据合同或协议条款判断企业是否已将商品所有权上的主要风险和报酬转移给购货方，以判断是否确认销售商品收入。

在大多数情况下，售后租回属于融资交易，企业不应确认销售商品收入，收到的款项应确认为负债，售价与资产账面价值之间的差额应分别按照不同情况进行会计处理。

（1）售后租回交易认定为融资租赁

如果售后租回交易认定为融资租赁的，资产售价与其账面价值之间的差额应当予以递延，并按照该项租赁资产的折旧进度进行分摊，作为折旧费用的调整。

（2）售后租回交易认定为经营租赁

如果售后租回交易认定为经营租赁的，资产售价与其账面价值之间的差额应当予以递延，并在租赁期内按照与确认租金费用相一致的方法进行分摊，作为租金费用的调整。但是，有确凿证据表明认定为经营租赁的售后租回交易是按照公允价值达成的，销售的商品按售价确认收入，并按账面价值结转成本。

7. 以旧换新的商品销售

以旧换新销售，是指销售方在销售商品的同时回收与所售商品相同的旧商品。在这种销售方式下，销售的商品应当按照销售商品收入确认条件确认收入，回收的旧商品作为购进商品处理。

三、提供劳务收入

（一）提供劳务收入的概况

1. 提供劳务收入的确认和计量

企业提供劳务收入的确认和计量，应该按照在资产负债表日提供劳务交易的结果能否可靠估计进行。

2. 提供劳务交易结果能够可靠估计

企业在资产负债表日提供劳务交易的结果能够可靠估计的，应当按照完工百分比法确认提供劳务收入。完工百分比法，是指按照提供劳务交易的完工进度确认收入与费用的方法。提供劳务交易的结果能够可靠估计，需要同时具备以下条件。

（1）收入的金额能够可靠地计量

收入的金额能够可靠地计量，企业应当按照从接受劳务方已收或应收的合同或协议价款确定提供劳务收入总额，已收或应收的合同或协议价款显失公允的除外。已收或应收的合同或协议价款可能随着劳务的不断提供，根据实际情况增加或较少，此时企业应及时调整提供劳务收入的总额。

（2）相关的经济利益很可能流入企业

相关的经济利益很可能流入企业，是指提供劳务收入总额收回的可能性大于不能收回的可能性。

通常情况下，企业提供劳务符合合同或协议要求，接受劳务方承诺付款，就表明提供劳务收入总额收回的可能性大于不能收回的可能性。如果企业提供劳务收入总额很可能不是流入企业，应当提供确凿证据。

（3）交易的完工进度能够可靠确定

企业确定提供劳务交易的完工进度，可以选用下列方法：

①已完成工作的测量。

②已经提供的劳务占应提供的劳务总量的比例。

③已发生的成本占估计总成本的比例。

（4）交易中已发生的和将发生的成本能够可靠地计量

交易中已发生的和将发生的成本能够可靠地计量，是指交易中已发生的和将发生的成本能够被可靠地估计，企业应当随着劳务的不断提供或外部情况的不断变化，随时对将要发生的成本进行修订。

企业应当在资产负债表日按提供劳务收入总额乘以完工进度扣除以前会计期间累计已确认提供劳务收入后的金额，确认当期提供劳务收入；同时，按照提供劳务总成本乘以完工进度扣除以前会计期间累计已确认提供劳务成本后的金额，确认当期提供劳务成本。

3. 提供劳务交易结果

企业在资产负债表日提供劳务交易结果不能够可靠估计的，应当分别按照下列情况处理：

（1）已经发生的劳务成本预计能够得到补偿的

应按已经发生的劳务成本金额确认收入，并按相同金额结转成本。

（2）已经发生的劳务成本预计只能部分得到补偿的

应当按照能够得到补偿的劳务成本金额确认收入，并按已经发生的劳务成本结转劳务成本。

（3）已经发生的成本预计全部不能够得到补偿的

应当将已经发生的劳务成本计入当期损益，不确认提供劳务收入。

4. 销售商品和提供劳务的混合劳务

企业与其他企业签订的合同或协议包括销售商品和提供劳务时，销售商品部分和提供劳务部分能够区分且能够单独计量的，将提供劳务的部分作为提供劳务处理。

销售商品部分和提供劳务部分不能够区分的，或虽能区分但不能够单独计量的，应当将销售商品部分和提供劳务部分全部作为销售商品处理。

5. 特殊劳务交易

下列提供劳务满足收入确认条件的，应按规定确认收入：

（1）安装工费

安装工费，在资产负债表日根据安装的完工进度确认收入。安装工作是商品销售附带的条件，安装费在确认商品销售实现时确认收入。

（2）宣传媒介的收费

宣传媒介的收费，在相关的广告或商业行为开始出现于公众面前时确认收入。广告的制作费，在资产负债表日根据制作广告的完工进度确认收入。

（3）特定客户的收费

为特定客户开发软件的收费，在资产负债表日根据开发的完工进度确认收入。

（4）在商品售价内可区分的服务费

包括在商品售价内可区分的服务费，在提供服务的期间内分期确认收入。

（5）其他活动的收费

艺术表演、招待宴会和其他特殊活动的收费，在相关活动发生时确认收入。收费涉及以上几项活动的，预收的款项应合理分配给每项活动，然后分别确认收入。

（6）申请入会费和会员费

申请入会费和会员费只允许取得会籍，所有其他服务和商品都要另行收费的，在款项收回不存在重大不确定性时确认收入。申请入会费和会员费能使会员在会员期内得到各种服务或商品，或者以低于非会员的价格销售商品或提供劳务的，在整个收益期内分期确认收入。

（7）属于提供设备和其他有形资产的特许权费

在交付资产或转移资产所有权时确认收入，属于提供初始及后续服务的特许权费，在提供服务时确认收入。

（二）提供劳务收入的会计处理

企业提供劳务的收入可能在劳务完成时确认，也可能按完工百分比法等确认。

劳务收入在确认时，应按确定的收入金额借记"应收账款""预收账款""银行存款"等科目，贷记"主营业务收入""其他业务收入"等科目；发生成本费用支出时，借记"劳务成本"科目，贷记"原材料""应付职工薪酬""银行存款"等科目；结转提供劳务成本时，借记"主营业务成本""其他业务成本"等科目，贷记"劳务成本"科目。"劳务成本"科目期末借方余额，反映企业尚未完成或尚未结转的劳务成本。

1. 提供劳务交易的结果能够可靠估计情况下的会计处理

劳务全部完成

企业应在提供的劳务完成时确认收入。

2. 提供劳务交易结果不能够可靠估计情况下的会计处理

企业在资产负债表日，不能对提供劳务交易的结果作出可靠估计的情况下，应按已经发生并预计能够补偿的劳务成本确认收入，并按相同的金额结转成本；如预计已经发生的劳务成本不能得到补偿，则不应确认收入，但应将已经发生的成本确认为当期费用。

3. 销售商品业务和提供劳务混合业务

企业与其他企业签订的合同或协议，有时既包括销售商品又包括提供劳务，如销售电梯的同时负责安装工作，销售软件后继续提供技术支持等。此时，如果销售商品部分和提供劳务部分能够区分且能够单独计量的，将提供劳务的部分作为提供劳务处理；如果销售商品部分和提供劳务部分不能够区分的，或虽能区分但不能够单独计量的，应当将销售商品部分和提供劳务部分全部作为销售商品进行会计处理。

4. 授予客户奖励积分业务

授予积分时，应当将销售取得的货款或应收货款在本次商品销售或劳务提供产生的收入与奖励积分的公允价值之间进行分配，将取得的货款或应收货款扣除奖励积分公允价值的部分确认为收入，奖励积分的公允价值确认为递延收益。奖励积分公允价值为单独销售可取得的金额。在兑换积分时，获得奖励积分的客户满足条件时有权取得授予企业的商品或服务，在客户兑换奖励积分时，授予企业应将原计入递延收益的与所兑换积分相关的部分确认为收入。

5. 特殊劳务收入

（1）安装费

如果安装费是与商品销售分开的，则应在年度终了时根据安装的完工程度确认收入；如果安装费是商品销售收入的一部分，则应与所销售的商品同时确认收入。

（2）宣传媒介收费

宣传媒介收费应在相关的广告或商业行为开始出现于公众面前时予以确认；广告的制作费则应在年度终了时根据项目的完成程度确认。

（3）申请入会费和会员费收入

如果所收费用只允许取得会籍，而所有其他服务或商品都要另行收费，则在款项收回不存在任何不确定性时确认为收入；如果所收费用能使会员在会员期内即可得到各种服务或出版物，或者以低于非会员所负担的价格购买商品或接受劳务，则该项收费应在整个受益期内分期确认收入。

（4）特许权费收入

属于提供设备和其他有形资产的部分，应在这些资产的所有权转移时，确认为收入。属于提供初始及后续服务的部分，在提供服务时确认为收入。

（5）长期为客户提供某项重复劳务收取的劳务费

应在相关劳务活动发生时确认为收入，如企业收取的物业管理费等。

四、让渡资产使用权收入

让渡资产使用权收入包括利息收入（金融企业对外贷款形成的利息收入等）、使用费收入（企业转让资产的使用权形成的使用费收入），企业对外出租资产收取的租金、进行债权投资收取的利息、进行股权投资取得的现金股利等，也属于让渡资产使用权形成的收入。

（一）让渡资产使用权收入的确认和计量

1. 让渡资产使用权收入的确认

让渡资产使用权收入需同时满足下列条件的，才能予以确认：

（1）相关的经济利益

相关的经济利益很可能流入企业，是任何交易均应遵循的一项重要原则，企业应根据对方的信誉情况、当年的效益情况以及双方就结算方式、付款期限等达成的协议等方面进行判断。如果企业估计收入收回的可能性不大，就不应确认收入。

（2）收入的金额能够可靠计量

当企业让渡资产使用权收入的金额能够可靠地计量时，才能进行确认。

2. 让渡资产使用权收入的计量

企业应当分别按照下列情况确定让渡资产使用权收入金额：

（1）利息收入金额

按照他人使用本企业货币资金的时间和实际利率计算确定。

（2）使用费收入金额

按照有关合同或协议约定的收费时间和方法计算确定。

（二）让渡资产使用权收入的会计处理

1. 利息收入的会计处理

企业在资产负债表日，按照他人使用本企业货币资金的时间和实际利率计算并确认利息收入，借记"应收利息""贷款""银行存款"等科目，贷记"其他业务收入""利息收入"等科目。

2. 使用费收入的核算

使用费收入应按有关合同或协议规定的收费时间和方法确认。不同的使用费收入，其收费时间和收费方法各不相同：有一次收回一笔固定金额的，有在协议规定的有效期内分期等额收回的，有分期不等额收回的等。

如果合同、协议规定一次性收取使用费，且不提供后期服务的，应视同销售该项资产一次性确认收入；如提供后期服务的，应在合同、协议规定的有效期内分期确认收入。

如合同规定分期收取使用费的，应按合同规定的收款时间和金额或合同规定的收费方法计算确定的金额分期确认收入。

使用费收入在确认时，应按确定的收入金额借记"应收账款""银行存款"等科目，贷记"其他业务收入""主营业务收入"科目；发生的有关费用支出，借记"其他业务成本""主营业务成本""营业税金及附加"等科目，贷记"银行存款""应交税费"等科目。

五、建造合同收入

（一）建造合同及其特征

1. 建造合同

建造合同，是指为建造一项或数项在设计、技术、功能、最终用途等方面密切相关的资产而订立的合同。

建造合同的资产，是指房屋、道路、桥梁、水坝等建筑物以及船舶、飞机、大型机器设备等。

2. 建造合同的特征

建造合同具有以下特征：一是建造合同先有买主（客户），后有标底（资产）；二是资产建设期长，一般都要跨越一个会计年度，有的甚至长达数年；三是所建造的固定资产体积大、造价高，而且造价在签订合同时就已经确定；四是建造合同一般是不可取消合同。

3. 建造合同的类型

建造合同分为固定造价合同和成本加成合同两种类型。

（1）固定造价合同

固定造价合同是指按照固定的合同价或固定单价确定工程价款的建造合同。

（2）成本加成合同

成本加成合同是指以合同约定或其他方式议定的以成本为基础，加上该成本的一定比例或定额费用来确定工程价款的建造合同。

固定造价合同与成本加成合同的主要区别在于风险的承担者不同，固定造价合同的风险主要由建造承包方承担，而成本加成合同的风险主要由发包方承担。

（二）建造合同收入与合同成本

1. 建造合同收入的范围

建造合同收入应当包括下列内容。

（1）合同规定的初始收入

合同规定的初始收入是建造承包商与客户在双方签订的合同中最初商定的合同总金额，它是建造合同收入的主要组成部分。

（2）因合同变更、索赔、奖励等形成的收入

因合同变更、索赔、奖励等形成的收入，并不构成合同双方在签订合同时已在合同中商定的合同总金额，而是在执行合同过程中由于合同的变更、索赔、奖励等原因而形成的追加收入。对这部分收入建筑承包商不能随意确认，只有在符合规定条件时才构成合同总收入。

合同变更是指经合同各方批准对原合同范围或价格作出的变更。

合同变更款同时满足下列条件的，才能构成合同收入：一是客户能够认可因变更而增加的收入；二是收入能够可靠地计量。

索赔款是指因客户或第三方的原因造成的、向客户或第三方收取的、用以补偿不包括在合同造价中的成本的款项。

索赔款同时满足下列条件的，才能构成合同收入：一是根据谈判情况，预计对方能够同意该项索赔；二是对方同意接受的金额能够可靠地计量。

奖励款是指工程达到或超过规定的标准时，客户同意支付的额外款项。

奖励款同时满足下列条件的，才能构成合同收入：一是根据目前完成情况，足以判断工程进度和工程质量能够达到或超过规定的标准；二是奖金金额能够可靠地计量。

2. 建造合同成本

建造合同成本应当包括从合同签订开始至合同完成为止所发生的、与执行合同有关的直接费用和间接费用。

（1）直接费用

建造合同的直接费用应当包括：耗用的材料费用，耗用的人工费用，耗用的机械使用费；其他直接费用，指其他可以直接计入合同的费用。

（2）间接费用

间接费用是企业下属的施工单位或生产单位为组织和管理施工生产活动所发生的费用。

（三）建造合同收入与费用的确认和计量

1. 建造合同收入与合同费用的确认

企业在资产负债表日，建造合同的结果能够可靠估计的，应当根据完工百分比法确认合同收入和费用。完工百分比法，是指根据合同完工进度确认收入与费用的方法。

（1）固定造价合同的结果能够可靠估计的条件

固定造价合同的结果能够可靠估计，需要同时满足下列条件：

①合同总收入能够可靠计量；

②与合同相关的经济利益很可能流入企业；

③实际发生的合同成本能够清楚区分和可靠计量；

④合同完工进度和为完成合同尚需发生的成本能够可靠确定。

（2）成本加成合同的结果能够可靠估计的条件

成本加成合同的结果能够可靠估计，需要同时满足下列条件：

①与合同相关的经济利益很可能流入企业；

②实际发生的合同成本能够清楚区分和可靠计量。

（3）合同完工进度确定的方法

企业确定合同完工进度，可以选用下列方法：

①累计实际发生的合同成本占合同预计总成本的比例；

②已经完成的合同工作量占合同预计总工作量的比例；

③实际测定的完工进度。

值得注意的是，企业采用累计实际发生的合同成本占合同预计总成本的比例确定合同完工进度的，累计实际发生的合同成本不包括下列内容：一是施工中尚未安装或使用的材料成本等与合同未来活动相关的合同成本；二是在分包工程的工作量完成之前预付给分包单位的款项。

（4）建造合同的结果不能可靠估计的，应当区别以下情况处理

①合同成本能够收回的，合同收入根据能够收回的实际合同成本予以确认，合同成本在其发生的当期确认为合同费用。

②合同成本不能够收回的，在发生时立即确认为合同费用，不确认收入。

使建造合同的结果不能可靠估计的不确定因素不复存在的，应当在资产负债表日采用完工百分比法确认与建造合同有关的收入和费用。合同预计总成本超过合同总收入的，应当将预计损失确认为当期费用。

2. 建造合同收入与合同费用的计量

建造合同收入应以收到或应收的建造合同的总金额或总造价来计量。

如果建造合同的结果能够可靠地估计，企业应按完工百分比法在资产负债表日确认合同收入和合同费用。

完工百分比法是指根据合同完工进度确认收入和费用的方法。它可以按累计实际发生的合同成本占合同预计总成本的比例、已经完成的合同工作量占合同预计总工作量的比例、已完成合同工作的测量等方法确定。

采用完工百分比法确认当期收入和费用的计算如下：

当期确认的合同收入 =（合同总收入 × 完工进度）- 以前会计年度累计确认的收入

当期确认的合同毛利 =（合同总收入 - 合同预计总成本）× 完工进度 - 以前会计年度累计已确认的毛利

当期确认的合同费用 = 当期确认的合同收入 - 当期确认的合同毛利

（四）建造合同收入的会计处理

建造合同收入和支出的核算应设置"主营业务收入""主营业务成本""工程施工""工程结算"等科目。收入在确认时，按当期确认的合同费用，借记"主营业务成本"科目；按当期确认的合同毛利，借记"工程施工—毛利"科目；按当期确认的合同收入贷记"主营业务收入"科目。

第三节　费用和利润

一、费用的概念与分类

（一）费用的概念

费用是指企业为销售商品、提供劳务等日常活动所发生的经济利益的流出，是企业在生产经营过程中发生的各项耗费，即企业在生产经营过程中为取得收入而支付或耗费的各项资产。我国相关准则将费用表述为："费用是指企业在日常活动中发生的、会导致所有者权益减少的、与向所有者分配利润无关的经济利益的总流出。"

费用应按照权责发生制和配比原则确认，凡应属于本期发生的费用，不论其款项是否支付，均确认为本期费用；反之，不属于本期发生的费用，即使其款项已在本期支付，也不确认为本期费用。

费用的确认除了应当符合费用的定义外，还应当满足严格的条件，即费用只有在经济利益很可能流出，从而导致企业资产减少或者负债增加，且经济利益的流出额能够可靠计量时才能予以确认。因此，费用的确认至少应当符合以下条件：①与费用相关的经济利益应当很可能流出企业；②经济利益流出企业的结果会导致资产的减少或者负债的增加；③经济利益的流出额能够可靠计量。

（二）费用的分类

费用按经济用途进行分类，可分为产品生产费用和期间费用两大类。

1. 产品生产费用

产品生产费用即生产成本，包括直接材料、直接人工、燃料及动力、制造费用等。直接材料指直接用于产品生产、构成产品实体的原料、主要材料、外购半成品及有助于产品形成的辅助材料。直接人工指直接参加产品生产的工人工资及按生产工人工资总额和规定的比例计算提取的职工福利费。燃料及动力指直接用于产品生产的外购和自制的燃料及动力。制造费用指企业各生产单位为组织和管理生产而发生的各项费用，如生产单位（车间）管理人员的工资及职工福利费、折旧费、修理费、办公费、物料消耗、劳动保护费、水电费等。

2. 期间费用

期间费用是指不能直接归属于某个特定产品成本的费用，包括销售费用、管理费用、财务费用。

（1）销售费用是指企业在销售过程中发生的各项费用，包括企业销售商品过程中发生的运输费、装卸费、包装费、保险费、展览费和广告费，以及为销售本企业商品而专设的销售机构（含销售网点，售后服务网点等）的职工工资及福利费、类似工资性质的费用、业务费等经营费用。商品流通企业在购买商品过程中所发生的进货费用，如运输费、装卸费、包装费、保险费。运输途中的合理损耗和入库前的挑选整理等也包括在内。企业发生销售费用时，借记"销售费用"科目，贷记"库存现金""银行存款""应付职工薪酬"等科目。期末，应将"销售费用"科目的余额转入"本年利润"科目，结转后该科目应无余额。

（2）管理费用是指企业管理部门为组织和管理企业生产经营活动所发生的各种费用，具体包括的项目有：

①企业管理部门及职工方面的费用。其主要包括：公司经费、工会经费、职工教育经费、劳动保险费、待业保险费。公司经费包括总部管理人员工资、职工福利费、差旅费、办公费、折旧费、修理费、物料消耗、低值易耗品摊销及其他公司经费。

②用于企业直接管理之外的费用。其主要包括：董事会费、咨询费、聘请中介机构费、诉讼费。

③提供生产技术条件的费用。其主要包括：研究与开发费、无形资产摊销、长期待摊费用摊销。

④业务招待费，是指企业为业务经营的合理需要而支付的交际应酬费用。

⑤损失或准备，主要包括：坏账准备、存货跌价准备、存货盘亏和盘盈。

⑥其他费用，是指不包括在以上各项之内又应列入管理费用的费用。企业发生管理费用时，借记"管理费用"科目，贷记"银行存款""库存现金""原材料""应付职工薪酬""累计折旧""应交税费"等科目。期末应将"管理费用"科目的余额转入"本年利润"科目，结转后该科目应无余额。

（3）财务费用是指企业为筹集生产经营所需资金等而发生的费用，包括利息支出（减利息收入）、汇兑损失（减汇兑收益）、金融机构手续费以及筹集生产经营资金发生的其他费用等。

企业发生财务费用时，借记"财务费用"科目，贷记"应付利息""银行存款"等科目。期末，应将"财务费用"科目的余额转入"本年利润"科目，结转后该科目应无余额。

二、利润

（一）利润的概念与构成

1. 利润的概念

利润是指企业在一定会计期间的经营成果，包括收入减去费用后的净额、直接计入当期利润的利得和损失等。直接计入当期利润的利得和损失，是指应当计入当期损益、会导致所有者权益发生增减变动的、与所有者投入资本或者向投资者分配利润无关的利得和损失。未计入当期利润的利得和损失扣除所得税影响后的净额，计入其他综合收益。

综合收益总额＝净利润＋其他综合收益的税后净额

2．利润的构成

（1）营业利润

营业利润＝营业收入－营业成本－税金及附加－销售费用－管理费用－财务费用－资产减值损失＋公允价值变动收益（－公允价值变动损失）＋投资收益（－投资损失）＋资产处置收益（－资产处置损失）＋其他收益

其中：

营业收入是指企业经营业务所确认的收入总额，包括主营业务收入和其他业务收入。

营业成本是指企业经营业务所发生的实际成本总额，包括主营业务成本和其他业成本。

资产减值损失是指企业计提各项资产减值准备所形成的损失。

公允价值变动收益（或损失）是指企业交易性金融资产等公允价值变动形成的应计入当期损益的利得（或损失）。

投资收益（或损失）是指企业以各种方式对外投资所取得的收益（或发生的损失）。

其他收益主要是指与企业日常活动相关，除冲减相关成本费用以外的政府补助。

（2）利润总额

利润总额＝营业利润＋营业外收入－营业外支出

其中：

营业外收入是指企业发生的营业利润以外的收益。

营业外支出是指企业发生的营业利润以外的支出。

（3）净利润

净利润是企业利润总额减去所得税费用后的余额，即企业的税后利润。

净利润＝利润总额－所得税费用

其中，所得税费用是指企业确认的应从当期利润总额中扣除的所得税费用。

（4）营业外收入与营业外支出

①营业外收入。营业外收入是指企业发生的营业利润以外的收益。

营业外收入主要包括盘盈利得、捐赠利得、与企业日常活动无关的政府补助、债务重组利得等。

其中：

盘盈利得，指企业对现金等资产清查盘点时发生盘盈，报经批准后计入营业外收入的金额。

捐赠利得，指企业接受捐赠产生的利得。

企业应通过"营业外收入"科目，核算营业外收入的取得及结转情况。该科目可按营业外收入项目进行明细核算。

企业确认盘盈利得、捐赠利得计入营业外收入时，借记"库存现金""待处理财产损溢"等科目，贷记"营业外收入"科目。

期末，企业应将"营业外收入"科目的余额转入"本年利润"科目，借记"营业外收入"，贷记"本年利润"。结转后，"营业外收入"科目应无余额。

②营业外支出。营业外支出是指企业发生的营业利润以外的支出，主要包括公益性捐赠支出、盘亏损失、非常损失、罚款支出、非流动资产毁损报废损失、债务重组损失等。

其中：

公益性捐赠支出，指企业对外进行公益性捐赠发生的支出。

盘亏损失，主要指对于财产清查盘点中盘亏的资产，查明原因并报经批准计入营业外支出的损失。

非常损失，指企业对于因客观因素（如自然灾害等）造成的损失，扣除保险公司赔偿后应计入营业外支出的净损失。

罚款支出，指企业支付的行政罚款、税务罚款，以及其他违反法律法规、合同协议等而支付的罚款、违约金、赔偿金等支出。

企业应通过"营业外支出"科目，核算营业外支出的发生及结转情况。该科目可按营业外支出项目进行明细核算。

企业确认报废、毁损非流动资产损失时，借记"营业外支出"科目，贷记"固定资产清理"等科目。

确认盘亏、罚款支出计入营业外支出时，借记"营业外支出"科目，贷记"待处理财产损溢""库存现金"等科目。

期末，应将"营业外支出"科目余额转入"本年利润"科目，借记"本年利润"科目，贷记"营业外支出"科目。结转后，"营业外支出"科目应无余额。

3. 本年利润的结转

为核算企业本年度内实现的利润总额（或亏损总额），企业应设置"本年利润"科目。

一个会计年度终了，企业应将各收益类科目的余额转入"本年利润"科目的贷方，将各成本、费用类科目的余额转入"本年利润"科目的借方。

结转后，"本年利润"科目如为贷方余额，反映本年度自年初开始累计发生的净利润；如为借方余额，则反映本年度自年初开始累计发生的净亏损。年度终了，应将"本年利润"科目的全部累计余额，转入"利润分配"科目。如为净利润，借记"本年利润"科目，贷记"利润分配"科目；如为净亏损，编制相反会计分录。年度结转后，"本年利润"科目无余额。

（二）利润分配确认与计量

1. 利润分配的一般程序

企业当期实现的净利润，加上年初未分配利润（或减去年初未弥补亏损）和其他转入后的余额，为可供分配的利润。

（1）可供分配利润

可供分配利润一般应按以下顺序分配。

①弥补企业以前年度亏损。企业发生的年度亏损，可以用下一年度的税前利润等弥补。下一年度利润不足弥补的，可以在5年内延续弥补。5年内不足弥补的，改用企业的税后利润弥补，也可以用以前年度提取的盈余公积弥补。企业以前年度亏损未弥补完，不得提取法定盈余公积金。在提取法定盈余公积金前，不得向投资者分配利润。

②提取法定盈余公积金。法定盈余公积金是企业按照本年实现净利润（扣除前一项）的一定比例提取，股份公司按照公司法的规定按10%的比例提取，其他企业可以根据需要确定提取比例，但至少应按10%提取。法定盈余公积金已达注册资金的50%时，可不再提取。外商投资企业应当按照法律、行政法规的规定按净利润提取储备基金、企业发展基金、职工奖励及福利基金等。

③分配可供投资者分配的利润。可供分配的利润减去提取的法定盈余公积金后，为可供投资者分配的利润。可供投资者分配的利润，按下列顺序分配：

第一，支付优先股股利。股份公司按股东会决议支付优先股的股利（此项内容只限于股份公司）。

第二，提取任意盈余公积金。股份公司按照公司章程或者股东会决议提取和使用任意盈余公积金（此项内容只限股份公司）。

第三，支付普通股股利（或向投资者分配利润）。企业以前年度未分配的利润，可以并入本年度向投资者分配。股份公司当年无利润时，不得分配股利，但在用盈余公积金弥补亏损后，经股东会特别决议，可以按照不超过股票面值6%的比率用盈余公积金分配股利，在分配股利后，企业法定盈余公积金不得低于注册资金的25%。

2. 利润分配的计量

企业应设置"利润分配"账户，核算企业利润的分配（或亏损的弥补）和历年分配（或弥补）后的积存余额。该账户应当分别"提取法定盈余公积""提取任意盈余公积""应付现金股利或利润""转作股本的股利""盈余公积补亏"和"未分配利润"等进行明细核算。

（1）企业按规定提取的盈余公积，借记本科目（提取法定盈余公积、提取任意盈余公积），贷记"盈余公积——法定盈余公积（或任意盈余公积）"科目。

（2）经股东大会或类似机构决议，按分配给股东或投资者的现金股利或利润，借记本科目（应付现金股利或利润），贷记"应付股利"科目。

经股东大会或类似机构决议，分配给股东的股票股利，应在办理增资手续后，借记本科目（转作股本的股利），贷记"股本"科目。

（3）用盈余公积弥补亏损，借记"盈余公积——法定盈余公积（或任意盈余公积）"科目，贷记本科目（盈余公积补亏）。

（4）年度终了，企业应将全年实现的净利润，自"本年利润"科目转入"利润分配——未分配利润"科目，并将"利润分配"科目下的其他有关明细科目的余额，转入"未分配利润"明细科目。结转后，"未分配利润"明细科目的贷方余额，就是累积未分配的利润数额；如为借方余额，则表示累积未弥补的亏损数额。结转后，本科目除"未分配利润"明细科目外，其他明细科目应无余额。如果"未分配利润"明细科目的余额在贷方，表示累计未分配的利润；反之，则表示累积未弥补的亏损。

（三）所得税确认与计量

1. 会计利润与应税利润

会计利润，又称税前会计利润或会计收益，是指一定时期内，按照符合企业会计准则的方法确认、计量的总收益或总亏损。一般来说，会计利润就是财务报告中的税前利润总额。

应税利润，又称应纳税所得额或应税收益，是指按照税法或相关法律法规规定的会计方法确认、计量的一定时期的收益，是确定应纳所得税额的基本依据。

由于计算税前会计利润是为了公允地反映企业的经营成果，计算纳税所得的目的是对企业的经营所得及其他所得进行征税。因此，会计制度与税法两者的目的不同，对收益、费用、资产、负债等确认时间和范围也不同，从而导致税前会计利润与应纳税所得额之间产生差异。

2. 计税基础与暂时性差异

（1）计税基础

计税基础是一项资产或负债据以计税的基础，是指计税时归属于该项资产或负债的金额，即按照税法的规定确认的一项资产或负债的金额。企业在取得资产、负债时，应当确定其计税基础。资产、负债的账面价值与其计税基础存在差异的，应当按照规定确认所产生的递延所得税资产或递延所得税负债。

①资产的计税基础。资产的计税基础，是指企业收回资产账面价值过程中，计算应纳税所得额时按照税法规定可以自应税经济利益中抵扣的金额，即某一项资产在未来期间计税时可以税前扣除的金额。

通常情况下，资产在取得时其入账价值与计税基础是相同的，后续计量过程中因企业会计准则规定与税法规定不同，可能造成账面价值与计税基础的差异。

资产在初始确认时，其计税基础一般为取得成本。从所得税角度考虑，某一单项资产产生的所得，是指该项资产产生的未来经济利益流入扣除其取得成本之后的金额。一般情况下，税法认定的资产取得成本为购入时实际支付的金额。在资产持续持有的过程中，可在未来期间税前扣除的金额，是指资产的取得成本减去以前期间按照税法规定已经税前扣除的金额后的余额。如固定资产和无形资产等在某一资产负债表日的计税基础，是指其成本扣除按照税法规定已在以前期间税前扣除的累计折旧额或累计摊销额后的金额。

比如，交易性金融资产的公允价值变动。按照企业会计准则规定，交易性金融资产期末应以公允价值计量，公允价值的变动计入当期损益；按税法规定，交易性金融资产在持有期间公允价值变动不计入应纳税所得额，即其计税基础保持不变，则产生了交易性金融资产的账面价值与计税基础之间的差异。假设某企业持有一项交易性金融资产，成本为 200 万元，期末公允价值为 300 万元，如果计税基础仍维持 200 万元不变，由于该项资产计税基础小于其账面价值，两者之间的差异 100 万元即为应纳税暂时性差异。

②负债的计税基础。负债的计税基础，是指负债的账面价值减去未来期间计算应纳税所得额时按照税法规定可予抵扣的金额。

通常情况下，短期借款、应付票据、应付账款等负债的确认和偿还，不会对当期损益和应纳税所得额产生影响，其计税基础即为账面价值。但在某些情况下，负债的确认可能会影响损益，并影响不同期间的应纳税所得额，使其计税基础与账面价值之间产生差额。

比如，企业因或有事项确认的预计负债。企业会计准则规定，对于预计负债，在满足确认条件时，按照履行现时义务所需支出的最佳估计数确认，假定企业因产品售后服务确认了 50 万元预计负债，计入相关资产成本或者当期损益。按照税法规定，与预计负债相关的费用，视相关交易事项的具体情况，一般在实际发生时准予税前扣除，该类负债的计税基础为零，其账面价值与计税基础之间形成了 50 万元的差异，即为可抵扣暂时性差异。

（2）暂时性差异

暂时性差异，是指资产或负债的账面价值与其计税基础之间的差额；未作为资产和负债确认的项目，按照税法规定可以确定其计税基础的，该计税基础与其账面价值之间的差额也属于暂时性差异。按照暂时性差异对未来期间应纳税金额的影响，分为应纳税暂时性差异和可抵扣暂时性差异。

（1）应纳税暂时性差异

应纳税暂时性差异，是指在确定未来收回资产或清偿负债期间的应纳税所得额时，将产生应纳税金额的暂时性差异，该差异在未来期间转回时，会增加转回期间的应纳税所得额。因此，在该暂时性差异产生当期，应当确认相关的递延所得税负债。

资产的账面价值大于其计税基础时，产生应纳税暂时性差异，即在确定未来收回资产或清偿负债期间的应纳税所得额时，将导致应纳税金额的暂时性差异。一项资产的账面价值代表的是企业在持续使用及最终出售该项资产时会取得的经济利益的总额，而计税基础代表的是一项资产在未来期间可予税前扣除的总金额。资产的账面价值大于其计税基础，该项资产未来期间产生的经济利益不能全部税前抵扣，两者之间的差额需要交税，产生应纳税暂时性差异。例如，一项无形资产账面价值为 200 万元，意味着企业从该项无形资产的持续使用及最终处置中可以取得 200 万元的经济利益流入，计税基础如果为 150 万元，意味着企业可以从未来流入的经济利益中抵扣的金额为 150 万元，两者之间的差额会造成未来期间应纳税所得额和应交所得税的增加。因该差异会造成流出企业经济利益的增加，相应地，在其产生当期，应确认相关的递延所得税负债。

（2）可抵扣暂时性差异

可抵扣暂时性差异，是指在确定未来收回资产或清偿负债期间的应纳税所得额时，将导致产生可抵扣金额的暂时性差异。该差异在未来期间转回时，会减少转回期间的应纳税所得额。因此，在该暂时性差异产生当期，应当确认相关的递延所得税资产。

资产的账面价值小于其计税基础时，产生可抵扣暂时性差异，即在确定未来期间收回资产或清偿负债期间的应纳税所得额时，将导致产生可抵扣金额的暂时性差异。从经济含义来看，资产在未来期间产生的经济利益少，按照税法规定允许税前扣除的金额多，则企业在未来期间可以减少应纳税所得额并减少应交所得税。例如，一项资产的账面价值为 200 万元，计税基础为 260 万元，则企业在未来期间就该项资产可以在其自身取得经济利益的基础上多扣除 60 万元，从整体上来看，未来期间应纳税所得额会减少，应交所得税也会减少，形成可抵扣暂时性差异，符合有关确认条件时，应确认相关的递延所得税资产。

3. 递延所得税资产的确认与计量

（1）递延所得税资产的确认

资产、负债的账面价值与其计税基础不同产生可抵扣暂时性差异的，在估计未来期间能够取得足够的应纳税所得额用以抵减该可抵扣暂时性差异时，应当以很可能取得用来抵扣可抵扣暂时性差异的应纳税所得额为限，确认相关的递延所得税资产。

（2）递延所得税资产的计量

①确认递延所得税资产时，应估计相关可抵扣暂时性差异的转回时间，采用转回期间适用的所得税税率为基础计算确定。无论相关的可抵扣暂时性差异转回期间如何，递延所得税资产均不予折现。

②资产负债表日，企业应当对递延所得税资产的账面价值进行复核。如果未来期间很可能无法获得足够的应纳税所得额用以抵扣递延所得税资产的利益，应当减记递延所得税资产的账面价值。递延所得税资产的账面价值减记以后，继后期间根据新的环境和情况判断能够产生足够的应纳税所得额利用可抵扣暂时性差异，使得递延所得税资产包含的经济利益能够实现的，应相应恢复递延所得税资产的账面价值。

计算公式：递延所得税资产＝可抵扣暂时性差异 × 转回期间适用的所得税税率

4. 递延所得税负债的确认和计量

应纳税暂时性差异在转回期间将增加未来期间企业的应纳税所得额和应交所得税，导致企业经济利益的流出，从其发生当期来看，构成企业应支付税金的义务，应作为递延所得税负债确认。

（1）递延所得税负债的确认

除企业会计准则中明确规定可不确认递延所得税负债的情况以外，企业对于所有的应纳税暂时性差异均应确认相关的递延所得税负债。除直接计入所有者权益的交易或事项以及企业合并外，在确认递延所得税负债的同时，应增加利润表中的所得税费用。

（2）递延所得税负债的计量

递延所得税负债应以相关应纳税暂时性差异转回期间适用的所得税税率计量。在我国，除享受优惠政策的情况以外，企业适用的所得税税率在不同年度之间一般不会发生变化，企业在确认递延所得税负债时，可以现行适用税率为基础计算确定，递延所得税负债的确认不要求折现。

计算公式：递延所得税负债=应纳税暂时性差异 × 转回期间适用的所得税税率

5. 所得税费用的确认和计量

（1）当期所得税

当期所得税是指企业按照税法规定计算确定的针对当期发生的交易和事项，应交纳给税务部门的所得税金额，即应交所得税应以适用的税收法规为基础计算确定，即

当期所得税 = 当期应交所得税。

企业在确定当期所得税时，对于当期发生的交易或事项，会计处理与税收处理不同的，应在会计利润的基础上，按照适用税收法规的要求进行调整，计算出当期应纳税所得额，按照应纳税所得额与适用所得税税率计算确定当期应交所得税。

（2）递延所得税

递延所得税是指按照企业会计准则规定应予确认的递延所得税资产和递延所得税负债在期末应有的金额相对于原已确认金额之间的差额，即递延所得税资产及递延所得税负债的当期发生但不包括直接计入所有者权益的交易或事项的所得税影响。用公式表示为：

递延所得税 =（期末递延所得税负债 − 期初递延所得税负债）−（期末递延所得税资产 − 期初递延所得税资产）

值得注意的是，如果某项交易或事项按照企业会计准则规定应计入所有者权益，由该交易或事项产生的递延所得税资产或递延所得税负债及其变化亦应计入所有者权益，不构成利润表中的递延所得税费用（或收益）。

（3）所得税费用

利润表中的所得税费用由两个部分组成：当期所得税和递延所得税，即

所得税费用 = 当期所得税 + 递延所得税

计入当期损益的所得税费用或收益不包括企业合并和直接在所有者权益中确认的交易或事项产生的所得税影响。与直接计入所有者权益的交易或者事项相关的当期所得税和递延所得税，应当计入所有者权益。

6. 所得税的会计处理

我国企业会计准则规定，企业应采用资产负债表债务法核算所得税。资产负债表债务法是从资产负债表出发，通过比较资产负债表上列示的资产、负债按照企业会计准则规定确定的账面价值与按照税法规定确定的计税基础。对于两者之间的差额分别按应纳税暂时性差异与可抵扣暂时性差异确认相关的递延所得税负债与递延所得税资产。资产负债表债务法较为完整地体现了资产负债表观。

在采用资产负债表债务法核算所得税的情况下，企业一般应于每一资产负债表日进行所得税的核算。发生特殊交易或事项时，如企业合并，在确认因交易或事项产生的资产、负债时即应确认相应的所得税影响。企业进行所得税核算时一般应遵循以下程序：

（1）确定资产负债表中除递延所得税资产和递延所得税负债以外的其他资产和负债项目的账面价值。其中，资产、负债的账面价值，是指企业按照相关会计准则的规定进行核算后在资产负债表中列示的金额。例如，企业持有的应收账款账面余额为2000万元，企业对该应收账款计提了100万元的坏账准备，其账面价值为1900万元，即该应收账款在资产负债表中的列示金额。

（2）按照资产和负债计税基础的确定方法，以适用的税收法规为基础，确定资产负债表中有关资产、负债项目的计税基础。

（3）比较资产、负债的账面价值与其计税基础，对于两者之间存在差异的，分析其性质，除准则中规定的特殊情况外，分别应纳税暂时性差异与可抵扣暂时性差异，确定与应纳税暂时性差异及可抵扣暂时性差异相关的递延所得税负债和递延所得税资产在资产负债表日的应有金额，并将该金额与期初递延所得税资产和递延所得税负债的余额相比，确定当期应予进一步确认的递延所得税资产和递延所得税负债的金额或应予转销的金额。

（4）确定利润表中的所得税费用。利润表中的所得税费用包括当期所得税和递延所得税两部分。其中，当期所得税是指当期发生的交易或事项按照适用的税法规定计算确定的当期应交所得税；递延所得税是当期确认的递延所得税资产和递延所得税负债金额或予以转销的金额的综合结果。

7. 所得税会计处理方法

（1）应付税款法

应付税款法是指本期税前账面收益与应税收益之间的差异造成的纳税影响额直接计入当期损益的会计方法。所得税额是依据本期的应纳税所得额和所适应的所得税税率来计算确定的。利用应付税款法计算应纳所得税额，无论是对永久性差异还是对时间性差异均完全按照税法规定处理。应付税款法核算简单，容易掌握，但是它违背了财务会计的基本原则——权责发生制和配比原则，容易造成企业各期净利润的剧烈波动。因此，我国企业会计准则不允许采用这种方法。

（2）纳税影响会计法

纳税影响会计法是指企业发生的一个时期应纳税所得额和会计所得之间的差异，如果在本期发生，将本期所产生的时间性差异对所得税的影响采取跨期分摊的方法，递延和分配到以后各个期间。纳税影响会计法分为递延法和债务法。

①递延法。递延法是指在所得税税率发生变动时，运用纳税影响会计法确认所得税费用的方法。递延法确认了所得税的时间性差异，当所得税税率发生变动后，本期发生的时间性差异影响所得税的金额按现行税率计算，以前发生而在本期转回的各项时间性差异影响所得税的金额按原有税率计算。这种处理方法不符合资产或负债的定义，因此，

我国企业会计准则不允许采用这种方法。

②债务法。债务法具体分为利润表债务法和资产负债表债务法。

利润表债务法。利润表债务法是指在所得税税率发生变动时，运用纳税影响会计法确认所得税费用的方法。递延税款余额反映的是按现行所得税税率计算的由于时间性差异产生的未转销影响纳税金额。利润表债务法是把本期由于时间性差异而发生的预计递延税款，保留到这一差异发生相反变化的以后期间予以转销。我国现行企业会计准则不再采用这种方法。

资产负债表债务法。资产负债表债务法从暂时性差异产生的本质出发，以资产负债表中的资产和负债项目为着眼点，逐一确认资产和负债项目的账面金额与计税时归属于该资产和负债的金额之间的暂时性差异。在资产负债表债务法中，如果一项资产或负债的账面金额的收回或清偿很可能使未来税款支付额大于没有纳税后果的收回或清偿数额，则企业应确认一项递延所得税负债；反之，企业应将其确认为递延所得税资产。我国现行企业会计准则只允许采用资产负债表债务法进行所得税的会计处理。

第九章 财务会计报告的认知与应用

第一节 资产负债表的认知与应用

一、资产负债表的公式

资产负债表是指反映企业在某一特定日期财务状况的报表。资产负债表是根据"资产＝负债＋所有者权益"这一会计恒等式，把企业在某一特定日期的资产、负债、所有者权益项目按照流动性强弱由强到弱排序，并根据账簿资料和其他相关资料编制而成的。资产负债表集中反映了企业在特定日期所拥有或控制的全部经济资源、所承担的全部债务以及所有者对企业净资产要求权的会计信息。

二、资产负债表的作用

资产负债表反映企业某一特定日期的财务状况的会计报表，对会计信息使用者有很大的作用，主要体现在以下几方面：

（一）反映企业拥有或控制的全部经济资源及其分布情况

资产负债表把企业所拥有或控制的全部资产清晰地划分为若干种类别，如按流动性分为流动资产和非流动资产，按是否具有实物形态分为有形资产和无形资产等。每一个项目都能清晰地反映某一类型的资产，报表的使用者可以一目了然地从报表上了解到企业在某一特定日期所拥有或控制的资产总量及其分布情况。

（二）反映企业承担的债务总额及其分布情况

资产负债表把企业所承担的全部债务清晰地划分为若干种类别，如按流动性分为流动负债和非流动负债。每一个项目都能清晰地反映某一类型的负债，报表的使用者可以一目了然地从报表上了解到企业在某一特定日期所承担的债务总量及其分布情况。

（三）反映企业所有者权益总额及其分布情况

资产负债表把企业所有者权益清晰地划分为若干种类别，如实收资本、资本公积、盈余公积等。每一个项目都能清晰地反映某一类型的所有者权益，报表的使用者可以一目了然地从报表上了解到企业在某一特定日期的所有者权益的总量及其情况。

（四）反映企业偿债能力

通过对资产负债表上有关项目进行对比，可以判断企业短期偿债能力、长期偿债能力等，为信息使用者提供决策的有用信息。如通过计算流动比率、速动比率等，可以判断企业的短期偿债能力；通过计算资产负债率，可以判断企业的长期偿债能力，并根据短期偿债能力、长期偿债能力进行投资和融资决策。

三、资产负债表的结构与内容

资产负债表的结构包括表首标题、报表主体和附注三部分。表首标题列示资产负债表的名称、编制单位、编制日期、货币单位等；报表主体包括资产、负债和所有者权益各项目的期初数和期末数，是资产负债表的主要部分，反映企业在某一特定日期的资产、负债和所有者权益的状况；附注是对报表中没有列示项目和列示不够详细的项目进行补充，包括报表数据解释和重大项目数据变动解释等。

资产负债表中的资产类项目至少应当单独列示反映下列信息的项目：货币资金、交易性金融资产、应收票据及应收账款、预付款项、其他应收款、存货、合同资产、持有待售资产、一年内到期的非流动资产、其他流动资产、债权投资、其他债权投资、长期应收款、长期股权投资、其他权益工具投资、投资性房地产、固定资产、在建工程、无形资产、开发支出、长期待摊费用、递延所得税资产等。资产负债表中的资产类项目至少应当包括流动资产和非流动资产的合计项目。

资产负债表中的负债类项目至少应当单独列示反映下列信息的项目：短期借款、交易性金融负债、应付票据及应付账款、预收款项、合同负债、应交税费、应付职工薪酬、其他应付款、持有待售负债、一年内到期的非流动负债、长期借款、长期应付款、应付债券、预计负债、递延所得税负债等。资产负债表中的负债类项目至少应当包括流动负债和非流动负债的合计项目。

资产负债表中的所有者权益类项目至少应当单独列示反映下列信息的项目：实收资

本（或股本）、其他权益工具、资本公积、其他综合收益、盈余公积、未分配利润等。

资产负债表应当列示资产总计项目、负债和所有者权益总计项目。资产负债表中资产类项目金额总计与负债类和所有者权益类项目金额总计必须相等。另外，资产负债表除了列示各项资产、负债和所有者权益项目的期末余额外，通常还应列示这些项目的年初余额。

四、资产负债表的格式

我国企业一般采用账户式资产负债表。账户式资产负债表一般是在报表左方列示资产类项目，右方列示负债类和所有者权益类项目，从而使资产负债表左右两方平衡。

资产负债表的格式如表 9-1 所示。

表 9-1　资产负债表

编制单位：　　　　　　　　　　年　月　日　　　　　　　　　　单位：元

资产	期末余额	年初余额	负债和所有者权益 （或股东权益）	期末余额	年初余额
流动资产：			流动负债：		
货币资金			短期借款		
交易性金融资产			交易性金融负债		
衍生金融资产			衍生金融负债		
应收票据及应收账款			应付票据及应付账款		
预付款项			预收款项		
其他应收款			合同负债		
存货			应付职工薪酬		
合同资产			应交税费		
持有待售资产			其他应付款		
一年内到期的非流动资产			持有待售负债		
其他流动资产			一年内到期的非流动负债		
流动资产合计			其他流动负债		
非流动资产：			流动负债合计		
债权投资			非流动负债：		
其他债权投资			长期借款		
长期应收款			应付债券		
长期股权投资			其中：优先股		
其他权益工具投资			永续债		
其他非流动金融资产			长期应付款		
投资性房地产			预计负债		
固定资产			递延收益		
在建工程			递延所得税负债		

资产	期末余额	年初余额	负债和所有者权益 （或股东权益）	期末余额	年初余额
生产性生物资产			其他非流动负债		
油气资产			非流动负债合计		
无形资产			负债合计		
开发支出			所有者权益：		
商誉			实收资本		
长期待摊费用			其他权益工具		
递延所得税资产			其中：优先股		
其他非流动资产			永续债		
非流动资产合计			资本公积		
			减：库存股		
			其他综合收益		
			盈余公积		
			未分配利润		
			所有者权益合计		
资产总计			负债和所有者权益总计		

五、资产负债表编制的基本方法

（一）"年初余额"栏填列方法

资产负债表"年初余额"栏的各项数字应根据上年度年末资产负债表"期末余额"栏内所列数字填列。如果本年度资产负债表各项目的名称和内容与上年度资产负债表所列项目不一致，应对上年度年末资产负债表各项目的名称和数字按本年度的要求进行调整，填入"年初余额"栏。

（二）"期末余额"栏填列方法

资产负债表"期末余额"栏的各项数字应根据有关账簿余额分析填列，主要有以下几种方式。

1. 根据总账账户余额填列

资产负债表中的部分项目，可以根据相应的总账账户余额直接填列，如"交易性金融资产""短期借款""应付职工薪酬""实收资本""资本公积"等项目，分别根据"交易性金融资产""短期借款""应付职工薪酬""实收资本""资本公积"等总账账户的余额直接填列。资产负债表中的部分项目，需要根据几个总账账户余额计算填列，如"货币资金"项目需要根据"库存现金""银行存款""其他货币资金"三个总账账户余额计算填列。

2. 根据明细账户余额计算填列

资产负债表中某些项目不能根据总账账户的期末余额，或若干个总账账户的期末余额简单计算填列，而是需要根据有关账户所属的相关明细账户的期末余额计算填列，如"应付票据及应付账款"项目，应根据"应付账款""预付账款"账户的所属相关明细账户的期末贷方余额与"应付票据"期末贷方余额计算填列；"应收票据及应收账款"项目，应根据"应收账款""预收账款"账户的所属相关明细账户的期末借方余额与"应收票据"期末借方余额计算填列；"预付账款"项目，应根据"应付账款""预付账款"账户的所属相关明细账户的期末借方余额计算填列；"预收账款"项目，应根据"应收账款""预收账款"账户的所属相关明细账户的期末贷方余额计算填列。

3. 根据总账账户和明细账户余额分析计算填列

资产负债表中的某些项目需要根据总账账户和明细账户的余额分析计算填列，如"长期借款"项目，需要根据"长期借款"总账账户余额扣除"长期借款"账户下属的明细账户中反映的将于一年内到期的长期借款部分计算填列。长期待摊费用中将于一年内（含一年）摊销完毕的部分，应当在流动资产下"一年内到期的非流动资产"项目中填列。

4. 根据有关账户余额减去其备抵项目后的净额填列

资产负债表中的有些项目需要根据该账户的有关期末余额，减去其所计提的各种减值准备后的净额填列。如"固定资产"项目，应当根据"固定资产"账户的期末余额减去"累计折旧""固定资产减值准备"备抵账户余额后的净额填列；"无形资产"项目，应当根据"无形资产"账户的期末余额，减去"累计摊销""无形资产减值准备"备抵账户余额后的净额填列。

5. 综合运用上述方法填列

资产负债表中的"存货"项目，需要根据"原材料""委托加工物资""周转材料""材料采购""在途物资""发出商品""材料成本差异"等总账账户期末余额的分析汇总数，再减去"存货跌价准备"账户余额后的净额填列。

资产负债表"期末余额"栏各项目填列的具体方法如下：

（1）"货币资金"项目，应根据"库存现金""银行存款""其他货币资金"账户的期末借方余额合计数填列。

（2）"交易性金融资产"项目，应根据"交易性金融资产"账户的期末余额填列。

（3）"应收票据及应收账款"项目，应根据"应收账款"和"预收账款"账户所属明细账账户的期末借方余额与"应收票据"账户的期末借方余额合计数，减去"坏账准备"账户中有关应收票据及"应收账款"计提的"坏账准备"期末余额后的净额填列。

（4）"预付账款"项目，应根据"预付账款"和"应付账款"账户所属明细账户的期末借方余额合计，减去"坏账准备"账户中有关"预付账款"计提的"坏账准备"期末余额后的净额填列。

（5）"其他应收款"项目，应根据"其他应收款""应收利息""应收股利"账户的期末余额合计，减去"坏账准备"账户中有关"其他应收款""应收利息""应收股利"计提的"坏账准备"期末余额后的净额填列。

（6）"存货"项目，应根据"在途物资（材料采购）""原材料""低值易耗品""库存商品""周转材料""委托加工物资""委托代销商品"和"生产成本"等账户的期末余额合计，减去"存货跌价准备"账户期末余额后的净额填列。

（7）"合同资产"项目，应根据"合同资产"账户所属明细账户的期末余额分析填列。

（8）"持有待售资产"项目，应根据"持有待售资产"账户的期末余额，减去"坏账准备"账户中有关持有待售资产计提的"坏账准备"期末余额后的净额填列。

（9）"一年内到期的非流动资产"项目，应根据一年内到期的"债权投资""其他债权投资"，一年内摊销的"长期待摊费用"和一年内可收回的"长期应收款"账户余额之和分析计算后填列。

（10）"债权投资"项目，应根据"债权投资"账户期末借方余额减去一年内到期的投资部分和"债权投资减值准备"账户期末贷方余额后的净额填列。

（11）"其他债权投资"项目，应根据"其他债权投资"账户所属明细账账户期末余额分析填列。

（12）"长期应收款"项目，应根据"长期应收款"账户期末余额，减去一年内到期的部分、"未确认融资收益"账户期末余额、"坏账准备"账户中按长期应收款计提的"坏账准备"后的净额填列。

（13）"长期股权投资"项目，应根据"长期股权投资"账户的期末借方余额减去"长期股权投资减值准备"账户的期末贷方余额后的净额填列。

（14）"其他权益工具投资"项目，应根据"其他权益工具投资"账户的期末余额填列。

（15）"固定资产"项目，应根据"固定资产"账户期末借方余额，减去"累计折旧"和"固定资产减值准备"账户期末贷方余额，以及"固定资产清理"账户的余额填列。

（16）"在建工程"项目，应根据"在建工程"账户期末余额减去"在建工程减值准备"账户期末余额，以及"工程物资"账户期末余额减去"工程物资减值准备"账户期末余额后的金额填列。

（17）"生产性生物资产"项目，应根据"生产性生物资产"账户期末余额，减去"生产性生物资产累计折旧"和"生产性生物资产减值准备"账户期末贷方余额后的净额填列。

（18）"油气资产"项目，应根据"油气资产"账户的期末余额减去"累计折耗"账户期末余额和相应减值准备后的净额填列。

（19）"无形资产"项目，应根据"无形资产"账户期末借方余额，减去"累计摊销"和"无形资产减值准备"账户的期末贷方余额后的净额填列。

（20）"开发支出"项目，应根据"研发支出"账户中所属的"资本化支出"明细账户期末余额填列。

（21）"商誉"项目，应根据"商誉"账户期末余额减去相应减值准备后的净额填列。

（22）"长期待摊费用"项目，应根据"长期待摊费用"账户的期末余额减去将于一年内（含一年）摊销的数额后的净额填列。

（23）"递延所得税资产"项目，应根据"递延所得税资产"账户的期末余额填列。

（24）"其他非流动资产"项目，应根据有关账户的期末余额填列。

（25）"短期借款"项目，应根据"短期借款"账户的期末贷方余额填列。

（26）"交易性金融负债"项目，应根据"交易性金融负债"账户的期末余额填列。

（27）"应付票据及应付账款"项目，应根据"应付票据"账户的期末贷方余额以及"应付账款"和"预付账款"账户所属各明细账户的期末贷方余额合计填列。

（28）"预收款项"项目，应根据"预收账款"和"应收账款"账户所属各明细账户的期末贷方余额合计填列。

（29）"合同负债"项目，应根据"合同负债"账户所属的明细账户期末余额分析填列。

（30）"应付职工薪酬"项目，应根据"应付职工薪酬"账户的期末贷方余额填列。

（31）"应交税费"项目，应根据"应交税费"账户的期末贷方余额填列；如"应交税费"账户期末为借方余额，以"-"号填列。

（32）"其他应付款"项目，应根据"其他应付款""应付利息""应付股利"账户的期末余额合计数填列。

（33）"一年内到期的非流动负债"项目，应根据一年内到期的长期借款、长期应付款和应付债券、预计负债账户分析计算后填列。

（34）"长期借款"项目，应根据"长期借款"账户的期末余额减去一年内到期部分的净额填列。

（35）"应付债券"项目，应根据"应付债券"账户期末贷方余额减去一年内到期部分的净额填列。

（36）"长期应付款"项目，应根据"长期应付款"账户的期末余额，减去"未确认融资费用"账户期末余额，以及专项应付款的余额，减去一年内到期部分的长期应付款后的净额填列。

（37）"预计负债"项目，应根据"预计负债"账户期末贷方余额填列。

（38）"递延所得税负债"项目，应根据"递延所得税负债"账户期末贷方余额填列。

（39）"其他非流动负债"项目，应根据除长期借款、应付债券等以外的其他非流动负债有关账户的期末余额填列。

（40）"持有待售负债"项目，应根据"持有待售负债"账户的期末贷方余额填列。

（41）"实收资本（或股本）"项目，应根据"实收资本（或股本）"账户的期末贷方余额填列。

（42）"其他权益工具"项目，应根据"其他权益工具"账户所属明细账户期末余额分析填列。

（43）"资本公积"项目，应根据"资本公积"账户的期末贷方余额填列。

（44）"其他综合收益"项目，应根据"其他综合收益"账户期末贷方余额填列。

（45）"盈余公积"项目，应根据"盈余公积"账户的期末贷方余额填列。

（46）"未分配利润"项目，应根据"本年利润"账户和"利润分配"账户的期末余额计算填列，如为未弥补的亏损，在本项目内以"-"号填列。

第二节　利润表的认知与应用

一、利润表的定义

利润表是指反映企业在一定会计期间的经营成果的财务报表。利润表属于动态财务报表，主要依据会计的收入实现原则和配比原则编制，即把一定时期的营业收入与同一会计期间相关的费用（成本）进行配比，从而计算出企业一定时期的净利润或净亏损。

二、利润表的作用

利润表是反映一定会计期间经营成果的报表，有以下四方面的作用：

（一）有利于分析企业的获利能力

通过利润表各项目的数据显示，可以看出企业在一定会计期间总体的收入、费用、盈利状况，进而分析企业的获利能力。企业盈利越多，表示获利能力越强；反之，就越弱。信息使用者通过比较同一企业在不同时期或同一行业中不同企业在相同时期的有关指标，就可以分析出企业今后的利润发展趋势，评价和预测企业的获利能力，并据此作出相关决策。

（二）有利于考核企业管理层的业绩

在所有权与经营权相分离的现代企业中，可以通过利润表显示的数据来考核企业管理层的受托责任履行情况，评价管理层的经营业绩。企业的利润达到预期目标，并且稳中有升，表明企业管理层的经营业绩好；反之，表明企业管理层的经营业绩差。股东会可以根据利润实现的情况考核管理层的经营业绩。

（三）有利于预测企业未来获利能力

通过对同一个企业不同时期的利润表相关项目进行比较，找出利润表中相关项目变动的数据，分析企业获利能力的变化，有利于预测企业未来的获利能力。信息使用者通过利润表提供的关于过去经营活动收益水平的客观记录和历史反映，判断企业未来的利润状况和发展趋势，正确地进行决策。

（四）有利于企业提高管理水平

企业管理层通过比较和分析利润表中的各个项目，可以总体把握各项收入、费用与利润之间的关系，发现工作中存在的问题，采取措施，改善经营管理，提高管理水平。

三、利润表的内容及基本格式

（一）利润表的内容

根据企业会计准则规定，利润表至少应当单独列示反映下列信息的项目：营业收入、营业成本、税金及附加、管理费用、销售费用、研发费用、财务费用、资产减值损失、信用减值损失、其他收益、投资收益、公允价值变动收益、资产处置收益、营业外收入、营业外支出、所得税费用和净利润。

（二）利润表的基本格式

利润表常见的格式有两种：单步式利润表和多步式利润表。我国规定采用多步式利润表。

多步式利润表中的当期净利润，是通过多步计算确定的，通常分为以下几步：

第一步，反映营业收入，在主营业务收入的基础上加上其他业务收入。计算出营业收入。

第二步，反映营业利润，即在营业收入的基础上减去营业成本、税金及附加、管理费用、销售费用、研发费用、财务费用、资产减值损失、信用减值损失，加上其他收益、投资收益（亏损用负数）、公允价值变动收益（亏损用负数）、资产处置收益（亏损用负数），计算得出营业利润。

第三步，反映利润总额，在营业利润的基础上加上营业外收入，减去营业外支出，计算得出本期实现的利润总额，即税前的会计利润。

第四步，反映净利润，在利润总额的基础上减去所得税费用，计算得出本期的净利润（或净亏损）。

第五步，反映其他综合收益的税后净额，在其他综合收益总额的基础上减去所得税的影响，计算得出其他综合收益的税后净额。

第六步，反映综合收益，在净利润的基础上加上其他综合收益的税后净额，计算得出综合收益总额。

第七步，反映每股收益，在综合收益的基础上除以普通股的加权平均股数，计算得出每股收益。

利润表的格式如表9-2所示。

表 9-2　利润表

编制单位：　　　　　　　　　　　年　月　日　　　　　　　　单位：元

项目	本期金额	上期金额
一、营业收入		
减：营业成本		
税金及附加		
销售费用		
管理费用		
研发费用		
财务费用		
其中：利息费用		
利息收入		
资产减值损失		
信用减值损失		
加：其他收益		
投资收益（损失以"-"号填列）		
其中：对联营企业和合营企业的投资收益		
公允价值变动收益（损失以"-"号填列）		
资产处置收益（损失以"-"号填列）		
二、营业利润（亏损以"-"号填列）		
加：营业外收入		
减：营业外支出		
三、利润总额（亏损总额以"-"号填列）		
减：所得税费用		
四、净利润（净亏损以"-"号填列）		
（一）持续经营净利润（净亏损以"-"号填列）		
（二）终止经营净利润（净亏损以"-"号填列）		
五、其他综合收益的税后净额		
（一）不能重分类进损益的其他综合收益		
1.重新计量设定受益计划变动额		
2.权益法下不能转损益的其他综合收益		

项目	本期金额	上期金额
3.其他权益工具投资公允价值变动		
4.企业自身信用风险公允价值变动		
（二）将重分类进损益的其他综合收益		
1.权益法下可转损益的其他综合收益		
2.其他债权投资公允价值变动		
3.金融资产重分类计入其他综合收益的金额		
4.其他债权投资信用减值准备		
5.现金流量套期储备		
6.外币财务报表折算差额		
六、综合收益总额		
七、每股收益		
（一）基本每股收益		
（二）稀释每股收益		

四、利润表的编制方法

利润表反映企业在一定期间内实现利润（或亏损）的情况，利润表中"本期金额"栏内各项数据，除"每股收益"项目外，应当按照相关账户的发生额填列；利润表中"上期金额"栏内各项数据，在编报中期财务会计报告时，填列上年同期实际发生数，在编报年度财务会计报告时，填列上年全年实际发生数。如果上年度利润表的项目名称和内容与本年度利润表不一致，应对上年度利润表项目的名称和数字按本年度的规定进行调整，并按调整后的数字填入利润表的"上期金额"栏。

利润表"本期金额"栏内具体项目的填列方法如下。

1."营业收入"项目，应根据"主营业务收入"和"其他业务收入"账户的发生额分析填列。

2."营业成本"项目，应根据"主营业务成本"和"其他业务成本"账户的发生额分析填列。

3."税金及附加"项目，应根据"税金及附加"账户的发生额分析填列。

4."资产减值损失"项目，应根据"资产减值损失"账户的发生额分析填列。

5."信用减值损失"项目，应根据"信用减值损失"账户的发生额分析填列。

6."投资收益"项目，应根据本项目以负数填列。

7."公允价值变动收益"项目列，如为净损失本项目以负数填列。

8."资产处置收益"项目，应根据"资产处置收益"账户的发生额分析填列，如为净损失本项目以负数填列。

9."营业利润"项目，应根据 1～13 项目计算填列，如为亏损本项目以负数填列。

10."营业外收入"项目，应根据"营业外收入"账户的发生额分析填列。

11."营业外支出"项目，应根据"营业外支出"账户的发生额分析填列。

12."利润总额"项目，应根据 14～16 项目计算填列，如为亏损本项目以负数填列。

13."所得税费用"项目，应根据"所得税费用"账户的发生额分析填列。

14."净利润"项目，应根据 17～18 项目计算填列，如为亏损本项目以负数填列。

15."其他综合收益的税后净额"项目，应根据企业会计准则规定未在损益中确认的各项利得和损失扣除所得税影响后的净额填列。

16."综合收益总额"项目，应根据 19～20 项目计算填列。

17."每股收益"项目，应根据"综合收益总额"项目除以普通股股数后的净额填列。

第三节 现金流量表的认知与应用

一、现金流量表概述

（一）现金流量表定义

现金流量表是反映企业在一定会计期间现金和现金等价物流入和流出情况的报表。现金流量表可以反映企业在一段时间内的现金和现金等价物流入、流出企业和期末净现金流量增加额，体现企业获取现金和现金等价物的能力。

（二）现金流量表的作用

现金流量表可以为报表使用者提供企业一定会计期间内现金和现金等价物流入和流出情况的信息，便于信息使用者了解和评价企业获取现金和现金等价物的能力，据以预测企业未来现金流量。编制现金流量表有利于会计信息使用者评价企业的支付能力、偿债能力和周转能力；有利于会计信息使用者预测企业未来产生的现金流量；有利于会计信息使用者评价企业收益的质量和分析现金流量差异的原因。

二、现金流量及其分类

现金流量是一定会计期间内企业现金和现金等价物的流入和流出。但是，企业从银行提取现金、用现金购买短期到期的国库券等现金和现金等价物之间的转换不影响现金流量。

这里的"现金"是企业库存现金以及可以随时用于支付的存款，包括库存现金、银行存款和其他货币资金（如外埠存款、银行汇票存款、银行本票存款等）等。不能随时用于支付的存款不属于现金流量表中所说的现金。

现金等价物是企业持有的期限短、流动性强、易于转换为已知金额现金、价值变动风险很小的投资。期限短，一般是指从购买日起三个月内到期。现金等价物通常包括三个月内到期的债券投资等。权益性投资变现的金额通常不确定，因而不属于现金等价物。企业应当根据具体情况，确定现金等价物的范围，一经确定不得随意变更。

企业的经营管理活动可以分为以下三类。

（一）经营活动

经营活动是企业投资活动和筹资活动以外的所有交易和事项。经营活动主要包括销售商品或提供劳务、购买商品、接受劳务、支付工资和交纳税款等流入和流出现金和现金等价物的活动或事项。

（二）投资活动

投资活动是企业长期资产的购建和不包括在现金等价物范围内的投资及其处置活动。投资活动主要包括购建固定资产、处置子公司及其他营业单位等流入和流出现金和现金等价物的活动或事项。

（三）筹资活动

筹资活动是导致企业资本及债务规模和构成发生变化的活动。筹资活动主要包括吸收投资、发行股票、分配利润、发行债券、偿还债务等流入和流出现金和现金等价物的活动或事项。偿付应付账款、应付票据等商业应付款属于经营活动，不属于筹资活动。

三、现金流量表的结构和内容

我国企业现金流量表采用报告式结构，分类反映经营活动产生的现金流量、投资活动产生的现金流量和筹资活动产生的现金流量，最后汇总反映企业某一期间现金及现金等价物的净增加额。我国企业现金流量表的格式如表 9-3 所示。

表 9-3　现金流量表

编制单位　　　　　　年　月　日　　　　　单位：元

项目	本期金额	上期金额
一、经营活动产生的现金流量		
销售商品、提供劳务收到的现金		
收到的税费返还		
收到其他与经营活动有关的现金		
经营活动现金流入小计		
购买商品、接受劳务支付的现金		
支付给职工以及为职工支付的现金		
支付的各项税费		
支付其他与经营活动有关的现金		
经营活动现金流出小计		
经营活动产生的现金流量净额		
二、投资活动产生的现金流量		
收回投资收到的现金		
取得投资收益收到的现金		
处置固定资产、无形资产和其他长期资产收回的现金净额		
处置子公司及其他营业单位收到的现金净额		
收到其他与投资活动有关的现金		
投资活动现金流入小计		
购建固定资产、无形资产和其他长期资产支付的现金		
投资支付的现金		
取得子公司及其他营业单位支付的现金净额		
支付其他与投资活动有关的现金		
投资活动现金流出小计		
投资活动产生的现金流量净额		
三、筹资活动产生的现金流量		
吸收投资收到的现金		
取得借款收到的现金		
收到其他与筹资活动有关的现金		
筹资活动现金流入小计		
偿还债务支付的现金		

项　目	本期金额	上期金额
分配股利、利润或偿付利息支付的现金		
支付其他与筹资活动有关的现金		
筹资活动现金流出小计		
筹资活动产生的现金流量净额		
四、汇率变动对现金及现金等价物的影响		
五、现金及现金等价物净增加额		
加：期初现金及现金等价物余额		
减：期末现金及现金等价物余额		

四、现金流量表的编制方法

企业应当采用直接法列示经营活动产生的现金流量。直接法是通过现金收入和现金支出的主要类别列示经营活动的现金流量。采用直接法编制经营活动的现金流量时，一般以利润表中的营业收入为起算点，调整与经营活动有关的项目的增减变动，然后计算出经营活动的现金流量。采用直接法具体编制现金流量表时，可以采用工作底稿法或 T 型账户法，也可以根据有关账户记录分析填列。

现金流量表各项目的填列方法如下。

（一）经营活动产生的现金流量的编制方法

1. "销售商品、提供劳务收到的现金"项目

本项目可根据"主营业务收入""其他业务收入""应收账款""应收票据""预收账款"及"库存现金""银行存款"等账户分析填列。

本项目的现金流入可用以下公式计算求得。

销售商品、提供劳务收到的现金 = 本期营业收入净额 + 本期应收账款减少额（ - 应收账款增加额）+ 本期应收票据减少额（ - 应收票据增加额）+ 本期预收账款增加额（ - 预收账款减少额）

注：上述公式中，如果本期有实际核销的坏账损失，也应减去（因核销坏账损失减少了应收账款，但没有收回现金）。如果有收回前期已核销的坏账金额，应加上（因收回已核销的坏账，并没有增加或减少应收账款，却收回了现金）。

2. "收到的税费返还"项目

该项目反映企业收到返还的各种税费。本项目可以根据"库存现金""银行存款""应交税费""税金及附加"等账户的记录分析填列。

3. "收到其他与经营活动有关的现金"项目

本项目反映企业除了上述各项目以外收到的其他与经营活动有关的现金，如罚款收入、流动资产损失中由个人赔偿的现金收入等。本项目可根据"营业外收入""营业外支出""库存现金""银行存款""其他应收款"等账户的记录分析填列。

4. "购买商品、接受劳务支付的现金"项目

本项目可根据"应付账款""应付票据""预付账款""库存现金""银行存款""主营业务成本""其他业务成本""存货"等账户的记录分析填列。

本项目的现金流出可用以下公式计算求得。

购买商品、接受劳务支付的现金＝营业成本＋本期存货增加额（－本期存货减少额）＋本期应付账款减少额（－本期应付账款增加额）＋本期应付票据减少额（－本期应付票据增加额）＋本期预付账款增加额（－本期预付账款减少额）

5. "支付给职工以及为职工支付的现金"项目

本项目反映企业实际支付给职工以及为职工支付的工资、奖金、各种津贴和补贴等（含为职工支付的养老、失业等各种保险和其他福利费用），但不含为离退休人员支付的各种费用和固定资产购建人员的工资。

本项目可根据"库存现金""银行存款""应付职工薪酬""生产成本"等账户的记录分析填列。

6. "支付的各项税费"项目

本项目反映企业按规定支付的各项税费和有关费用，但不包括已计入固定资产原价而实际支付的耕地占用税和本期退回的企业所得税。

本项目应根据"应交税费""库存现金""银行存款"等账户的记录分析填列。

7. "支付其他与经营活动有关的现金"项目

本项目反映企业除上述各项目外，支付的其他与经营活动有关的现金，包括罚款支出、差旅费、业务招待费、保险费支出及支付的退休人员的各项费用等。本项目应根据"管理费用""销售费用""营业外支出"等账户的记录分析填列。

（二）投资活动产生的现金流量的编制方法

1. "收回投资收到的现金"项目

本项目反映企业出售、转让和到期收回的除现金等价物以外的交易性金融资产、长期股权投资而收到的现金，以及收回债权投资本金而收到的现金；不包括债权投资收回的利息以及收回的非现金资产。本项目应根据"交易性金融资产""长期股权投资""库存现金""银行存款"等账户的记录分析填列。

2. "取得投资收益收到的现金"项目

本项目反映企业因股权性投资而分得的现金股利、分回利润所收到的现金，以及债权性投资取得的现金利息。本项目应根据"投资收益""库存现金""银行存款"等账

户的记录分析填列。

3."处置固定资产、无形资产和其他长期资产收回的现金净额"项目

该项目反映处置各项长期资产所取得的现金，减去为处置这些资产所支付的有关费用后的净额。本项目可根据"固定资产清理""库存现金""银行存款"等账户的记录分析填列。

如该项目所收回的现金净额为负数，应在"支付其他与投资活动有关的现金"项目中填列。

4."收到其他与投资活动有关的现金"项目

本项目反映除上述各项目以外，收到的其他与投资活动有关的现金。本项目应根据"库存现金""银行存款"和其他有关账户的记录分析填列。

5."购建固定资产、无形资产和其他长期资产支付的现金"项目

本项目反映企业购买、建造固定资产，取得无形资产和其他长期资产所支付的现金。企业为购建固定资产支付的现金，包括购买固定资产支付的价款及增值税款、固定资产购建支付的现金,但不包括购建固定资产的借款利息支出和融资租入固定资产的租赁费。

本项目应根据"固定资产""无形资产""在建工程""库存现金""银行存款"等账户的记录分析填列。

6."投资支付的现金"项目

本项目反映企业在现金等价物以外进行交易性金融资产、长期股权投资、债权投资所实际支付的现金，包括佣金手续费所支付的现金；但不包括企业购买股票和债券时，实际支付价款中包含的已宣告但尚未领取的现金股利或已到付息期但尚未领取的债券利息。

本项目应根据"交易性金融资产""长期股权投资""债权投资""库存现金""银行存款"等账户记录分析填列。

7."支付其他与投资活动有关的现金"项目

本项目反映企业除了上述各项以外，支付的与投资活动有关的现金，包括企业购买股票和债券时实际支付价款中包含的已宣告但尚未领取的现金股利或已到付息期但尚未领取的债券利息等。本项目应根据"库存现金""银行存款""应收股利""应收利息"等账户的记录分析填列。

（三）筹资活动产生的现金流量的编制方法

1."吸收投资收到的现金"项目

本项目反映企业收到投资者投入的现金，包括以发行股票、债券等方式筹集资金实际收到的款项净额（发行收入减去支付的佣金等发行费用后的净额）。本项目应根据"实收资本（或股本）""应付债券""库存现金""银行存款"等账户的记录分析填列。

2. "取得借款收到的现金"项目

本项目反映企业举借各种短期借款、长期借款而收到的现金。本项目应根据"短期借款""长期借款""银行存款"等账户的记录分析填列。

3. "收到其他与筹资活动有关的现金"项目

该项目反映企业除上述各项以外，收到的其他与筹资活动有关的现金。本项目应根据"库存现金""银行存款"和其他有关账户的记录分析填列。

4. "偿还债务支付的现金"项目

本项目反映企业以现金偿还债务的本金，包括偿还金融机构的借款本金、偿还到期的债券本金等。本项目应根据"短期借款""长期借款""应付债券""库存现金""银行存款"等账户的记录分析填列。

5. "分配股利、利润或偿付利息支付的现金"项目

本项目反映企业实际支付的现金股利、支付给投资人的利润或用现金支付的借款利息、债券利息等。本项目应根据"应付股利""财务费用""长期借款""应付债券""库存现金""银行存款"等账户的记录分析填列。

6. "支付其他与筹资活动有关的现金"项目

本项目反映除了上述各项目以外，支付的与筹资活动有关的现金，如发行股票、债券所支付的审计、咨询等费用。本项目应根据"库存现金""银行存款"和其他有关账户的记录分析填列。

（四）"汇率变动对现金及现金等价物的影响"的编制方法

本项目反映企业的外币现金流量发生日所采用的汇率与期末汇率的差额对现金的影响数额。（编制方法略）。

（五）"现金及现金等价物净增加额"的编制方法

"现金及现金等价物的净增加额"是由本表中"经营活动产生的现金流量净额""投资活动产生的现金流量净额""筹资活动产生的现金流量净额"和"汇率变动对现金及现金等价物的影响"四个项目相加得出的。

（六）"期末现金及现金等价物余额"的填列

本项目是由计算出来的现金及现金等价物净增加额加上期初现金及现金等价物金额求得。它应该与企业期末的全部货币资金与现金等价物的合计余额相等。

五、工作底稿法和"T"型账户法

（一）工作底稿法

采用工作底稿法编制现金流量表，就是以工作底稿为手段，以利润表和资产负债表数据为基础，对每一项目进行分析并编制、调整、分录，从而编制现金流量表。

在直接法下，整个工作底稿纵向分成三段，第一段是资产负债表项目，其中又分为借方项目和贷方项目两部分；第二段是利润表项目；第三段是现金流量表项目。工作底稿横向分为五栏，在资产负债表部分，第一栏是项目栏，填列资产负债表各项目名称；第二栏是期初数，用来填列资产负债表项目的期初数；第三栏是调整分录的借方；第四栏是调整分录的贷方；第五栏是期末数，用来填列资产负债表项目的期末数。在利润表和现金流量表部分，第一栏也是项目栏，用来填列利润表和现金流量表项目名称；第二栏空置不填；第三栏、第四栏分别是调整分录的借方和贷方；第五栏是本期数，利润表部分这一栏数字应和本期利润表数字核对相符，现金流量表部分这一栏的数字可直接用来编制正式的现金流量表。

采用工作底稿法编制现金流量表的程序分为五步。

第一步，将资产负债表的期初数和期末数过入工作底稿的期初数栏和期末数栏。

第二步，对当期业务进行分析并编制调整分录。调整分录大体有以下三类。

1. 涉及利润表中的收入、成本和费用项目以及资产负债表中的资产、负债及所有者权益项目，通过调整，将权责发生制下的收入费用转换为现金基础；

2. 涉及资产负债表和现金流量表中的投资、筹资项目，反映投资和筹资活动的现金流量；

3. 涉及利润表和现金流量表中的投资和筹资项目，目的是将利润表中有关投资和筹资方面的收入和费用列入现金流量表的投资、筹资活动产生的现金流量中去。此外，还有一些调整分录并不涉及现金收支，只是为了核对资产负债表项目的期末、期初变动。

在调整分录中，有关现金和现金等价物的事项，并不直接借记或贷记现金，而是分别计入"经营活动产生的现金流量""投资活动产生的现金流量""筹资活动产生的现金流量"有关项目，借记表明现金流入，贷记表明现金流出。

第三步，将调整分录过入工作底稿中的相应部分。

第四步，核对调整分录，借贷合计应当相等，资产负债表项目期初数加减调整分录中的借贷金额以后，应当等于期末数。

第五步，根据工作底稿中的现金流量表项目部分编制正式的现金流量表。

（二）"T"形账户法

采用"T"形账户法，就是以"T"形账户为手段，以利润表和资产负债表数据为基础，对每一项目进行分析并编制、调整、分录，从而编制现金流量表。采用"T"形账户法编制现金流量表的程序如下：

第一步，为所有的非现金项目（包括资产负债表项目和利润表项目）分别开设"T"形账户，并将各自的期末、期初变动数过入各账户。

第二步，开设一个大的"现金及现金等价物""T"形账户，两边各分为经营活动、投资活动和筹资活动三个部分，左边记现金流入，右边记现金流出。与其他账户一样，过入期末、期初变动数。

第三步,以利润表项目为基础,结合资产负债表分析每一个非现金项目的增减变动,并据此编制调整分录。

第四步,将调整分录过入各"T"形账户,并进行核对,该账户借贷相抵后的余额与原先过入的期末、期初变动数应当一致。

第五步,根据大的"现金及现金等价物""T"形账户编制正式的现金流量表。

参考文献

[1] 丁喜旺.高等教育管理与制度文化 [M].长春：吉林出版集团股份有限公司，2021.

[2] 刘进，赵坤.巴基斯坦高等教育研究 [M].北京：北京理工大学出版社，2022.

[3] 赵坤，沈佳培.中国南亚高等教育合作研究 [M].北京：北京理工大学出版社，2022.

[4] 刘爱华，王利华.高等职业教育公共基础课新形态一体化教材高校心理健康教育教程 [M].北京：机械工业出版社，2022.

[5] 刘邦春，蔡金胜，刘玉甜.高等院校教师岗前培训高等教育理论通识 300 问 [M].上海：上海社会科学院出版社，2022.

[6] 杨潇.高校学生管理工作与法治化研究 [M].北京：北京工业大学出版社，2021.

[7] 刘青春.信息时代高校学生管理模式的转变及创新 [M].沈阳：辽宁大学出版社，2021.

[8] 刘燧.新时代地方高校学生管理与辅导员工作创新研究 [M].长春：吉林大学出版社，2021.

[9] 祁素萍.高校学生管理工作创新与研究 [M].长春：吉林人民出版社，2021.

[10] 苗慧.新媒体视角下高校学生管理与实践探索 [M].长春：吉林教育出版社，2021.

[11] 杨锐.新时代高校学生事务管理理论与实践 [M].长春：吉林人民出版社，2021.

[12] 邓军彪.地方高校大学生管理工作的创新与实践研究 [M].汕头：汕头大学出版社，2021.

[13] 张瑞颖.高校学术研究论著丛刊（人文社科）：就业导向下的大学生职业生涯规划与管理研究（平装）[M].北京：中国书籍出版社，2021.

[14] 张琦.高校大学生自我管理能力提升研究 [M].北京：九州出版社，2021.

[15] 焦明江.高校大学生教育管理工作创新研究 [M].长春：吉林教育出版社，2021.

[16] 饶先发，郭斓.新时代中英高校学生事务管理比较研究 [M].北京：冶金工业出版社，2020.

[17] 宋丽萍.新媒体环境下高校学生教育管理工作创新研究 [M].长春：吉林大学出版社，2020.

[18] 陈联记.高校学生健康心理培育与管理教程 [M].长春：东北师范大学出版社，2020.

[19] 刘艳.融媒体下高校学生党员教育与管理 [M].北京：中国原子能出版社，2020.

[20] 苗青作.中华优秀传统文化与高校青年教育管理研究 [M].北京：新华出版社，2022.

[21] 陈兴雷，高凤霞．高校体育教育与管理理论探索 [M]．天津：天津科学技术出版社，2022．

[22] 陈天文，姜立林，李敏．高校网络安全教育与管理研究 [M]．延吉：延边大学出版社，2022．

[23] 聂娟．高校学生管理的艺术 [M]．长春：吉林出版集团股份有限公司，2022．

[24] 朱松华，张颖．高校师资队伍建设与教育质量管理创新 [M]．长春：吉林出版集团股份有限公司，2022．

[25] 万秋红．高职院校心理健康教育实务 [M]．北京：中国纺织出版社，2022．

[26] 夏天．人力资源管理案例分析 [M]．北京：冶金工业出版社，2022．

[27] 郝文武．西部教育报告 2020—2021（总第 9 卷）[M]．北京：教育科学出版社，2022．

[28] 程宇欢．高校教育供给侧改革与人才培养模式创新 [M]．北京：中国纺织出版社，2022．

[29] 赵晓洁．高职院校预算管理 [M]．长春：吉林出版集团股份有限公司，2022．

[30] 沈佳，许晓静．基于多视角下的高校学生管理工作探究 [M]．北京：现代出版社，2022．

[31] 曾宪达,楼芸,赵丽英,等.团队建设与管理实务(第 3 版)[M].北京:机械工业出版社,2022.